本书是河南省第九批重点学科建设教育学原理学科建设（高教[2018]119号）的研究成果之一

Research on the Development of British Initial Education
Policies for Primary and Secondary School Teachers（1944-2010）

英国中小学教师职前教育政策发展研究（1944—2010）

赵敏 著

中国社会科学出版社

图书在版编目（CIP）数据

英国中小学教师职前教育政策发展研究：1944—2010/赵敏著. —北京：中国社会科学出版社，2020.10
ISBN 978-7-5203-6906-0

Ⅰ.①英⋯　Ⅱ.①赵⋯　Ⅲ.①中小学—师资培养—研究—英国—1944-2010　Ⅳ.①G635.12

中国版本图书馆 CIP 数据核字（2020）第 142907 号

出 版 人	赵剑英
责任编辑	周晓慧
责任校对	刘　念
责任印制	戴　宽

出　　版	中国社会科学出版社
社　　址	北京鼓楼西大街甲 158 号
邮　　编	100720
网　　址	http://www.csspw.cn
发 行 部	010-84083685
门 市 部	010-84029450
经　　销	新华书店及其他书店
印　　刷	北京明恒达印务有限公司
装　　订	廊坊市广阳区广增装订厂
版　　次	2020 年 10 月第 1 版
印　　次	2020 年 10 月第 1 次印刷
开　　本	710×1000　1/16
印　　张	20.5
插　　页	2
字　　数	276 千字
定　　价	118.00 元

凡购买中国社会科学出版社图书，如有质量问题请与本社营销中心联系调换
电话：010-84083683
版权所有　侵权必究

前　　言

　　教师职前教育指拟从教人员还未获得合法的教师资格，还未正式从事教师职业之前的教育。教师职前教育政策是教育政策的一个组成部分，它是负有教育的法律或行政责任的组织和团体为实现特定时期的教师职前教育目的，在管理教师职前教育事业过程中制定和执行的，用以确定和调整教育利益关系的行为准则，也可以是包含在教育政策中的有关教师职前教育的内容。教师职前教育政策文本可以体现为立法部门制定的教育法律、法规以及各级政府和教育行政部门制定的规章、制度、条例、计划、纲要、标准、通知、要求、方案、措施、办法等。教师职前教育政策并不止于一种静态文本规范，它还被视为一种静态文本与动态实践的整合。教师职前教育政策是一个由制定、执行、评价、调整等活动组成的多层次顺序相接直至终结，并导向新政策活动的连续复杂过程。

　　当今世界各国都非常关心教师教育改革。作为教师教育起步阶段的教师职前教育在促进教师专业发展、提升师资质量方面起到了至关重要的作用。做好教师职前教育工作离不开政策的推动与扶持。研究教师职前教育政策，对于改善教师职前教育体制，促进师范生专业成长，提升教师后续发展力，促进基础教育事业发展和提升国家综合竞争力都具有十分重要的意义。

　　二战后，英国教育重建和发展的成就处于世界领先水平，这离不开充足而高质量的教师供给，得益于英国政府根据社会、经济、教育发展的需求而不断对教师职前教育政策进行调整，保证教师职前教育的课程、模式、管理、考试、评价等符合时代发展的需要。英国教师职前教育政策的制定不仅受到政治意识形态的影响，还是对当时社会经济发展和教育发展状况的及时反应，更为关键的是，它建立在专业团体的相关调查、研究成果基础之上，因此它能够比较准确地指导教师职前教育实践活动。英国非常注重教师职前教育政策的实施。英国教育标准局等机构经常对政策实施效果进行调查并反馈调查意见，研究机构和专家学者也经常对政策实施情况进行研究和评价。这有助于英国政府和教师培养机构及时对教师职前教育政策的制定和实施进行调整，确保教师培养质量。

本书意图通过对1944—2010年英国中小学教师职前教育政策的发展及其内在机制的全面解读，梳理各阶段英国教师职前教育政策的制定动因、政策文本与实施效果，深化我们对二战后英国教师职前教育发展历程的认识，把握政策在教师职前教育发展中的基础性作用。本书重视现实与历史的联系，通过研究英国教师职前教育政策的内容以及政策的制定、实施、评价机制，探寻我国教师职前教育政策改革可供借鉴之处。

本书的主要特点在于力图实现历史研究维度与问题研究维度的交织，以"历史"研究为主线，根据教师职前教育政策内容重点的转变，将1944—2010年英国中小学教师职前教育政策的发展分为四个阶段；同时以"问题"研究为辅线，将英国中小学教师职前教育政策发展置于广阔的社会政治、经济、人口、教育发展背景下进行分析，深入挖掘每个阶段政策制定原因、实施过程与实施效果，比较各阶段政策的联系与区别，构建出一幅政策发展的立体图景，寻找政策发展中可供我国借鉴的经验。

由于时间和研究者水平的局限，本书还存在若干不足之处，欢迎广大读者提出宝贵意见，使笔者对英国教师职前教育政策的研究更加深入，为我国教师教育发展提出更有价值的建议。

郑州师范学院

赵　敏

2020年6月

目　录

第一章　绪论 …………………………………………………… （1）
　第一节　研究的缘起 ……………………………………………… （1）
　　一　教师职前教育政策的重要性 ……………………………… （1）
　　二　英国教师职前教育政策发展成果卓著 …………………… （2）
　　三　我国教师职前教育政策发展的困境 ……………………… （4）
　第二节　研究目的与意义 ………………………………………… （6）
　　一　研究目的 …………………………………………………… （6）
　　二　研究意义 …………………………………………………… （6）
　第三节　核心概念厘定 …………………………………………… （8）
　　一　中小学 ……………………………………………………… （9）
　　二　教师职前教育 ……………………………………………… （9）
　　三　教师职前教育政策 ………………………………………… （10）
　第四节　国内外研究综述 ………………………………………… （12）
　　一　国内研究综述 ……………………………………………… （12）
　　二　国外研究综述 ……………………………………………… （16）
　第五节　研究思路与方法 ………………………………………… （28）
　　一　研究思路 …………………………………………………… （28）
　　二　研究方法 …………………………………………………… （29）

第二章　教师职前教育规模的扩张（1944—1972） ………… （32）
　第一节　制定中小学教师职前教育政策的背景 ……………… （32）

一　"社会民主主义共识"的形成……………………（32）
　　二　经济恢复发展与人口出生量大幅提升…………（35）
　　三　教育大发展……………………………………（39）
　　四　科学主义教师教育思想………………………（45）
第二节　中小学教师的紧急招募与培训……………………（46）
　　一　二战后中小学教师严重紧缺…………………（46）
　　二　《教师紧急招募与培训》……………………（47）
　　三　《教师紧急招募与培训》方案的实施与评价……（49）
第三节　《麦克奈尔报告》……………………………………（53）
　　一　《麦克奈尔报告》产生的背景…………………（53）
　　二　《麦克奈尔报告》提出的教师职前教育
　　　　改革建议…………………………………………（54）
　　三　《麦克奈尔报告》所提教师职前教育改革
　　　　建议的实施………………………………………（60）
第四节　《罗宾斯报告》………………………………………（68）
　　一　《罗宾斯报告》产生的背景……………………（68）
　　二　《罗宾斯报告》提出的教师培训学院改革
　　　　建议…………………………………………………（71）
　　三　《罗宾斯报告》提出的教师培训学院改革
　　　　建议的实施………………………………………（75）
本章小结………………………………………………………（83）

第三章　教师职前教育质量的提升（1972—1988）……………（85）
第一节　制定中小学教师职前教育政策的背景……………（85）
　　一　"社会民主主义共识"的瓦解与"撒切尔主义"的
　　　　产生…………………………………………………（86）
　　二　经济衰退与人口出生数下降…………………（89）
　　三　政府注重提升教育质量………………………（92）

第二节 教师职前教育政策重心转向提升教师职前教育
　　　　质量 …………………………………………………… (95)
　一　教师职前教育亟须进行全国性调查 ……………… (95)
　二　詹姆斯委员会的成立 ……………………………… (97)
　三　《詹姆斯报告》提出教师教育的"三环节"
　　　改革建议 …………………………………………… (98)
　四　关于《詹姆斯报告》的反馈意见 ………………… (102)
　五　《詹姆斯报告》实施受阻 …………………………… (104)
第三节 提升教师职前教育质量的准备：教师职前教育
　　　　规模紧缩与机构重组 …………………………… (105)
　一　教师职前教育规模紧缩与机构重组的前奏 ……… (106)
　二　教师职前教育规模紧缩与机构重组的政策 ……… (107)
　三　教师职前教育规模紧缩与机构重组的实施 ……… (111)
第四节 提升教师职前教育质量的举措：开展教师职前
　　　　教育课程专业认证 ……………………………… (125)
　一　教师职前教育课程受到关注 ……………………… (125)
　二　教师职前教育课程专业认证的政策 ……………… (127)
　三　教师职前教育课程专业认证的实施 ……………… (131)
本章小结 ……………………………………………………… (140)

第四章　教师职前教育课程认证与培养途径的革新
  （1988—1997） ………………………………………… (142)
第一节 制定中小学教师职前教育政策的背景 ………… (142)
　一　"新右派"意识形态及其影响 ……………………… (142)
　二　经济低速稳定增长与人口出生量缓慢下降 ……… (147)
　三　中央政府加强教育控制与增强教育市场竞争 …… (149)
　四　建构主义教师教育思想与反思主义教师
　　　教育思想 …………………………………………… (155)

第二节 开展能力本位教师职前教育课程认证 …………… (157)
  一 能力本位教师职前教育课程认证标准与
     程序的制定 ……………………………………… (158)
  二 能力本位教师职前教育课程认证标准与
     程序的修订 ……………………………………… (164)
  三 开展能力本位教师职前教育课程认证的作用 …… (174)
第三节 开辟学校本位教师职前教育途径 ………………… (182)
  一 开辟学校本位教师职前教育途径的原因 ……… (182)
  二 《1989年教育（教师）条例》 ………………… (184)
  三 关于学校本位教师职前教育途径的争辩 ……… (187)
  四 学校本位教师职前教育途径的实施与评价 …… (189)
第四节 促进中小学承担更多教师职前教育任务 ………… (193)
  一 《政府对教师职前培训的改革计划》的形成
     背景 ……………………………………………… (193)
  二 学校中心教师职前培训方案与教师培训处的
     政策规定 ………………………………………… (194)
  三 学校中心教师职前培训方案的实施与评价 …… (197)
  四 教师培训处的成立、运行与评价 ……………… (199)
本章小结 ……………………………………………………… (202)

第五章 教师职前教育合格教师资格标准的制定与实施（1997—2010） …………………………………… (204)

第一节 制定中小学教师职前教育政策的背景 …………… (204)
  一 "第三条道路"的产生 ………………………… (205)
  二 经济稳健发展与人口结构多样化 ……………… (209)
  三 教育优先发展及具体措施 ……………………… (213)
第二节 合格教师资格标准 ………………………………… (217)
  一 制定合格教师资格标准的动因 ………………… (217)

二　合格教师资格标准的制定与修订 …………………… (220)
　　三　合格教师资格标准的应用——以两所大学开展的
　　　　教师职前教育为例 …………………………………… (238)
第三节　促使更多师范生达到合格教师资格标准 ………… (251)
　　一　《教师：面临变革的挑战》提出的教师职前
　　　　教育改革建议 ………………………………………… (251)
　　二　关于《教师：面临变革的挑战》的反馈意见 … (254)
　　三　《教师：面临变革的挑战》所提教师职前教育
　　　　改革建议的实施 ……………………………………… (256)
第四节　推行合格教师资格标准的外部保障 ……………… (262)
　　一　教师培训处改组为学校培训与发展处 ………… (262)
　　二　成立新教育标准局 ………………………………… (265)
本章小结 ……………………………………………………… (267)

第六章　结论与启示 ……………………………………… (269)
第一节　英国中小学教师职前教育政策制定的
　　　　环境因素 ………………………………………… (269)
　　一　政治意识形态的转变 ……………………………… (269)
　　二　经济发展的兴衰 …………………………………… (270)
　　三　中小学生人数的增减 ……………………………… (271)
　　四　教育事业的发展 …………………………………… (272)
　　五　教师专业主义的变化 ……………………………… (273)
第二节　英国中小学教师职前教育政策的主要转变 ……… (274)
　　一　从关注教师职前教育规模转向关注教师职前
　　　　教育质量 ……………………………………………… (275)
　　二　教师职前教育课程由注重理论转向注重实践 …… (275)
　　三　从注重发挥高等教育机构在教师职前教育中的
　　　　作用到中小学更多参与教师职前教育 …………… (276)

　　　　四　政府对教师职前教育的控制日益增强……………（277）
　　　　五　教师职前教育逐渐成为教师专业发展的起点……（278）
　　第三节　英国中小学教师职前教育政策的制定与实施对
　　　　　　我国的启示………………………………………（279）
　　　　一　教师职前教育政策方案拟定以专业调查
　　　　　　研究为基础………………………………………（279）
　　　　二　重视非官方教育政策制定主体的作用…………（281）
　　　　三　注重对教师职前教育政策实施的督导与评价……（284）

参考文献………………………………………………………（287）

附　录…………………………………………………………（308）

索　引…………………………………………………………（315）

后　记…………………………………………………………（318）

第一章 绪论

教师是教育发展的核心力量。在教育变革过程中,教师在提高教育质量,促进教育公平等方面起着举足轻重的作用。早在二战结束之前,英国政府就开始为战后培养中小学教师做准备。1944—2010年,英国中小学教师职前教育在相关政策的推动和调控下取得了长足进步,值得我们研究、借鉴和反思。本章作为绪论,主要对研究的缘起与意义、国内外学者研究的现状、本书涉及的主要概念以及研究的思路与方法等基本问题做简要论述。

第一节 研究的缘起

一 教师职前教育政策的重要性

教师教育对提升教师素质起着根本性作用,在教育发展中应处于优先地位。2002年4月,经济合作与发展组织(Organization for Economic Co-operation and Development,OECD)下属的教育小组(Education Committee)发起了一项辅助各国政府设计和实施教师教育政策以提升中小学教学质量的合作研究项目。2005年6月,该研究项目的最终报告《教师的重要性:吸引、发展与留任有效教师》(Teachers Matter: Attracting, Developing and Retaining Effective Teachers)提出,许多国家在招募足够数量的合格中小学教师方面都面临巨大困难。绝大多数国家非常担心中小学教师工作的有效性。此外,教师的角色发生着改变，他们需要新的技能来满足中小学生更加多样化的需要。[①]可见，世界各国都非常关心教师教育改革。而作为教师教育起步阶段的教师职前教育则在促进教师专业发展、提升师资质量方面起着至关重要的作用。做好教师职前教育工作离不开政策的推动与扶持。研究教师职前教育政策，对于改善教师职前教育体制，促进师范生专业成长，提升教师后续发展力，促进基础教育事业发展和提升国家综合竞争力都具有十分重要的意义。

二 英国教师职前教育政策发展成果卓著

17世纪末18世纪初，随着初等教育的发展，英国一些教会团体如基督教知识促进会（Society for Promoting Christian Knowledge）开始培养初等学校教师。19世纪初，英国创办了"导生制"（Monitorial System）和"见习教师制"（Pupil-teacher Apprenticeship）这种"师徒制"教师培养方式。[②] 此后，英国还出现了私人开办的教师培养机构，其中最有影响力的是1840年英国枢密院教育委员会（Board of Education，BoE）主席凯·沙图华兹（James Key Shuttleworth）创办的巴特西教师培训学院（Battesea Training College for Teachers）。[③] 19世纪中期，英国大学开始介入中学教师培养。20世纪初，英国形成了在国家宏观控制下，"大学、地方教育当局（Local Education Authorities，LEAs）、教会团体三方直接参与的师范教育管理体系，由大学训练学院（系）、地方公立训练学院和地方私立训练学院三种不同性质的机构组成了较为完善的现代师范教育学校体系，标志着英国现代师范教育体制的确立"。[④]

---

① OECD, *Teachers Matter: Attracting, Developing and Retaining Effective Teachers*, 2005, Paris: OECD, 2005, p. 3.
② 杜静:《英国教师在职教育发展研究》，博士学位论文，西南大学，2007年，第18页。
③ 王晓宇:《英国师范教育机构的转型：历史视野与个案研究》，博士学位论文，华东师范大学，2008年，第16页。
④ 金含芬、石伟平:《英国师范教育》，《高等师范教育研究》1989年第5期。

二战后,由于婴儿出生量骤增、中学生离校年龄延长、经济恢复发展等因素,英格兰与威尔士中小学教师严重紧缺。早在二战结束前,英国政府就预见到了这种情况,推出了《教师的紧急招募与培训》(Emergency Recruitment and Training of Teachers)等文件开辟新的教师准入渠道,扩大教师供应数量,满足战后教育发展需要。二战后教师培训与供给国家咨询委员会(National Advisory Council on the Training and Supply of Teachers,NACTST)[①]又陆续发布多份报告推进教师职前教育规模扩张。与此同时,英国政府发布《麦克奈尔报告》(The McNair Report),建立以大学为主导的地区培训组织(Area Training Organizations,ATOs);发布《罗宾斯报告》(The Robbins Report),设立教育学士学位(Bachelor of Education,BEd)。进入20世纪70年代,英国政府发布《詹姆斯报告》(The James Report),将教师职前教育发展的重心转向质量提升。由于70年代初遭遇经济危机和人口出生数量下滑,英国政府还发布《高等教育在非大学部门的发展》(Development of Higher Education in the Non-university Sector)等报告缩减教师职前教育规模,重组教师教育机构。1979年保守党(Conservative Party)重新执政之后,受新保守主义和新自由主义思想影响,英国政府一方面通过颁布《教学品质》(Teaching Quality)、第3/84号通知、第24/89号通知、第9/92号通知、第14/93号通知等文件,加强对教师职前教育课程的专业认证;另一方面通过发布第18/89号通知等文件开辟多种学校本位教师职前教育途径,如合同雇佣教师计划(Articled Teacher Scheme,ATS)、特许教师计划(Licensed Teacher Scheme,LTS)等。1997年新工党(New Labour Party)执政后,为提高教师职前教育质量,政府发布了第10/97号通知、第4/98号通知等文件,详细规定了授予合格教师资格(Qualified Teach-

---

[①] 依据《麦克奈尔报告》提议,1949年,英国教育部成立教师培训与供给国家咨询委员会,负责向教育部提供教师培训与供给的咨询建议。自1951年起,该委员会共发布9份报告。1965年该委员会解散。

er Status，QTS）的标准。

由以上简述可见，二战后英国教师职前教育发展的每个阶段都以鲜明的政策为指导。英国教师职前教育政策的制定不仅受到政治意识形态的影响，还是对当时社会经济发展和教育发展状况的及时反应，更为关键的是，它建立在专业团体的相关调查、研究成果基础之上。因此，它能够比较准确地指导教师职前教育实践活动。英格兰与威尔士非常注重教师职前教育政策的实施。英国皇家督学团（Her Majesty's Inspectorate，HMI）[①] 以及后来的教育标准局（Office for Standards in Education，Ofsted）等机构经常对政策实施效果进行调查并反馈调查意见，研究机构和专家学者也经常对政策实施情况进行研究和评价。这有助于英国政府和教师培养机构及时对教师职前教育政策的制定和实施进行调整，确保教师培养质量。因此，英格兰与威尔士教师职前教育政策的具体内容、制定与实施机制等都值得我们思考、借鉴。

三 我国教师职前教育政策发展的困境

新中国成立后，1951年教育部召开第一次全国初等教育和师范教育会议，通过了《师范学校暂行规定（草案）》和《关于高等师范学校的规定（草案）》，规定各级各类师范教育机构设置，奠定了我国教师职前教育的基本格局。此后，我国党和政府针对当时师范教育状况出台了一些政策，促使教师职前教育恢复发展。但师范教育在十年"文化大革命"中受到严重摧残。"文化大革命"结束后，中央立即恢复重建教师职前教育事业。国家教委于1978年10月印发《关于加强和发展师范教育的意见》，1980年10月颁发《关于大力办好高

---

① 皇家督学团是准部级机构，其最高领导是高级主任督学（Senior Chief Inspector）。皇家督学团下设由七名主任督学（Chief Inspector）领导的七个处，其中包括教师教育处。皇家督学团负责对大学以外的所有教育机构进行督导，对整个教育系统的发展状况进行评估，并根据其所获得的独立的、专业的督导和评估结果向中央政府提出改进建议。

等师范专科学校的意见》和《中等师范学校教学计划（试行草案）》等用以提高教师培养的数量和质量。20世纪80年代末至90年代初，我国教师职前教育政策重心转向扩大师范专科学校教育规模以及加强农村教师培养。国家教委于1986年颁发了《关于基础教育师资和师范教育规划的意见》。20世纪90年代以来，为满足经济、社会发展的需要，迎接全球化竞争，我国教师职前教育改革更加注重提升教师学历层次和调整教师职前教育结构。1993年10月，全国人民代表大会通过了《中华人民共和国教师法》以及据此制定的《教师资格条例》，为我国中小学教师职前教育发展提供了法律保障。[1] 1999年3月，教育部颁布《关于师范院校布局结构调整的几点意见》，提出师范教育层次结构由三级师范向二级师范过渡，逐步形成体现终身教育思想的中小学教师教育体系。[2] 2002年3月，教育部下发《关于"十五"期间教师教育改革与发展的意见》，鼓励高水平综合大学参与教师职前教育，构建以现有师范院校为主体、其他高等学校共同参与的教师职前教育体制。上述政策促进了我国教师职前教育向高质量、综合性、开放性、灵活性方向的发展。

纵观新中国成立以来我国教师职前教育政策的发展历程，可以发现我国教师职前教育政策紧跟时代发展的步伐，逐渐注重微观层面政策的制定与实施；注重政策的系统性和全面性；注重政策内容的法制化；关注政策的公平和效率等。在一系列教师职前教育政策的指引下，我国教师职前教育发展已经取得了一些令人瞩目的成就，如中小学教师数量供应充足，平均师生比下降；中小学教师的学历水平大幅度提高；教师职前教育办学结构、层次更加合理。但我国教师职前教育政策制定的专业性和科学性程度依然不高，教师职前教育政策在执

---

[1] 贺祖斌：《教师教育：从自为走向自觉》，广西师范大学出版社2007年版，第233页。

[2] 张旸：《中国百年教师教育政策的演变及特点》，《河北师范大学学报》（教育科学版）2011年第4期。

行中仍然存在经费投入不足、监管缺乏、连续性较差等问题。

当前知识经济的迅猛发展对教育事业发出了前所未有的挑战。身处其中的教师职前教育也受到了巨大的冲击，面临许多改革压力，如封闭型教师职前教育体制向开放型的转变；定向型与非定向型教师职前教育的矛盾；教师职前教育课程设置的改革；教师职前教育学历层次的提升；教师职前教育途径的多样化；教师职前教育与在职教育的衔接等。科学合理地制定教师职前教育政策，对政策实施进行严格的监督和评价，是解决上述问题及以后我国教师职前教育可能面临问题的重要手段。英格兰与威尔士教师职前教育发展所遭遇的问题可能也是我们需要面对的问题。它们应对这些问题所采取的政策措施，以及这些政策的制定、执行和评价过程都会给我们带来诸多有益的启示。

第二节 研究目的与意义

一 研究目的

本书旨在探索1944—2010年英国中小学教师职前教育政策的发展历程，发掘政策制定背后的原因与政策实施成效，总结政策发展的特点以及可资借鉴的经验。具体包括以下研究目标：

梳理1944—2010年英国中小学教师职前教育政策发展历程。

探寻教师职前教育政策制定背后的原因。

解读教师职前教育政策文本。

分析教师职前教育政策的实施情况。

探讨教师职前教育政策的发展变化。

总结我国制定和实施教师职前教育政策可资借鉴的经验。

二 研究意义

二战后英国教育重建和发展的成就处于世界领先水平，这离不开充足而高质量的教师供给，得益于英国政府根据社会、经济、教育发展的需求而不断对教师职前教育政策进行的调整，保证教师职前教育的课程、模式、管理、考试、评价等符合时代发展的需要。

本书按照1944—2010年英国教师职前教育政策发展轨迹，探寻英国教师职前教育政策的制定动因与实施效果，寻求现实与历史的联系，把握政策在教师职前教育发展中的基础性作用，以期达到理论与实践两方面的研究意义：

从理论层面来看，本书对1944—2010年英国中小学教师职前教育政策进行了梳理，以此把握政策发展的总体趋势，掌握政策变革的宏观走向。本书对政策产生背后的社会政治、经济、人口、教育背景以及各利益集团的博弈等因素进行了分析，还对政策实施后英国教育标准局等机构的调查、监督、评价进行了考察，弄清了政策产生、发展、调整、终结的来龙去脉。因此，本书通过对1944—2010年英国中小学教师职前教育政策的发展及其内在机制的全面解读，深化了我们对政策与教师职前教育乃至整体教育发展关系的认识。

从实践层面来看，我国正处于教师职前教育的转型时期。教师职前教育在向非定向型培养模式、学历层次提升、实践时间增多、课程结构调整等转变的过程中遇到很多问题。制定适时、适度、切实可行的教师职前教育政策并对政策的实施进行监督、评价，做出调整，保证政策的连贯性，是解决这些问题的关键所在。英格兰与威尔士地区教师职前教育政策的内容以及政策的制定、实施、评价机制可以为我国教师职前教育政策改革提供重要借鉴。

以往对英国中小学教师职前教育政策的研究主要以某一政策或某一类政策为研究对象，没有从纵向历史发展的角度展开研究，无法考察英国中小学教师职前教育政策发展的总体趋势和特点，也无法对各个阶段的教师职前教育政策进行比较。本书以"历史"研究为主线，着眼于1944—2010年英格兰与威尔士中小学教师职前教育政策的发展历史，按照教师职前教育政策内容重点的转变，将其分为四个发展阶段。本书还以"问题"研究为辅线，将英国中小学教师职前教育政策发展置于广阔的社会政治、经济、人口、教育发展背景下进行分析，深入挖掘每个阶段政策制定原因、实施过程与实施效果，比较各阶段政策的联系与区别，力图实现历史研究维度与问题研究维度的交织，构建出一幅政策发展的立体图景，寻找政策发展中可供我国借鉴的经验。

第三节　核心概念厘定

英国全称大不列颠及北爱尔兰联合王国（United Kingdom of Great Britain and Northern Ireland），位于欧洲大陆西北海岸以西的不列颠群岛上，国土由大不列颠岛、爱尔兰岛东北部及周围的5500多个岛屿组成。全国划分为英格兰、威尔士、苏格兰和北爱尔兰四部分。[①] 在教育方面，北爱尔兰有自己独立的教育制度；苏格兰1707年与英格兰合并后保存了自己特有的教会和立法制度，也有自己独立的教育制度；威尔士虽然负责管理自己的小学和中学，但是在行政上是英格兰教育制度的一个半分离的部分。[②] 英格兰与威尔士、苏格兰、北爱尔兰形成了三种不同的学制系统。英格兰与威尔士的中小学教师职前教育政策是通用的，而苏格兰和北爱尔兰则有各自独特的中小学教师职前教育政策。本书仅研究英格兰与威尔士的中小学教师职前教育政策，为了行文方便起见，以英国代称之。

本书主要涉及中小学、教师职前教育、教师职前教育政策这几个核心概念，现将这几个核心概念的含义分述如下。

[①] 中国大百科全书总编委会：《中国大百科全书》（第26卷），中国大百科全书出版社2009年版，第566页。

[②] 王承绪：《世界教育大系·英国教育》，吉林教育出版社2000年版，第2页。

一 中小学

英国《1944年教育法》(Education Act 1944) 将初等教育纳入公共教育体系，标志着英国现代初等教育制度的正式确立。该法第8条第1款规定："初等教育是适合于小学生发展需要的教育。"第114条将"小学生"解释为"年龄未满12周岁的儿童"。此后英国虽然进行了多种建立初等教育机构的尝试，但都是为5—11岁儿童开设的。英国的中等教育机构主要服务于12—18岁的儿童。其中17—18岁教育阶段被称为"第六学级"(The Sixth Form)。"第六学级"是一个相对独立的阶段，最开始只招收少数学业成绩优异的中学生，具有大学预科性质。二战结束初期，英国的中等教育机构主要有文法中学、技术中学和现代中学。"第六学级"主要设立在文法中学。20世纪70年代，随着综合中学逐渐发展起来，"第六学级"的主体转移到综合中学。[①] 进入"第六学级"学习的中学生越来越多，"第六学级"逐渐加入了技术教育和职业教育的教学内容，以为部分学生就业做准备。学完"第六学级"课程后，学生可参加普通教育证书高等级 (GCE A-Level) 考试，以获取高等教育机构入学资格。本书中的中小学指英国二战后服务于5—18岁儿童的初等教育机构与中等教育机构。

二 教师职前教育

20世纪60年代，终身教育思潮席卷全球，联合国教科文组织1966年提出教师教育的概念，涵盖教师职前、入职和在职教育三个阶段。《中国教育大百科全书》将教师教育 (teacher education) 定义为"对拟入职教师和在职教师进行的专业教育。包括对职前教师的师范专业教育、初任教师的考核试用和在职教师的继续教育等"。[②] 本

[①] 李家永：《当今英国教育概览》，河南教育出版社1994年版，第79页。
[②] 顾明远：《中国教育大百科全书》，上海教育出版社2012年版，第582页。

书仅探讨拟从教人员还未获得合法的教师资格，还未正式从事教师职业之前的教育问题，以教师职前教育称之，在英文中称为"initial teacher education"或"pre-service teacher education"。虽然"师范教育"（normal education）也有教师职前教育的含义，但是本书在阐述英国教育问题时，并没有采用"师范教育"一词，而是采用了"教师职前教育"一词，这主要基于以下两点原因。第一，教师教育强调教师培养的非定向性和终身性。20世纪以来，在科技发展和知识更新速度加快的背景下，教师培养逐渐从封闭走向开放。很多西方发达国家的教师需在接受文化科学基础教育后再接受研究生阶段的教师专业教育。师范教育的含义则比较狭窄，强调教师培养的定向性和封闭性。采用"教师职前教育"一词符合教师教育发展的时代特征。第二，英国从未使用过"师范教育"这一词汇。为了与英国用语习惯保持一致，本书采用了"教师职前教育"一词。

三 教师职前教育政策

政策科学的创立者拉斯韦尔（Harold D. Lasswell）与卡普兰（Abraham Kaplan）认为，政策是"一种含有目标、价值与策略的大型计划"。[1]《现代汉语词典》将"政策"定义为："国家或政党为实现一定历史时期的路线而制定的准则。"[2] 这些定义将政策视为公共政策，教育政策是公共政策在教育领域中的具体体现，由此衍生出诸多教育政策的定义。如教育政策是"即将或者应当遵循的，有关教育议题的原则和行为的特定化，用以达成所期待的目标"。[3] "政府或政党制定的有关教育的方针、政策，主要是某一历史时期国家或政党的

---

[1] Harold D. Lasswell, *Power and Society. A Framework for Political Inquiry*, New Haven: Yale University Press, 1950, p. 71.

[2] 中国社会科学院语言研究所词典编辑室:《现代汉语词典》，商务印书馆2017年版，第1674页。

[3] Paul Tower, *Education Policy*, London: Routledge, 2003, p. 95.

总任务、总方针在教育领域内的具体体现。"① "教育政策指执政党和政府制定与颁布的用以指导、规范教育事业发展的一切价值准则与行为规范的总称。"②

随着社会民主化水平的提高,作为公共权力机关的政府虽然有权决定哪些建议可以最终上升为教育政策,但教育政策的制定应该是在政府主导下,专业研究机构、专业团体甚至是公民组织共同参与的结果。它们都是教育政策制定的主体。可以将参与教育政策制定的各主体成员统称为"负有教育的法律或行政责任的组织和团体"。无论何种形式的教育政策,都是为了促进教育的发展而采用国家强制力量对教育利益关系进行调控。因此,教育政策可以定义为"负有教育的法律或行政责任的组织和团体为实现特定时期的教育目的,在管理教育事业过程中制定和执行的,用以确定和调整教育利益关系的行为准则"。③ 教师职前教育政策是教育政策的一个组成部分,它可以定义为负有教育的法律或行政责任的组织和团体为实现特定时期的教师职前教育目的,在管理教师职前教育事业过程中制定和执行的,用以确定和调整教育利益关系的行为准则,也可以是包含在教育政策中的有关教师职前教育的内容。

这一教师职前教育政策的定义将政策看成一种用于遵行的静态文本规范,具体体现为立法部门制定的教育法律、法规以及各级政府和教育行政部门制定的规章、制度、条例、计划、纲要、标准、通知、要求、方案、措施、办法等。随着公共政策研究的发展,政策逐渐被理解为一种动态过程。在政策文本形成之前,各利益团体通常会为政策内容的确定产生冲突或进行博弈。在政策文本出台之后,各利益相关者都会站在自己的立场上对政策进行解读,出现多种不同的解释。而在政策执行过程中,政策执行者的实际行动往往与政策制定的初衷

---

① 叶澜:《教育概论》,人民教育出版社1991年版,第148页。
② 褚宏启:《教育政策学》,北京师范大学出版社2011年版,第4页。
③ 范国睿:《教育政策的理论与实践》,上海教育出版社2009年版,第4页。

有所出入。因此,教育政策应该被视为一种静态文本与动态实践的整合。"教育政策是一个由制定、执行、评价、调整等活动组成的多层次的顺序相接直至终结,并导向新政策活动的连续的复杂过程。"①教师职前教育政策也应是一个由制定、执行、评价、调整等活动组成的多层次的顺序相接直至终结,并导向新政策活动的连续的复杂过程。

第四节 国内外研究综述

笔者通过网络检索和图书馆借阅搜集与本书内容相关的政策文本、期刊论文、学位论文、专著等多种形式的研究文献。现将国内国外有关研究文献总结分析如下。

一 国内研究综述

国内有关英国教师职前教育政策研究的成果很少,但有关英国教师教育政策、教师职前教育、教师教育、教育政策等方面的研究文献比较丰富,为笔者研究提供了重要参考。

(一)英国教师职前教育政策研究综述

笔者共搜集到五篇有关英国教师职前教育政策研究的论文。黄海根 2008 年的论文《二战后英国教师职前教育政策研究》,从二战后英国教师职前教育政策出台的背景、实施、影响三个方面展开论述。背景因素包括政党的思想意识形态、经济发展状况、整体教育改革情况以及人口变化。政策实施后英国形成了以大学为主导、以中小学为基地和伙伴合作关系的三种教师职前教育模式。政策的变化体现出二战后英国政府加强对教师职前教育的控制,大学在教师职前教育中的地位逐渐下降,教师职前教育实践课程的比重加大,政府的经费投入更

---

① 范国睿:《教育政策的理论与实践》,上海教育出版社 2009 年版,第 7 页。

多地向中小学倾斜。许立新2010年的论文《1976年以来英国教师职前教育政策的变革与发展——一种教育政治学的考察》，从教育政治学的角度将英国1976年以后的教师职前教育政策发展分为1976—1984年的各自为政与自主权时代；1984—1992年的专家型教师时代；1992—1997年的胜任的实践者时代；1997—2010年的新教师专业主义的建构时代。李先军2011年的论文《英国教师职前培养资助政策的演变及启示》与王岩2014年的论文《吸引优秀毕业生进入教师职业——英国职前教师培训助学金政策述评》，论述了英国教师职前教育的资助政策。前一篇论文在回顾英国最初的免费教师职前教育以及后来英国对师范生[①]资助政策的基础上，重点介绍了2002—2011年英国对学习教育学士课程、研究生教育证书（Postgraduate Certificate in Education，PGCE）[②] 课程学生的资助政策。后一篇论文介绍了英国2011年以后基本助学金的种类、参评办法、支付模式、监管流程与保障措施。曾鸣与许明2012年的论文《英国教师职前教育新政策探析》，对英国教育部2010年和2011年发布的《教学的重要性》（*The Importance of Teaching*）白皮书和《培养下一代卓越教师》（Training Our Next Generation of Outstanding Teachers）两项政策出台的背景、内容和特点进行了阐述和分析。

（二）英国教师职前教育研究综述

有关英国教师职前教育研究的文献经常涉及政策问题。其中对笔者写作最有参考价值的是2014年台湾地区学者周愚文所著的《英国现代师资培育研究（1945—2010）》。该书介绍了二战后至2010年英

[①] 该论文在论述英国教育内容时，除了直接征引的文献以外，并未采用"师范教育"一词。英文文献中也没有采用过"师范生"一词。然而为了行文论述方便并符合中文表达习惯，笔者在本书中用"师范生"一词表示参加教师职前教育的学生。

[②] 研究生教育证书课程是一种在英格兰与威尔士开设的培养中小学教师的高等教育课程。该课程的时长为一年或两年，参加该课程学习的学生需已经获得学士学位。课程学习合格后，学生可获得合格教师资格（QTS），具备在英格兰与威尔士公立中小学任教的资格。

格兰与威尔士师资培育制度。该书将英国师资培育分为三个阶段：二战后至1979年为培养规模从扩张到紧缩阶段；1979—1997年为中央政府对师资培育控制的加强与教师专业化的退败阶段；1997—2010年为维持竞争市场并开辟多种培育渠道阶段。最后，作者总结了英国现代师资培育制度发展的特点，并对教师教育课程、教师供应、教师地位、教师素质等问题进行了反思。

此外，关于英国教师职前教育研究的文献可以分为以下几类。第一类是对英国教师职前教育模式的研究。如丁笑炯1998年的论文《对英国以学校为基地的教师职前培养模式的反思》；辛艳华2011年的论文《伙伴学校——英国教师职前教育实践模式及启示》；倪娜和洪明2009年的论文《教师职前教育的变革与创新——"教学优先方案"的历程、模式和功过探析》等。这些论文阐述了英国教师教育的伙伴关系模式、学校本位模式，"教学优先"计划产生的背景、内容、实施、成效、问题、特点、启示。第二类是对英国教师职前教育课程的研究。如贺晔2010年的论文《英国教师职前教育课程研究——以剑桥大学BEd课程和PGCE课程为例》；李淑敏2009年的论文《英国综合大学教育学院中教师职前教育课程设置研究》；王秀红、乞佳2014年的论文《英国U-S教师职前教育课程开发的经验与启示》。这些论文介绍了英国教育学士课程与研究生教育证书课程的目标、内容、实施、效果、特点、经验。第三类是对英国教师职前教育实习的研究。如张文军、王艳玲2006年的论文《教师职前教育中的"学校体验"：英国的经验与启发》；王较过、朱贺2007年的论文《英国教师职前培养的教育实习及启示》。这些论文介绍了英国教师职前教育实习的模式、实施、指导、评价、启示。第四类是对英国教师职前教育的其他研究，如师范生反思能力培养的研究；大学对教师职前教育监控的研究；教师职前教育宏观发展趋势研究等。

（三）英国教师教育政策研究综述

有关英国教师教育政策的研究文献可以分为以下三种类型。第一类是有关某项或某类教师教育政策的研究。这类研究成果有田京的论文《当代英国卓越教师政策发展研究》；姚文峰的论文《英国教师教育大学化的政策研究》。第二类是有关教师教育政策发展趋势的研究。这类研究从宏观角度分析一段时间里教师教育政策的发展走向、影响因素，对未来政策做出预测。这类论文有段晓明 2012 年的《英国教师教育政策变革走向——基于〈教学的重要性报告〉分析》；苗学杰 2012 年的《英国教师教育政策的实践转向与因素分析》；赵静、武学超 2006 年的《英国教师教育政策的演变及评析》。第三类是影响英国教师教育政策制定的因素研究。如张蕊、周小虎 2011 年的论文《英国教师组织及其影响教育政策制定的策略》；谌启标 2005 年的论文《英国学校效能研究与教师教育政策》。

（四）英国教师教育研究综述

有关英国教师教育研究的文献较多，主要分布在期刊论文、学位论文以及教师教育比较研究专著中的某个章节里。笔者通过阅读分析将这些研究按照内容分为如下几类。第一类是有关教师教育机构研究的文献。如王晓宇的博士论文《英国师范教育机构的转型：历史视野与个案研究》；石伟平 1988 年的论文《英国地方公立师范院校与英国师范教育》等。第二类研究以时间为线索，探讨英国教师教育的宏观发展历程。如李先军的论文《英国近现代教师教育发展研究》；王艺霖的论文《21 世纪初期英国教师教育发展研究》；1999 年陈永明主编的《国际师范教育改革比较研究》中的第三章"英国的师范教育"等。这些研究文献梳理了英国教师教育不同时期的发展状况，总结出英国教师教育发展的趋势。第三类是有关教师教育课程的研究。这些研究除了介绍前述教育学士课程和研究生教育证书课程以外，还介绍了在职教师教育课程、开放大学采用现代信息技术开设远程课程等情况。具体内容体现在姚文峰 2009 年的《英国多元化教师教育课程及其格局分析》以及李双飞、蔡敏 2008 年的《英国开放大学远程教师教育课程设置及其启示》等论文中。

(五) 英国教育政策研究综述

有关英国教育政策的研究文献主要从宏观角度阐述某一时期英国教育整体政策走向，以及政策制定的原因与实施成效。王璐2007年的论文《变化中的英国教育改革思维与教育政策》主要从政治意识形态与政党施政理念层面论述英国教育政策的发展状况；吕思昕2006年的论文《英国教育政策的制定过程分析》详尽探讨了英国教育政策制定的问题产生、专家咨询、社会辩论、文本出台四个阶段，认为英国教育政策制定的影响因素有政党意识形态、议会制度、中央和地方的关系、利益群体等。这些文献可以帮助笔者将教师职前教育政策问题放在教育政策整体发展背景下进行思考。

(六) 其他背景资料

研究英国的教师职前教育政策要以社会发展和教育发展历程为背景。因此，笔者还收集了一些背景资料。如钱乘旦2012年的著作《英国通史》；王承绪、徐辉2000年的著作《世界教育大系·英国教育》；徐辉1993年的著作《英国教育史》等。此外，教育政策理论与教师教育理论是本书必不可少的理论基础。孙绵涛2009年主编的《教育政策学》、范国睿2011年主编的《教育政策的理论与实践》，阐述了教育政策的定义、系统、制定、执行、评估、分析等理论问题。教师教育理论著作如陈永明2012年的《教师教育学》、朱旭东2017年的《教师教育思想流派研究》等都是笔者开展研究的重要理论参考。

二 国外研究综述

经过阅读整理，笔者将外文文献分为政策文本、英国教师职前教育研究文献、英国教师教育研究文献以及英国教育政策研究等其他相关文献。

(一) 英格兰与威尔士教师职前教育政策文本

研究英国中小学教师职前教育政策需要研读分析政策原文。笔者通过从英国教育部等网站下载、大英图书馆借阅等途径找到了与本研究相关的政策文本，主要包括以下一些文件。1944 年的《麦克奈尔报告》；1963 年的《罗宾斯报告》；1972 年的《詹姆斯报告》；1972 年的《教育：扩张的架构》（Education：A Framework for Expansion）；1973 年的《高等教育在非大学部门的发展》；1983 年的《教学品质》；1984 年的《教师职前培训：课程的认证》（Initial Teacher Training：Approval of Courses）；《1989 年教育（教师）条例》[The Education (Teachers) Regulations 1989]；1992 年的《教师职前培训（中学阶段）》[Initial Teacher Training (secondary phase)]；1993 年的《小学教师职前培训：课程新标准》（The Initial Training of Primary School Teacher：New Criteria for Courses）；1993 年的《政府对教师职前培训的改革计划》（The Government's Proposals for the Reform of Initial Teacher Training）；1998 年的《教学：高地位、高标准——教师职前培训课程要求》（Teaching：High Status, High Standards. Requirements for Courses of Initial Teacher Training）；1998 年的《教师：面临变革的挑战》（Teachers：Meeting the Challenge of Change）；2002 年的《合格任教：合格教师资格专业标准与教师职前培训要求》（Qualifying to Teach：Professional Standards for Qualified Teacher Status and Requirements for Initial Teacher Training）；2006 年的《合格教师资格专业标准与教师职前培训要求》（Professional Standards for Qualified Teacher Status and Requirements for Initial Teacher Training）；2007 年的《英格兰教师专业标准》（Professional Standards for Teachers in England）。这些政策文本是进行研究必备的一手资料。

（二）英国教师职前教育研究综述

有关英国教师职前教育的研究文献主要是论文和专著，涉及英国教师职前教育的政策、课程、宏观发展、微观调查等，为本书提供了重要参考。

亨克（David Hencke）1978 年的著作《学院在危机中：教师培训

的重构 1971 – 7》(Colleges in Crisis: The Reorganization of Teacher Training 1971 – 7) 分析了 20 世纪 70 年代英格兰与威尔士教师教育机构的重组问题。该书采用个案分析法，分析了达灵顿教育学院（Darlington College of Education）、布莱顿教育学院（Brighton College of Education）、布尔梅舍教育学院（Bulmershe College of Education）、布拉德福德教育学院（Bradford College of Education）的重组经历。在此基础上总结了中央政府、教育与科学部（Department of Education and Science, DES)[①]、地方教育当局、教育学院、大学、教师、学生、教师协会（teachers' association）等各方势力在教育学院重组中的作用。

格雷夫斯（Norman J. Graves）1990 年编辑的《教师职前教育政策与发展》(Initial Teacher Education Policies and Progress) 一书选编了九篇与英国教师职前教育政策有关的论文，展现了九位作者各自不同的教师职前教育观。第一章"教师教育的进展"介绍英国教师教育发展的历史和政治经济因素如何影响教师职前教育。第二章"今日教师教育"阐述了当时英国教师职前教育状况，尤其是教育学士课程与研究生教育证书课程的发展状况。第三章"教师教育：比较的视角"介绍了欧洲和北美其他国家教师职前教育发展情况。第四章"教师教育的思考与研究"探讨了影响当前教师职前教育发展的观念及其起源。第五章"平等和童年：教育与教师培训的神话"认为教育的本质是培养人诚实而理智地尽力做事。第六章"教师教育的必要性"对学校本位研究生教育证书课程提出质疑。第七章"教师教育的控制：教师教育认证委员会（Council for Accreditation of Teacher Education, CATE）"介绍了教师教育认证委员会的成立与运作情况。第八章"教师教育的控制：英格兰与威尔士教学总会（General Teaching Council, GTC）"介绍了英国多年来建立英格兰与威尔士教学总会的努力。第九章"教师教育的未来"提出教师职前教育的政策冲突将

[①] 1964 年，英国教育部（Ministry of Education）被改组为教育与科学部（DES）。1944 年后英国中央教育管理部门更替详情见附表 3。

会得到解决，并提出了三阶段教师教育的设想。

布莱克（David Blake）1993 年发表的论文《英格兰与威尔士教师职前教育改革的进展》（Progress in the Reform of Initial Teacher Education in England and Wales）对 20 世纪 90 年代初英格兰与威尔士的教师职前教育变革进行了述评。文章第一部分简述教师职前教育政策发展情况，尤其强调英国教育与科学大臣（Secretary of State for Education and Science）[①] 克拉克（Kenneth Clark）1992 年 1 月在英格兰教育大会上的讲话。第二部分分析了英格兰与威尔士的教师职前教育政策，确定其产生根源以及实施困难。第三部分调查了 1989 年以后高等教育机构开展教师职前教育的状况。最后一部分提出教师职前教育政策发展建议，并指出教师职前教育的本质、发展过程、教师职前教育与高等教育的关系仍是政府需要解决的关键问题。

迈尔斯（Sheila Miles）等人 1993 年发表的论文《英格兰与威尔士的教师职前教育》（Initial Teacher Education in England and Wales）展示了 1990—1991 年英格兰与威尔士的教师职前教育课程情况，重点关注课程理念和教学法、课程结构、高等教育机构和中小学的伙伴关系以及师范生评价模式。研究发现，尽管人们经常批判教师职前教育课程过于理论化，但实际上师范生在中小学花费了大量时间。但是，师范生在中小学花大量的时间并不意味着他们得到了更多的实践锻炼。这是因为中小学及其教师参与教师职前教育所得补偿很少，导致他们的积极性受挫。超过半数的中小学在采用传统方式评价师范生的同时，还采用档案袋等新型评价方式。高等教育机构则很少采用档案袋评价方式。

麦卡洛克（Myra McCulloch）和菲德勒（Brian Fidler）1994 年主编的《改进教师职前培训？教师、中小学和高等教育机构的新角色》（*Improving Initial Teacher Training? New Roles for Teachers, Schools and*

---

① 随着英国中央教育管理部门名称的改变，其领导者的头衔也发生了相应改变。详情见附表 4。

Higher Education）一书由多篇研究高等教育机构与中小学构建伙伴合作关系开展教师职前教育的论文组成。第一篇介绍了1984—1994年教师职前教育政策发展情况。第二篇分析了在教师职前教育中，高等教育机构为什么要与中小学建立伙伴合作关系，并提出应将中小学教师作为反思性实践者（reflective practitioner）进行培养。第三篇至第六篇分析了四所高等教育机构与中小学合作开展教育学士课程和研究生教育证书课程的情况。在这四个案例中，高等教育机构与中小学建立伙伴合作关系对培养中小学教师起到了积极作用。该书第七篇至第十篇则分析了伙伴合作关系中存在的一些问题，主要涉及中小学教师自身的能力对指导师范生的影响；参与伙伴合作关系对中小学发展的影响；在伙伴合作关系中，大学导师对培养师范生的作用；高等教育机构与中小学构建伙伴合作关系是否有利于促进教师职前教育发展等。

伊文思（Linda Evans）1997年发表的论文《英国引入中小学主导的教师职前教育的实践：政策问题与含意》（The Practicalities Involved in the Introduction of School-administered Initial Teacher Education in the United Kingdom: Some Policy Issues and Implications），探讨了1993年9月英国政府开始允许英格兰与威尔士的中等学校联盟为大学毕业生开设一年制中学教师职前教育项目。高等教育机构可以给学校联盟主导的教师职前教育项目的毕业生颁发研究生教育证书。1993年的这一首创是政府旨在将英格兰与威尔士的教师职前教育控制权从高等教育机构转移到中小学的多项改革举措之一。文章作者研究了这一转型过程，并讨论了背后的政治含意。

理查兹（Colin Richards）等人1997年出版的《关键阶段六核心课程：对教师职前教育国家课程的评论》（*A Key Stage 6 Core Curriculum: A Critique of the National Curriculum for Initial Teacher Training*），评论了英国教师培训处（Teacher Training Agency, TTA）发布的第10/97号通知征询意见稿中规定的培养小学教师的英语和数学"国家

课程"(National Curriculum)。该书先分析了培养小学教师的"国家课程"的共同特征,接着分别评价了这两种课程的结构、课程覆盖面等。最后提出,在国家规定了培养小学教师的英语和数学"国家课程"以后,高等教育机构应该怎样进行课程设计,中小学教师应该如何指导师范生的建议。

贝尔(Les Bell)1999 年发表的论文《浪费时间的历史？英格兰的教师职前教育：1960—1999》(Chronicles of Wasted Time? Initial Teacher Education in England：1960 - 1999),指出为了确保战后有充足的中小学教师,英国在二战结束之前就开始实施教师紧急招募与培训方案,教师职前教育成为英国教育政策的重点,教师职前教育的结构和内容受到政府越来越多的干预。文章研究了 20 世纪 60 年代至新工党开始执政这段时间,教师职前教育政策如何影响教师教育发展,并分析了政府实施的教师职前教育改革的主要特征。文章认为,当时英格兰教师教育的主体架构起源于 1944 年的《麦克奈尔报告》。自此时起直至 20 世纪 60 年代,满足中小学教师的数量需求一直是英国教师职前教育面临的主要问题。此后,英国教师教育政策的发展可以分为四个阶段：1960—1973 年的社会民主阶段；1973—1987 年的资源紧缩阶段；1988—1996 年的市场化阶段；1997—1999 年的卓越英才阶段。

西姆科(Neil Simco)和威尔逊(Tatiana Wilson)2002 年主编出版的著作《小学教师职前培训与教育：修订的标准,光明的未来？》(*Primary Initial Teacher Training and Education：Revised Standards, Bright Future?*),汇集了 10 篇研究 2002 年修订后的合格教师资格标准的论文。第一篇主要阐述了英格兰教学总会所提建议对修订合格教师资格标准的影响；第二篇和第六篇阐述了 2002 年修订的合格教师资格标准对高等教育机构与中小学建立的伙伴合作关系的影响；第三篇分析了教育标准局的督导在促进师范生达到合格教师资格标准中的作用及其引发的问题；第四篇和第五篇介绍了 2002 年在修订合格教师资格标准时为何加入对师范生融合教育能力的要求；第七篇阐述怎样评价师范生是否达到了 2002 年修订的合格教师资格标准；第八篇探讨了教师职前教育是否需要培养小学学科专长教师（specialist teacher）；第九篇和第十篇展望了未来教师职前教育的发展方向。

穆通（Trevor Mutton）等人 2007 年发表的论文《不只是管理？英格兰中小学中教师职前教育协调员的任务》（More Than Managing? The Role of the Initial Teacher Training Coordinator in School in England），是一篇聚焦英格兰中小学校教师职前教育协调员工作任务的实质和复杂性的微观研究。研究数据来源于三个途径：一是四所提供教师职前教育的高等教育机构的工作记录；二是 113 所中小学的问卷调查；三是对六位学校本位教师职前教育项目协调员的电话访谈。作者通过分析数据发现，协调员的大部分时间都用于组织管理工作，但实际上协调员所做的与课程教学相关的工作才能真正促进教师职前教育的发展。作者在中小学与高等教育机构建立伙伴合作关系的背景下讨论这个问题，呼吁重新定位协调员的工作任务。

上述文献涉及 20 世纪 60 年代以来至 21 世纪初期英国中小学教师职前教育的发展。这些文献展示了这一时间段英国中小学教师职前教育的宏观发展历程，还在国际教师职前教育发展背景下，对比了英国中小学教师职前教育发展与其他国家的异同。通过对这些文献的分析可以发现，20 世纪 90 年代是研究英国教师职前教育的重点阶段。这一时期英国中小学教师职前教育的实施者从高等教育机构向中小学转移，教师职前教育课程和高等教育机构与中小学建立合作伙伴关系是两个研究热点问题。上述文献在这两方面为笔者提供了丰富的研究资料和可资借鉴的案例。

（三）英国教师教育研究综述

英国教师教育相关研究文献可以帮助笔者将教师职前教育问题放在整个教师教育发展的背景下加以思考，文献所涉及的教师职前教育的内容也可作为研究借鉴。

威利（F. T. Willey）与麦迪逊（R. E. Maddison）1971年的《教师培训调查》（*An Enquiry into Teacher Training*）建立在1969年英国国会任命的特别小组对当时英国教师教育调查的基础之上。该书先对1944—1976年英国教师教育发展状况进行了回顾与评价，特别阐述了《罗宾斯报告》和教师培训与供给国家咨询委员会对教师教育发展的作用。随后，该书展示了在调查中发现的师范生和教师教育者存在的问题；教育学院和中小学在教师教育中所发挥的作用；教育学士学位的设立和发展情况；大学培养教师所存在的问题；教育学院的管理体制状况等。

洛马克斯（Donald E. Lomax）1973年编辑出版的著作《英国教师教育》（*The Education of Teachers in Britain*）汇集了当时研究各种教师教育问题的25篇论文。洛马克斯按照内容将这25篇论文分为七个主题。主题1——"教师教育的发展"，其中的四篇论文论述了英国教师教育发展概况；主题2——"大学和多科技术学院中的教师教育"，其中的三篇论文阐述了英国大学参与教师教育的历史与现状，展望了未来多科技术学院如何开展教师教育；主题3——"教师教育与教育学院"，其中的三篇论文探讨了教育学院的发展状况和管理情况以及地区培训组织的发展情况；主题4——"价值、课程和教学方法"，其中的四篇论文研究了教师教育的价值问题、教师教育课程的多样化、师范生实习以及教育学院的教学方法；主题5——"教师在职教育"，其中的三篇论文研究教师在职教育问题；主题6——"教师教育的经济学"，其中的三篇论文从经济学角度分析教师教育，探讨了教育学院的效率、教师教育与教师市场等问题；主题7——"教师教育研究"，其中的五篇论文研究了教师教育的内部问题，如教育学院的环境与学生的特点、教学的本质与教师的影响、教育学院学生的特质和态度等。

邓特（H. C. Dent）1977年所著的《英格兰与威尔士的教师培训1800—1975》（*The Training of Teachers in England and Wales 1800 –*

1975），阐述了英国自19世纪初期至20世纪70年代初期教师教育的发展状况。其中第18章到第24章涉及自《麦克奈尔报告》发布至20世纪70年代初期英格兰与威尔士教师职前教育发展情况。具体内容主要包括《麦克奈尔报告》产生的背景和主要内容；地区培训组织的发展；二战后教师紧急招募与培训方案的实施；教师职前教育规模大幅扩张；三年制教师职前教育课程的开设；教育学士课程的开设；《詹姆斯报告》产生的背景和主要内容等。

托马斯（John B. Thomas）1990年主编的《英国大学与教师教育：一个世纪的变革》（British University and Teacher Education: A Century of Change）一书介绍了从维多利亚时代至20世纪80年代末，英国大学如何参与和推动教师教育发展。该书详细阐述了英国大学的教师培养机构从走读培训学院（Day Training College）向大学教育学系（Department of Education）的转变；大学在地区培训组织中的作用；大学如何开始开设教育学士课程；《詹姆斯报告》对大学培养教师的影响；苏格兰与北爱尔兰的大学开展教师教育的情况；大学开展教育研究的情况；英国多元文化背景下教师教育的发展。

帕廷顿（Geoffrey Partington）1999年出版的著作《英格兰与威尔士的教师教育》（Teacher Education in England and Wales）认为，教育本质上是一种竞争性活动，并以此为基础阐述其教师教育主张。全书共分七章。第一章阐述了19世纪至20世纪对教师教育影响最大的五种教育思想。第二章阐述了20世纪60年代工党（Labour Party）实施的"老左派"（Old Left）教育主张基本上被保守党接受。但随后"新左派"（New Left）思想替代了"老左派"思想。第三章阐述了1979年以后"新右派"（New Right）意识形态占据主导地位，对教师职前教育发展产生了巨大影响。第四章阐述了作者对1997年以后教师教育发展的态度，包括对教育标准局和教师培训处工作的态度、对高等教育机构与中小学组建伙伴合作关系的态度。第五章阐述了以学校为中心的教师职前培训（School-Centered Initial Teacher Training,

SCITT）方案的发展情况。第六章提出，如果教师职前教育"国家课程"的规定只是一个范例而不具有强制性将会更好。第七章对未来英国教师教育发展进行了展望。

福隆（John Furlong）等人 2000 年出版的著作《转变中的教师教育：专业主义的重建？》（*Teacher Education in Transition：Re-forming Professionalism*?）是英国经济和社会研究委员会（Economic and Social Research Council）资助的两项课题的研究成果。该书从教师专业主义发展的角度阐述 20 世纪 90 年代以来英国教师教育发展状况。作者认为，20 世纪 90 年代英国教师职前教育经历了巨大转变。在某种程度上，这种转变使人们认识到中小学以及中小学教师可以为教师教育做出更大贡献。实施学校本位教师职前教育并不仅仅意味着教师教育机构的转变，还意味着中小学在教师职前教育中地位的提升以及大学地位的下降。作者认为，这既不是公众的普遍意愿，也不是自然发展的结果，而是由政府单方面干涉造成的。该书认为，政府这样做将原本多样化的、自治的教师教育体制变成了单一的、中央控制的体制。

福隆 2005 年发表的论文《新工党和教师教育：一个时代的结束》（New Labour and Teacher Education：The End of An Era），回顾了 1979 年保守党执政至 21 世纪初期英国教师教育与教师专业主义的发展状况。20 世纪 70 年代及以前，教师拥有较大的专业自主权。但 1979 年保守党执政后加强对教师职前教育的中央控制，使中小学更多地参与教师职前教育，不断削弱高等教育机构对教师职前教育的控制权，试图重塑教师专业主义。文章认为，新工党 1997 年开始执政后的两届任期内发布的教师教育政策是对保守党执政时期政策的延续与发展。与保守党一样，新工党将加强中央控制与维持市场竞争作为教师教育发展的主导思想。此外，新工党还明确提出了新教师专业主义观点，开始干预教师职前教育内容，继续推进学校本位教师职前教育的发展，并加强对教师教育政策实施的督导与评价。

希尔顿（Gillian Hilton）2012 年的文章《变化的政策 变化的时

代：英格兰的教师教育》（Changing Policies Changing Times：Teacher Education in England）表示对当时英国教师教育变革非常担忧。文章指出，多年以来英国教师的培养途径几经改变，但绝大多数教师都是通过研究生教育证书课程培养出来的。学习这种课程的学生在大学学习教育理论、教学、班级管理等专业基础知识，在中小学指导教师的监督下将大学学到的理论知识应用于实践。学生花在中小学的时间已经占据总体时间的一半以上。但当时有些人提议采用更极端的做法，将教师教育完全从大学转移到中小学，因为他们认为教学是一门技艺。文章作者对这种主张表示强烈质疑。

上述文献涉及19世纪初期至21世纪初期英国中小学教师教育的发展与存在问题。文献所展现与分析的教师教育问题非常庞杂，例如，教师教育机构的管理体制，教师教育提供者在教师教育中的作用，教师教育课程与教学方法、师范生实习、教师教育者的作用，大学如何参与教师教育，学校本位教师教育发展等。文献还从多种角度对英国教师教育发展进行了解读，例如，从经济学角度分析教师教育问题；探讨多元文化背景下教师教育的发展；剖析意识形态对教师教育发展的影响；解析教师专业主义的变化如何引发教师教育变革等。笔者可以从这些文献中提取教师职前教育的相关内容，整理出一些教师职前教育的发展线索。

（四）研究背景文献

对教师职前教育政策的研究必须放在广阔的社会政治、经济、教育发展背景下，笔者注意收集了一些研究背景文献，比较有代表性的有如下一些著作。

邓福德（John Dunford）与夏普（Paul Sharp）1990年出版的《英格兰与威尔士的教育体制》（The Education System in England and Wales）一书详解介绍了当时英格兰与威尔士教育的整体发展状况。该书第一章回顾了英格兰与威尔士19世纪至20世纪60年代的教育发展情况；第二章介绍了英格兰与威尔士20世纪七八十年代的教育发展情况；第三章介绍了当时的中央政府在教育管理中的角色；第四章介绍了地方教育当局的角色；第五章介绍了英格兰与威尔士的教育财政经费制度；第六章介绍了 16 岁以后人员的教育和培训情况。

邓福德 1998 年的《1944 年以来皇家督学团对学校的督导》(*Her Majesty's Inspectorate of Schools since 1944*) 一书介绍了 1944 年以来皇家督学团对各级各类教育，主要是中小学教育的督导工作。该书首先详细介绍了 1944 年以来英国皇家督学团的构成情况及其在教育事业发展中所扮演的角色。接着分章介绍了皇家督学团的具体职能：皇家督学团的主要工作领域是对中小学和学院进行督导检查；其辅助职能是与地方教育当局建立合作关系，并配合中央政府的工作；皇家督学团还负责对部分继续教育和高等教育机构进行督导检查。该书最后对由皇家督学团改组而成的教育标准局未来的督导工作进行了展望。

福隆等人 2009 年主编出版的著作《教师教育的政策与政治》(*Policy and Politics in Teacher Education*) 是一本有关各国教师教育政策研究论文的汇编。作者提出，在过去 20 年里，由于各国十分重视教育对经济发展的促进作用，因而也非常关注教师教育，特别是教师教育政策的制定。编者收集了 12 篇在教师教育研究方面具有国际领先水平的论文。这些论文揭示出当前各国教师教育政策发展的一个共同趋势是政府通过各种方式加强对教师教育的控制，但同时各国教师教育政策又展现出各自不同的问题与矛盾。这些论文涉及两个共同主题：一是教师教育控制权的归属问题；二是教师教育政策实施机制问题。这些研究论文揭示出当时各国教师教育发展具有不同特色：比利时的新教育法令对该国教师教育产生重要影响；澳大利亚对教师教育的中央控制很强；英国英格兰教师教育向加强中央控制与注重市场竞争两方面发展，其苏格兰的教师教育发展不像英格兰那样激进，更注重多方协商和长久稳固；美国的教师教育政策常受到其他政策的影响；美国和纳米比亚的教师教育政策都体现出对教师专业自治的挑战；新加坡通过改进课堂教学提升教师教育质量；尼日利亚面临的问题是如何在保证教师数量供应的情况下不降低教师培养质量；斐济曾经的殖民历史和文化影响到其当前教师教育的发展。

阿尔伯特（Ian Abbott）等人2013年编写出版的《教育政策》（*Education Policy*）一书以对历届英国中央教育管理部门领导者的采访为资料，详细阐述了英国自1944年至2010年的教育政策发展状况。作者根据英国执政党的更替将这一历史时期的教育政策发展划分为三个阶段：第一个阶段为1944—1979年的战后共识时期；第二个阶段为1979—1997年的市场化和竞争时期；第三个阶段为1997—2010年的布莱尔及以后时期。作者详细阐述了每个阶段英国教育政策产生的背景，有哪些主要的教育政策，教育政策如何影响教育发展，以及该阶段教育政策发展的总体趋势和特点。最后预测了2010年以后英国教育政策可能出现哪些问题。

有关英国教师职前教育政策研究的背景文献过多，在此无法一一列举。除了纸质文献以外，笔者还在英国国家统计局网站检索到英格兰与威尔士的国内生产总值（GDP）、通货膨胀率、失业率、人口出生数量、人口结构等发展变化的数据。这些背景资料有助于笔者深入挖掘英国教师职前教育政策变革的原因，并将教师职前教育政策问题置于广阔的社会背景下进行分析，避免以孤立的眼光看待问题。

第五节　研究思路与方法

一　研究思路

本书以1944—2010年英国中小学教师职前教育政策发展历史为线索，从纵向上将中小学教师职前教育政策发展分为四个阶段，即1944—1972年教师职前教育规模的扩张；1972—1988年教师职前教育质量的提升；1988—1997年教师职前教育课程认证与培养途径的革新；1997—2010年教师职前教育合格教师资格标准的制定与实施。笔者从人口、政治、经济、教育发展状况以及相关理论中探寻每个阶段制定中小学教师职前教育政策的动因,分析各主要政策出台的历程,解读政策文本,探讨政策的实施效果与影响,对每个阶段教师职前教育政策总体发展历程进行评价。本书最后总结这一时期英国中小学教师职前教育政策发展的主要变化以及对我们的启示。

二 研究方法

本书主要采用了文献法、历史研究法、比较法。

(一) 文献法

对英国教师职前教育政策的研究必须建立在大量的文献资料基础上,包括教师职前教育政策原本;有关英国教师教育的研究文献;英国教育发展相关调查数据;教师教育理论和教育政策理论文献等。笔者通过英国教育部网站、中国知网、百链外文学术搜索、读秀中文检索、大英图书馆、华东师范大学图书馆、中国国家图书馆等途径检索到了研究所需的比较丰富的政策文件、研究论文、报告、专著等文献,通过下载、借阅等方式获取了这些文献。笔者首先初步浏览这些文献,按照内容对文献加以整理分类;接着仔细研读政策原文,提炼出本研究所需的核心政策文本;随后围绕这些政策文本选出核心文献资料进行详细阅读,再逐渐拓宽阅读范围。笔者在阅读文献资料的基础上构思本书的论点和写作线索,并从文献中寻找论据。

(二) 历史研究法

教育科学的历史研究法是指通过搜集某种教育现象发生、发展和演变的历史事实,加以系统客观的分析研究,从而揭示其发展规律的一种研究方法。其实质在于探求研究对象本身的发展过程,而不是单纯地描述具体的历史事件或历史人物的活动。[①] 历史研究法有两个特点:历史性和具体性。历史性是指研究对象是过去一段时期内发生的

[①] 裴娣娜:《教育研究方法导论》,安徽教育出版社1994年版,第136页。

历史事件。研究者要按照客观事物本身的自然发展历程进行研究，如实再现客观事物在各个历史发展阶段的具体形态。具体性是指将历史研究建立在丰富而具体的文献资料基础上。

笔者采用历史研究法，首先收集、阅读、整理与1944—2010年英国教师职前教育政策相关的文献。接着笔者从错综复杂的历史文献中整理出一条教师职前教育政策的发展线索，将该线索放在特定的历史背景下进行思考分析，将教师职前教育发展进程分为四个阶段，弄清每个阶段各种政策文件和历史事件之间的内在联系，实现"以观念的形态再现历史发展的自然过程"。[1] 在此基础上，笔者采用分析与综合、抽象与概括、归纳与演绎的逻辑分析法，进一步概括出英国教师职前教育政策发展的基本特点和趋势，从中寻找值得我们借鉴的经验。

（三）比较法

教育研究中的比较法是对某些教育现象在不同时期或不同地域的表现进行比较，揭示出该教育现象的本质，进而认识教育现象的规律与发展趋势的研究方法。[2] 比较法可以分为纵向比较与横向比较。纵向比较指比较研究对象不同时期的发展状况，从而较为系统地了解研究对象的变化过程，较为全面地分析变化原因。横向比较指比较某一时期研究对象在不同国家、地区、民族的发展状况，找出相同点和不同点，分析造成这种状况的原因，进行评价并提出改进策略。

比较法是理解政策发展历程和借鉴政策经验的重要手段。本书从纵向上比较了各时期英国中小学教师职前教育政策的制定背景、内容、实施策略等，以此发掘各时期英国中小学教师职前教育政策发展特点，总结政策总体发展趋势；从横向上将英国教师职前教育政策与我国教师职前教育政策进行比较，找到二者的不同以及我国可资借鉴

---

[1] 裴娣娜：《教育研究方法导论》，安徽教育出版社1994年版，第146页。
[2] 马云鹏：《教育科学研究方法》，东北师范大学出版社2001年版，第113页。

之处。

　　历史研究法和比较法的运用必须建立在充分收集、阅读、整理文献的基础之上，而且这三种研究方法存在重叠和交叉。因此为达成研究目标，笔者特别注意将这三种研究方法加以综合运用。

第二章　教师职前教育规模的扩张
（1944—1972）

二战后英国人口出生数量大幅提升，加之中学生离校年龄推迟、中小学班级规模缩小等因素，中小学教师出现严重紧缺。政府通过实施教师职前教育紧急招募与培训方案以及《麦克奈尔报告》和《罗宾斯报告》提出的教师职前教育规模扩张建议，有效缓解了中小学教师紧缺危机。与此同时，根据上述两个报告的建议，英国建立了地区培训组织，教育学院①开始开设四年制教育学士课程。

第一节　制定中小学教师职前教育政策的背景

二战后至20世纪70年代初，英国工党和保守党轮流执政，两党在政治上形成了"社会民主主义共识"（social democratic consensus），致力于建设福利型国家，追求教育公平。这一时期人口出生数量的激增对教育大发展提出了要求，经济的恢复发展为教育大发展提供了条件。英国初等教育地位提升，综合中学数量不断增加，高等技术教育受到重视。在此环境下，教师职前教育政策主要关注教师职前教育规模扩张。

一　"社会民主主义共识"的形成
（一）"社会民主主义共识"形成的背景
二战开始后，保守党内部主要有两派力量："湿派"（wets）和

---

① 《罗宾斯报告》发布后，教师培训学院改称教育学院（Colleges of Education）。

第二章 教师职前教育规模的扩张（1944—1972） * 33

"干派"（drys）。"湿派"倾向于保守主义，他们主张政府加强对国家事务的规划和干预，在国家事务中扮演更强有力的角色。"干派"则倾向于自由主义，他们认为政府应该维护自由市场并减少干预，构建合理的金融政策。① 在保守党执政的1951—1964年，以1958年为界限，之前由"干派"主导，之后由"湿派"主导。② 工党形成之初的宗旨是在议会中实现独立的劳工代表权。二战结束后，工党主张推行企业国有化政策，增加公共支出以改善社会不平等状况，建设福利型国家，增强工会的职能。③ 在第二次世界大战结束以后，英国两党制演变为工党与保守党两党竞争的局面。④

（二）"社会民主主义共识"形成过程

早在二战结束前的1942年，《贝弗里奇报告》（Beveridge Report）⑤ 就提出政府应该在社会福利、医疗和教育方面实施变革，减少贫困。二战后，英国经济和社会在战争遗留下来的满目疮痍中艰难前行，但是人们对建设新的福利型国家充满期待。1945年工党在大选中获胜，以艾德礼（Clement Attlee）为首的工党政府采纳了《贝弗里奇报告》的建议，提出以加强政府对国家事务的干预、实施充分就业、发展混合经济、建立福利型国家为主要内容的社会民主主义施政纲领。1945—1951年工党施政非常成功，其提出的社会民主主义思想满足了二战后英国民众要求通过政府干预的形式进行改革，建立一

---

① Un Yong Jeong, *Teacher Policy in England: An Historical Study of Responses to Changing Ideological and Socio-economic Contexts*, PhD. dissertation, University of Bath, 2009, pp. 31 – 32.
② David Willetts, *Modern Conservatism*, London: Penguin Books, 1992, p. 39.
③ Un Yong Jeong, *Teacher Policy in England: An Historical Study of Responses to Changing Ideological and Socio-economic Contexts*, PhD. dissertation, University of Bath, 2009, pp. 31 – 32.
④ 孙洁：《英国的政党政治与福利制度》，商务印书馆2008年版，第9页。
⑤ 1941年，英国成立社会保险和相关服务部协调委员会，着手制定战后社会保障计划。经济学家贝弗里奇（William Beveridge）出任委员会主席。第二年，贝弗里奇提交了题为"社会保险和相关服务"的报告，也就是《贝弗里奇报告》。该报告分析了英国社会保障制度现状、问题，对以往各种福利政策进行了反思，并勾画出战后社会保障计划的宏伟蓝图。该报告曾影响英国、欧洲乃至整个世界的社会保障制度建设和发展进程，被视为建设福利型国家的奠基石和建设现代社会保障制度的里程碑。

个新社会的愿望,从而塑造和主导了二战后英国的意识形态环境。①

为赢得大选,保守党采用适应型竞争模式,②接受工党提出的以社会民主主义思想为主导的政治治理框架。两党在二战后的30年里出现政治意识形态差距缩小,根本政策取向基本一致,施政方针趋同的现象,③形成了"社会民主主义共识"。两党"社会民主主义共识"政治的具体施政策略包括扩大社会服务以构建福利型国家;发展混合型经济模式;通过增加社会投资抵御失业;重视发挥行业协会(trade unions)的作用;设法从殖民地和海外领地撤退等。④

(三)"社会民主主义共识"对教育事业的影响

在两党"社会民主主义共识"的推动下,英国当时的教育政策和实践变革遵循两个原则:一是民主的社会应该对所有年轻人施以教育,而不是只教育选出的精英;二是现代经济发展需要更多受过更好教育的人才。在此期间上任的各教育部长(Minister of Education)⑤或教育与科学大臣都力主以上述两项原则为基础,制定教育政策,⑥推动了英格兰与威尔士初等、中等、高等教育均呈现出大发展的局面。

此外,在"社会民主主义共识"的影响下,英国社会逐渐形成了一种观念,即"国家教育体系,地方管理"(a national system of education, locally administered)。罗杰(Dale Roger)曾提出表示国家、地方教育当局和教育机构之间的关系。三方在教育系统中既各司其

---

① 王燕:《政党竞争模式与英国共识政治》,《当代世界与社会主义》2005年第3期。
② 适应型竞争模式是指为夺取执政权,政党承认竞争对手的政治主张及治理框架的主流地位,将一些受选民支持的竞争对手的政治主张纳入本党的政治纲领。
③ 孙洁:《英国的政党政治与福利制度》,商务印书馆2008年版,第230页。
④ Dennis Kavanagh and Peter Morris, *Consensus Politics from Attlee to Major*, Oxford: Blackwell, 1994, p. 4. Ian Budge, David Mckay, Kenneth Newton, et al., *The New British Politics*, Edinburgh: Pearson Education, 2004, p. 404.
⑤ 随着英国中央教育管理部门名称的改变,其领导者的头衔也发生相应改变。详情见附表4。
⑥ Ian Abbott, Michael Rathbone, Phil Whitehead, *Education Policy*, London: Sage Publications Ltd., 2012, p. 1.

职，又互相制衡，最终实现中央和地方教育权力的平衡。[①] 战后至 20 世纪 50 年代末，三方关系非常稳定，它们共同合作应对教育事业的重大变革。

在教师职前教育方面，中央政府、地方教育当局、教师协会互相合作。中央适度放权，允许地方教育当局、教师协会参与教师职前教育政策的制定。地方教育当局在战后教师职前教育政策的制定过程中扮演了非常活跃的角色。基于"社会民主主义共识"，行业协会的权利和地位得到政府承认，这使得教师和教师协会拥有较大的专业自治权利。很多教师成为教师教育相关组织或协会的代表，积极参与到教师职前教育政策的制定过程中，甚至成为制定教师职前教育政策的核心人员。

二 经济恢复发展与人口出生量大幅提升

(一) 凯恩斯主义经济政策的实施与经济恢复

二战给英国带来了巨大的创伤与损耗，英国不仅需要偿还战争欠下的巨额外债，还要应对殖民地纷纷独立解放以及强有力的国际竞争。英国昔日的辉煌已经不再，政府面临的首要问题就是复兴经济、恢复国力。20 世纪 30 年代之前，英国奉行新古典主义经济学，国家对经济发展采取不干预政策，让价格在市场经济中发挥调节作用，使经济在自由放任的条件下发展。20 世纪 30 年代出现了严重的世界经济危机，英国将近 1/4 的工人失业。凯恩斯主义经济学 （Keynesian economics） 应运而生。它主张国家加强对经济的干预，通过实施刺激消费、增加投资的财政政策和货币政策推动经济发展。在二战结束后的 30 年里，凯恩斯主义经济学成为英国的正统宏观经济学。[②]

[①] Ian Abbott, Michael Rathbone, Phil Whitehead, *Education Policy*, London: Sage Publications Ltd., 2012, p. 1.

[②] N. F. R. Crafts and N. W. C. Woodward, *The British Economy since 1945*, Oxford: Clarendon Press, 1991, pp. 64 - 65.

1945年上台的工党艾德礼政府采用凯恩斯干预策略（Keynesian intervention strategy），将经济规划（economic planning）和公众所有权（public ownership）作为制定战后重建时期经济政策的主要依据。①1951—1964年保守党执政期间，在"社会民主主义共识"的推动下，继续依照工党的经济路线，维持绝大部分工业部门的国有化。1962年，保守党政府建立了国家经济发展委员会（National Economic Development Council，NEDC），这是英国第一个负责经济规划的组织。1964年，工党政府建立了经济事务部（Department of Economic Affairs，DEA），对国家经济发展事务进行统筹规划。在与雇员以及行业协会协商的基础上，1965年工党政府成立物价与收入国家委员会（National Board for Prices and Incomes），监督工资和物价上涨情况。②二战后直至20世纪70年代中期，两党对福利事业的支出都有明显增长。③

英国实施凯恩斯主义宏观经济政策以后，迅速恢复了工业发展水平，降低了失业率，提高了国民收入，逐渐摆脱了经济困境。由图2-1可见，二战后至1971年，英国GDP的增长率虽然历经多次波动，经济增长与经济紧缩交替出现（"stop-go cycles"），但经济发展总体上呈上升趋势。

在经济恢复发展的基础上，英国政府通过立法逐渐构建起比较完善的社会保障机制，促进福利型国家建设，为教育事业发展奠定了比较稳定的社会基础。此外，增加公共支出是这一时期两党建设福利型国家的重要策略。而经济的恢复也使政府有财力增加公共支出，特别是教育支出。教师职前教育规模扩张的实现也得益于政府公共投资的

---

① Un Yong Jeong, *Teacher Policy in England: An Historical Study of Responses to Changing Ideological and Socio-economic Contexts*, PhD. dissertation, University of Bath, 2009, p. 37.

② Un Yong Jeong, *Teacher Policy in England: An Historical Study of Responses to Changing Ideological and Socio-economic Contexts*, PhD. dissertation, University of Bath, 2009, p. 38.

③ Dennis Kavanagh and Peter Morris, *Consensus Politics from Attlee to Major*, Oxford: Blackwell, 1994, p. 79.

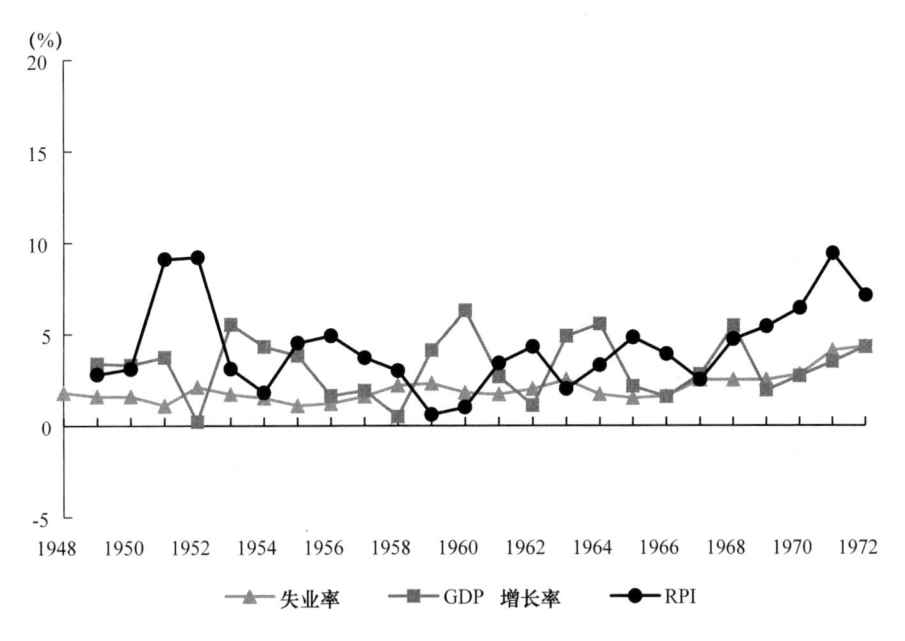

图 2-1 英国失业率、GDP 增长率、RPI 变化（1948—1972）

资料来源：Office for National Statistics, People Not in Work, 2020.3.1, https://www.ons.gov.uk/employmentandlabourmarket/peoplenotinwork; Office for National Statistics, Gross Domestic Product (GDP), 2020.3.1, https://www.ons.gov.uk/economy/grossdomesticproductgdp; Office for National Statistics, Inflation and Price Indices, 2020.3.1, https://www.ons.gov.uk/economy/inflationandpriceindices.

增加。

（二）人口出生量大幅提升

人口出生数量直接关系到未来中小学在校学生数量，进而决定着教师的需求量。因此，人口出生数量的变化对教师职前教育政策的制定与实施有巨大影响。二战后，英格兰与威尔士人口出生数量大幅度提升，分别在20世纪40年代和60年代出现了两次生育高峰（见图2-2）。

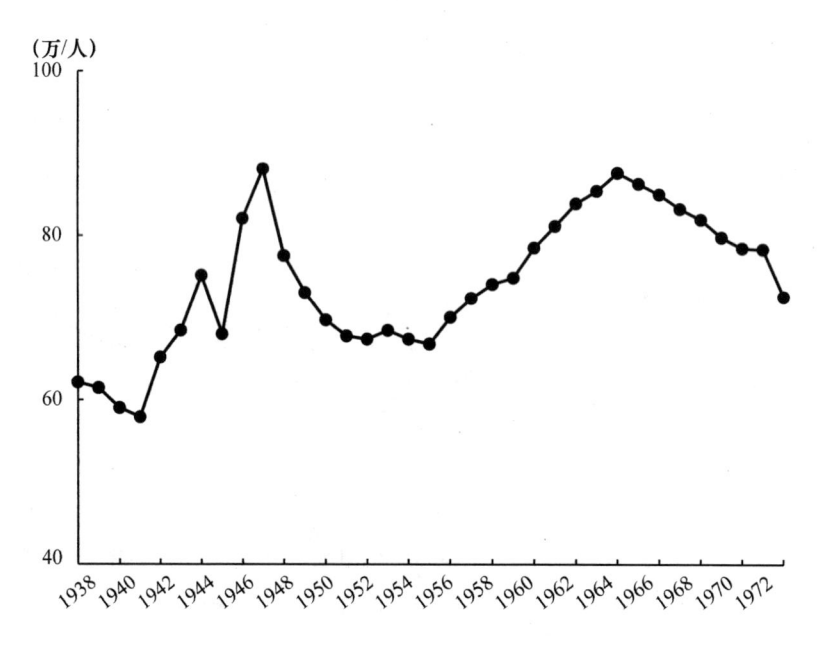

图 2-2　英格兰与威尔士年人口出生数量变化（1938—1972）

资料来源：Office for National Statistics, Birth Summary Tables—England and Wales, 2020.3.1, https://www.ons.gov.uk/peoplepopulationandcommunity/birthsdeathsandmarriages/livebirths/datasets/birthsummarytables.

英格兰与威尔士婴儿出生数由 1941 年的 57.9 万人猛增至 1947 年的 88.1 万人。虽然此后婴儿出生数量有所下降，但 1955 年又呈现回升，至 1964 年达到 87.6 万人，再次接近 1947 年的水平。此后直至 1971 年，英格兰与威尔士每年婴儿出生数量都维持在 80 万人左右。[①]《1944 年教育法》规定将中学生离校年龄由 14 岁延长到 15 岁。1947 年这一政策得以落实。1948 年，超过 15 岁，选择继续留在中学学习的学生人数为 18.7 万人，而 1958 年这一数字增加到 29.06 万

---

① Office for National Statistics, Birth Summary Tables—England and Wales, 2020.3.1, https://www.ons.gov.uk/peoplepopulationandcommunity/birthsdeathsandmarriages/livebirths/datasets/birthsummarytables.

人。人口出生数量猛增与中学生离校年龄推迟两种因素叠加在一起，共同导致二战后至20世纪70年代初期英国中小学教师严重紧缺，成为教师职前教育规模扩张的直接推动因素。

三 教育大发展

二战后，工党和保守党都将发展教育视为建设福利型国家的主要内容，开启了自《1870年教育法》以来英国教育最具综合性和扩张性的发展阶段。

（一）初等教育地位提升

英国最早的初等教育始于十七八世纪建立的慈善学校。在18世纪末19世纪初期，又增加了一些星期日学校。它们负责对贫穷儿童实施非常有限的教育。1870年，英国颁布第一部教育法，官方开始举办初等学校（elementary school）。19世纪末以前，"廉价""贫穷"一直与初等教育形影不离。《1902年教育法》（Education Act 1902）颁布以后，地方教育当局承担起所有初等学校的财政责任，英国基本上实现了初等教育的普及。但初等学校依然主要面向穷人的孩子，教学设施很差，地位较低，与中等教育缺乏联系。1943年《教育的重构白皮书》（*White Paper: Educational Reconstruction*）提出将为11岁以下儿童提供教育的机构称为"小学"（primary school），将为11岁以上儿童提供教育的机构称为"中学"（secondary schools）。《1944年教育法》从法律上认可了初等教育的地位和价值，将初等学校改为与中学具有同等地位的小学，结束了自18世纪以来初等教育和中等教育分裂的局面。

二战后，英国初等教育发展的重点是应对生育高峰所带来的入学人数激增。初等学校的教学内容和方法则一直遵循1931年《哈多报告》（Hadow Report）的建议，以儿童的活动和经验为中心，注重发展儿童的能力、兴趣、责任感、想象力和同情心。《哈多报告》提出的根据儿童智力水平分组教学的建议在初等学校非常盛行。这种做法一方面受当时心理学智力研究成果的影响，[1] 另一方面由于中等教育学额不足、入学竞争激烈，初等学校希望通过分组教学，重点培养高智力组学生以争取中学学额。分组教学既导致教育不平等，也导致课程过分注重应试科目而忽略了对儿童潜能的开发。11岁考试（eleven-plus）[2] 的实施使初等教育分组教学以及应试教育的倾向进一步加剧。1962年，英格兰与威尔士有23191所初等学校，其中2892所学校的学生超过300人，具备分组教学的规模。从这2892所学校中抽取660所学校，经调查发现，96%的学校实施了分组教学，50%的学校从7岁以下的幼儿期就开始实施分组教学。[3]

1963年英格兰中央教育咨询委员会（Central Advisory Council for Education [England]）对英格兰初等教育情况进行了调查，并于1967年发布《儿童与他们的小学》（Children and Their Primary Schools）报告，也称为《普劳登报告》（The Plowden Report）。该报告提出三项原则：为实现社会公正，为处境不利儿童提供补偿教育（compensatory education）；延续《哈多报告》的建议，实施以儿童为中心的进步主义教育；国家应该对初等教育和其他教育部门一视同仁。《普劳登报告》还建议：将初等教育严重落后地区确定为"教育优先发展区"（educational priority areas），并为其提供额外支持；使家长和社会福利工作者更多地参与到儿童教育工作中；取消11岁考试制，将小学升入中学的年龄推迟到12岁；放弃分组教学；严禁实施体罚；采用以儿童为中心的教学方法；改善小学校舍等。《普劳登报告》发表后，

---

[1] 20世纪二三十年代的心理学研究认为，人的智力水平在其很小的时候就能被测定，而且具有不同的"类型"，因此可以根据智力"类型"对儿童施以不同类型的教育。这成为初等学校实施分组教学，实施11岁分流考试和三轨制中等教育的理论依据。

[2] 二战后，儿童在小学教育的最后一年参加11岁考试，根据考试成绩被分流到文法中学、现代中学或技术中学学习。11岁考试的基本假设是：人的智商是先天决定的，在很小的时候就可以被测量，并且终生不变。因此，可以依据智商测试成绩将儿童分流到不同的中学。

[3] Brian Jackson, Streaming: An Education System in Miniature, London: Routledge & Kegan Paul, 1964, p.16.

1967年8月，政府宣布向教育优先发展区拨款1600万英镑用于校舍改造，1971—1972年度又增加1800万英镑。1968年以后，政府为每位在发展落后学校工作的教师提供每年75英镑的住房补贴。1968年5月，政府为在教育优先发展区开展的五项研究拨付了17.5万英镑研究经费。①

(二) 综合中学曲折发展

《1944年教育法》提出只要能够满足学生需求，各种中学都有存在的权利。早在二战结束前，三轨制（tripartite system）② 中等教育思想就占据舆论主导地位。二战后执政的工党政府选择维护三轨制中等教育，支持在增设现代中学的同时保持文法中学的地位，限制综合中学发展。各地方教育当局实施的大多是三轨制或双轨制（bi-partite system）中等教育。1945—1951年，英格兰与威尔士只建立了13所综合中学，其学生人数不到中学总人数的5%。③

进入20世纪50年代，综合中学发展速度加快，这主要基于以下几点原因：第一，工党为了在1951年大选中争取选民，发布了一本名为"中等教育政策"（A Policy for Secondary Education）的小册子，明确宣称全力支持综合中学发展。④ 虽然此次竞选失败，但工党在1964年重新赢得大选后继续推进综合中学发展。第二，心理学和社会学研究揭示三轨制中等教育不仅在理论基础上存在严重缺陷，还损害了教育的公平性和民主性。从20世纪50年代中期开始，西蒙（B. Simon）、丹尼尔斯（J. Daniels）、弗农（P. Vernon）等心理学者研究发现，所谓客观的智力测量的基本原理和方法存在严重缺陷。科

---

① 徐辉、郑继伟：《英国教育史》，吉林人民出版社1993年版，第305页。
② 三轨制中等教育中的三类中学为文法中学、现代中学和技术中学。但实际上由于技术中学一直没有获得地方教育当局和政府的完全认可，中等教育体系事实上实施的是双轨制。
③ 徐辉、郑继伟：《英国教育史》，第308页。
④ Ian Abbott, Michael Rathbone, Phil Whitehead, *Education Policy*, London: Sage Publications Ltd., 2012, p. 17.

根（M. Kogan）研究显示，11岁考试致使15%的儿童被错误分流。①1951年以后，现代中学部分学生在普通教育证书（General Certificate of Education, GCE）考试②中获得优异成绩，进一步证明11岁考试存在很大的局限性。格拉斯（D. V. Glass）、弗洛德（J. Floud）、哈尔西（A. Halsey）等社会学学者研究发现，工人阶级子女很少能通过11岁考试进入文法学校的，而且11岁考试成绩的地域差异很大。第三，中产阶级人数增加，他们了解三轨制中等教育的缺陷，非常担忧选择性中等教育体制的存在使自己的子女失去接受良好教育的机会，要求取消11岁考试，对中学实施综合化改造。他们甚至组成促进公立教育联合会（Confederation for the Advancement of State Education）向政府施加压力，对中等教育的综合化改造起到了关键作用。第四，1961年英格兰中央教育咨询委员会对中等及以下水平青少年的教育状况进行调查，于1963年发表《我们半数人的未来》（Half Our Future）报告，也被称为《纽瑟姆报告》（The Newsom Report）。该报告虽未明确支持综合中学发展，但提出中等及以下水平青少年应获得更多的教育资源。

1964年工党赢得大选，次年7月发布第10号通知《中等教育的组织》（The Organization of Secondary Education），宣布政府计划取消11岁考试，消除中等教育分轨制，规定只有为中等教育综合化改造而兴建的校舍才能获得政府拨款。该通知还要求地方教育当局尽快提出中等教育综合化改组计划。1966年，约80%的地方教育当局提交了较为完善的改组计划。正当工党大力推动综合中学发展之时，却在1970年大选中落败给保守党。新上任的保守党教育与科学大臣撒切

---

① Ian Abbott, Michael Rathbone, Phil Whitehead, *Education Policy*, London: Sage Publications Ltd., 2012, p. 13.
② 1951年，英格兰与威尔士开始实施普通教育证书考试，一年两次。中学毕业生（16岁）可以参加普通教育证书普通等级考试（GCE O-Level），"第六学级"（大学预科）毕业生（18岁）可以参加普通教育证书高等级考试（GCE A-Level）。1988年，英国用普通中等教育证书考试（GCSE）取代普通教育证书普通等级考试。

尔夫人（Mrs. Margaret Thatcher）立即取消了第 10 号通知，但保守党政府并没能阻止综合中学的发展势头（见表 2-1）。1980 年英格兰与威尔士中等教育的综合化改造基本完成。

表 2-1　英格兰与威尔士综合中学发展情况（1950—1980）

年份	学校数（所）	综合中学学生占中学生总数的百分比（%）
1950	10	0.3
1955	16	0.6
1960	130	4.7
1965	262	8.5
1966	387	11.1
1967	507	14.4
1968	748	20.9
1969	960	26
1970	1145	31
1971	1373	38
1974	2677	—
1976	3387	69.7
1977	—	80
1980	—	83

资料来源：王承绪、徐辉《战后英国教育研究》，江西教育出版社 1992 年版，第 119—120 页。

（三）高等教育规模扩张

二战结束后，英国政府深感本国技术人才培养质量欠佳，数量不足，严重阻碍国家科技发展。为加强高级技术人才培养，工党政府发布了《高等技术教育：1944 年任命的特别委员会报告》（Higher Technological Education: Report of a Special Committee Appointed in April 1944），又称为《帕西报告》（The Percy Report）。该报告依据英格兰与威尔士高等技术教育发展需求，提出增加高等技术教育拨款，把部分技术学院发展为能够提供全日制大学学位水平教育的高等技术教育中心。1946年，工党政府又发布《科技人力资源：枢密院议长委任委员会报告》(Scientific Man-Power: Report of a Committee appointed by the Lord President of the Council)，又称为《巴洛报告》(The Barlow Report)。该报告建议大学在保证学生培养质量和大学独立地位的同时，将科技人才培养数量增加一倍。《帕西报告》和《巴洛报告》在推动英国高等技术教育发展的同时也推动了英国高等教育整体发展，使大学生人数从1938—1939学年的5万人增加到1958—1959学年的10万人。[1]

1956年，英国政府颁布《技术教育》(Technical Education)白皮书，提出要创建高级技术学院(Colleges of Advanced Technology)。同年，教育部(Ministry of Education)[2]发布建立四级技术学院的通知，即高级技术学院、地区学院(Regional Colleges)、区域学院(Area Colleges)、地方学院(Local Colleges)。1957年，政府确定建设10所高级技术学院。高级技术学院全日制学生人数从1956—1957学年的4700人增加到1962—1963学年的10300人，推动英国高等教育出现扩张小高潮。

英国高等教育真正大发展始于1963年《罗宾斯报告》的发布。该报告提出要使参加全日制高等教育的学生人数从1963年的21.6万人增加至1974年的39万人，至1981年达到56万人；创办6所新大学，5所新理工科学院；将10所高级技术学院升级为大学；使高等教育支出占国民生产总值的比例由0.8%上升到1.6%。[3] 英国政府很快接受了《罗宾斯报告》提出的高等教育近期发展目标，20世纪60年代英国高等教育规模大幅扩张。

---

[1] 徐辉、郑继伟：《英国教育史》，吉林人民出版社1993年版，第325页。
[2] 《1944年教育法》实施后，英国政府撤销教育委员会(BoE)，设立教育部(Ministry of Education)。1944年后英国中央教育管理机构名称更替详情见附表3。
[3] 徐辉、郑继伟：《英国教育史》，吉林人民出版社1993年版，第333页。

二战后至20世纪70年代初,英国初等、中等和高等教育的发展重点虽然不同,但都呈现出欣欣向荣的发展态势。这与二战后英国人口出生数量的增长、经济的恢复和发展,以及两党对建立在"社会民主主义共识"基础上的教育公平的追求密不可分。教师职前教育在外部教育发展环境的带动下呈现出培养规模的持续扩张。

四 科学主义教师教育思想

科学主义教育思想是指以科学主义为方法论基础和价值标准来看待教育现象,解决教育问题的思想。19世纪末20世纪初,它成为西方占主导地位的教育思想之一,对当代教育改革仍发挥着举足轻重的作用。

科学主义教师教育思想是指用科学主义的观点和方法来分析和研究教师教育基本理论和实践问题所形成的教师教育思想体系。[①] 科学主义认为自然科学是人类知识的典范,可以解决人类面临的所有问题;自然科学的方法可以应用于包括哲学、人文科学和社会科学在内的一切研究领域。[②] 基于此,科学主义教师教育思想的内涵体现在以下几个方面:

第一,科学主义教师教育思想认为,教育现象和规律是客观存在的,研究者必须保持价值中立,采用自然科学的实证研究方法获得教师教育理论知识,提升教师教育学科的科学化水平。它强调在教师教育过程中尊重专家与学者的地位,因为他们经过了专业、系统的科学研究方法训练,是构建教师知识理论体系的权威。而中小学教师在实践中获得的知识与经验并不重要。

第二,科学主义教师教育思想认为,教师教育应遵循从理论到实践的培养路径,师范生必须先学习教育理论,才能解决未来复杂教育

---

① 朱旭东:《教师教育思想流派研究》,北京师范大学出版社2017年版,第117、109页。

② 朱旭东:《教师教育思想流派研究》,第113页。

情境中所面临的具体问题。学术知识是培养和塑造优秀教师最有效的工具，有了这类知识（心理学、教育史、各科教学法等知识），教师能够观察和解释儿童心智反应，能够给予儿童正确指导。

第三，科学主义教师教育思想认为，教师教育的主要任务是通过专家讲授，将客观的、确定的知识和理论传授给师范生。科学主义教师教育思想的代表科南特（James Bryant Conant）秉持"良师必学者"的教师观，他认为应该提升师范生的学术素养，使其接受广泛而深厚的学术训练。他主张教师教育应主要在大学或教育科学研究所内展开。

科学主义教师教育思想重视理论学习对培养教师的作用，提倡由大学承担教师培养任务等主张对二战后英格兰与威尔士教师职前教育政策产生了重要影响。但科学主义教师教育致力于向师范生传授通过实证研究发现的客观、中立、确定性的知识，容易造成教师职前教育忽视师范生教学能力的培养以及道德品质的发展。

第二节　中小学教师的紧急招募与培训

由于战争期间教师职前教育事业遭到破坏，在职教师出现伤亡，加之战后人口出生数量激增以及中学生离校年龄推迟等因素，英国中小学教师严重紧缺。政府通过实施教师的紧急招募与培训、提出教师紧急招募与培训方案应对战后教师紧缺危机。

一　二战后中小学教师严重紧缺

在第二次世界大战中，英国参加中小学教师职前教育的人数急剧减少，战争使在职教师出现不少伤亡。《1944年教育法》规定，将中学生离校年龄推迟至15岁。基于上述原因，教育委员会早在二战结束前就预计战后英国中小学将面临史无前例的教师紧缺危机。业界人

第二章 教师职前教育规模的扩张（1944—1972） ＊ 47

士普遍预测战后英格兰与威尔士至少需增加 5 万名中小学教师。①

当时，教师培训学院（Training Colleges）和大学教师培训系（University Training Department）是英格兰与威尔士培养中小学教师的主要机构。公立中学 17 岁及以上年龄的学生是它们的招收对象。此外，它们也从获得政府认证的私立中学如公学（Public School）中招收师范生。但这类学校的学生人数很少。1938 年，公立中学有 19000 名适龄学生，私立中学约有 2000 名适龄学生。能被招募为师范生的适龄学生总人数为 21000 名。教育委员会保守估计，战后英格兰与威尔士中小学教师总量为 25 万人，如果按每年 6% 的流失率计算，中小学每年的新教师需求量为 15000 名。与每年仅有的 21000 名适龄学生相比，师范生招募缺口非常大。况且这 21000 名学生还是其他行业人才的主要来源。②

二战结束后，英格兰与威尔士的婴儿出生数量迅速增加，1947 年婴儿出生量突破 80 万人。这使二战后英格兰与威尔士的中小学教师紧缺危机比预计得严重很多。为应对战后中小学教师紧缺危机，英国政府实施了教师紧急招募与培训政策。

二 《教师紧急招募与培训》

英国教育委员会预计二战后中小学教师紧缺只是一种短期现象，应大胆开辟新的教师职前教育途径以快速应对教师短期紧缺危机。1943 年 10 月 21 日，教育委员会主席巴特勒（R. A. Butler）在国会宣布政府即将推行"招募与培养教师紧急培训方案"（Emergency Training Scheme for the Recruitment and Training of Teachers）。由于公众忙于战争事务，教育界人士正在热烈讨论即将出台的《1944 年教育法》，因此

---

① Dent Harold Collett, *The Training of Teachers in England and Wales 1800 – 1975*, London: Hodder and Stoughton, 1975, p. 121.

② Board of Education, *Teachers and Youth Leaders (The McNair Report)*, 1944, London: HMSO, 1944, p. 19.

《招募与培养教师紧急培训方案》并未获得公众和教育界人士的关注。1943年12月，教育委员会成立以弗莱明（G. N. Flemming）为首的，由教育委员会、地方教育当局和教师代表组成的咨询小组，研究教师紧急招募与培养方案。1944年5月15日，教育委员会采纳咨询小组的建议，发布第1652号通知，即《教师紧急招募与培训》，详细阐述教师紧急招募与培训方案的内容。①

（一）《教师紧急招募与培训》方案的内容

教师紧急招募与培训方案的核心内容是建立紧急培训学院（Emergency Training Colleges），招收具有一定工作经验的成年学生（主要是退伍军人或军工行业从业者），先参加一年制强化教师培训，再到中小学试用两年并同时参加在职培训，合格者可获得教师证书（Teacher's Certificate）。为保证培养质量，第1652号通知建议不仅要对紧急培训学院的师范生进行教师专业培训，还要对他们进行个人教育（personal education）。个人教育内容包括英语，以及师范生与紧急培训学院教师商议后选定的一到两门其他学科。此外，师范生还应到中小学进行大量观察和教学实习。紧急培训学院通过自主实施内部考试（internal test）对师范生进行评价，② 教育委员会必须确保考试达到国家标准。紧急培训学院的教师来自中小学和普通教师培训学院。紧急培训学院应坐落在大城市附近，每所学院的规模在200人左右。

（二）《教师紧急招募与培训》方案引起争议

教师紧急招募与培训方案一经提出，就引起了教育界内外众多人士的抵制情绪。他们对教师紧急招募与培训方案提出的一年制强化教师培训的质量提出质疑。对此，咨询小组提出，质疑者并没有仔细了解教师紧急招募与培训方案，也没有亲身体验紧急培训学院的工作。

---

① Loveday Martin, *Into The Breach—The Emergency Training Scheme*, London: Turnstile Press, 1949, p.1.

② 当时教师培训学院通常采用外部考试（external examination）的方式对师范生进行评价，因此紧急培训学院采用内部考试的方式评价学生受到很多批评。

未来紧急培训学院的实际培养质量将会打消他们的疑虑。此外，咨询小组还提出，当时英国并不具备通过开展正常教师职前教育以应对战后教师紧缺危机的硬件设施。如果不采取教师紧急招募与培训方案，将会出现中小学班级规模突破 70 人，无法面对中学生离校年龄延长，中小学教育质量大幅下降的困境。①

全国教师工会（National Union of Teachers，UNT）则支持实施教师紧急招募与培训方案。该工会认为，如果不采取一些特殊措施，二战后，中小学甚至不能维持当时的师资数量，更遑论应对战后教师紧缺危机了。该工会对教师紧急招募与培训方案提出了几点补充意见：参加教师紧急培训人员的最低学业标准是获得学校证书（School Certificate）；② 紧急培训学院的申请者必须至少先到中小学实习一个月，以确定他们是否具有从事教学工作的潜能；紧急培训学院的学生必须接受至少 12 个月的培训，之后还应在学院指导下在工作中学习 3—4 年，方能成为持证教师（Certificated Teacher）。③

三 《教师紧急招募与培训》方案的实施与评价

二战后，英国政府通过实施《教师紧急招募与培训》方案增加教师培养数量，应对中小学教师紧缺危机。以下阐述《教师紧急招募与培训》方案的实施进程，分析其实施效果。

(一)《教师紧急招募与培训》方案的初步尝试

由于《教师紧急招募与培训》方案是一种非常大胆的具有创造

---

① Loveday Martin, *Into The Breach—The Emergency Training Scheme*, London: Turnstile Press, 1949, p. 7.

② 学校证书考试是 1918 年英国中学考试委员会（Secondary Schools Examinations Council, SSEC）建立的一项学业成就标准考试。学生一般在 16 岁参加这项考试，每门科目成绩分为不通过、通过、优异、特别优异四个等级。学生需至少通过包括英语和数学在内的六门科目考试才能获得学校证书。学校证书可以作为学生进入高等教育机构的学业水平参考。某些通过学校证书考试的学生还会继续留在中学学习至 18 岁参加高级学校证书（Higher School Certificate）考试。1951 年，英国以普通教育证书普通等级考试取代了学校证书考试。

③ Dent Harold Collett, *The Training of Teachers in England and Wales 1800 – 1975*, London: Hodder and Stoughton, 1975, p. 122.

性的教师培养方式，为了对其实施效果进行检验，控制实施风险，也为了积累经验，政府首先开展了实地政策实验（pilot policy experimentation），在所选区域和范围的真实环境中对政策进行检验。[①] 1944年，伦敦大学高德史密斯学院（Goldsmiths' College）率先开展教师紧急招募与培训实验，首批招收28名学生，其中27名男生，1名女生。这些学生都是因健康问题而从部队退役的人员。培训课程分为专业学习、英语、数学、"特殊学习"（Particular Studies）和教学实习（14周）。"特殊学习"指每名学生学习一门主要学科，一到两门辅助学科以提升个人教育水平。[②] 该实验为后续实施《教师紧急招募与培训》方案提供了以下经验：必须对学生进行严格选拔，尤其要注重个人素质；绝大部分学生只适合学习一门主要学科和一门辅助学科；专业学习特别是心理学的学习需尽可能与学校实践紧密联系起来；应增加学校实习时间；除了对师范生实施形成性评价外，还有必要进行最终的正式考试。

（二）《教师紧急招募与培训》方案的正式实施

在借鉴上述经验的基础上，1944年12月，《教师紧急招募与培训》方案正式实施，立刻吸引了大批申请者。前三个月共收到7000份申请。1945年二战结束不久，申请者如潮水般涌入。自1945年12月起，平均每个月有5000人申请。[③] 在方案实施初期，紧急培训学院数量过少，容纳不了这么多的申请者。1945年12月只设有6所紧急培训学院，可容纳1000名学生，但是有5000多名申请者已通过审核，1.5万名申请者正等待面试，每周还有1000多名新的申请者提

[①] 范国睿：《教育政策的理论与实践》，上海教育出版社2011年版，第142页。
[②] Dent Harold Collett, *The Training of Teachers in England and Wales 1800 – 1975*, London: Hodder and Stoughton, 1975, p. 123.
[③] Dent Harold Collett, *The Training of Teachers in England and Wales 1800 – 1975*, London: Hodder and Stoughton, 1975, p. 124.

第二章 教师职前教育规模的扩张（1944—1972） ＊ 51

交材料。① 随着紧急培训学院数量的增加，这一问题逐渐得到缓解。1946年12月，紧急培训学院增加到31所，在校生总数达1.26万人。1947年12月紧急培训学院增加到55所，能提供1.35万个学额。② 此后，紧急培训学院逐渐转为永久性教师培训学院。1951年8月，位于西伦敦地区的最后一所紧急培训学院停办。至此，紧急培训学院共接到12.4万份申请，培养了3.5万名教师。③

紧急培训学院主要选拔具有从事教学工作潜能，具有较高敏锐性、专注力、创造性和组织能力的申请者。紧急培训学院的学生来自各行各业，以文书人员为主，年龄跨度从21岁到50多岁，半数以上学生具有学校证书或更高学历。紧急培训学院的教师75%来自中学，14%来自小学，5%来自普通教师培训学院，其余来自各种继续教育机构。④ 虽然紧急培训学院的校舍条件较差，大多是废弃的农舍、旅馆、学校、医院等，但师生的工作和学习热情高涨，都非常努力。紧急培训学院的学生面临的最大困难是重新适应全日制学习生活，而教师面临的最大困难则是寻找实习学校。

（三）对《教师紧急招募与培训》方案实施效果的评价

虽然人们对《教师紧急招募与培训》方案的实施效果一直存在争议和批判，但总体上倾向于积极评价。批判者认为，紧急培训学院学制时间短，学生选拔标准低，师资力量差，办学设备简陋，导致教师培养质量欠佳，降低了教师专业水准。因为很难得到有效指导，新教师在两年试用期（probation）中进行部分时间制学习是《教师紧急招募与培训》方案执行效果最差的环节。一位参加《教师紧急招募与

---

① Ministry of Education, *Pamphlet No. 17*, *Challenge and Response: An Account of the Emergency Scheme for the Training of Teachers*, 1950, London: HMSO, 1950, p. 11.
② Dent Harold Collett, *The Training of Teachers in England and Wales 1800 – 1975*, London: Hodder and Stoughton, 1975, p. 124.
③ Peter Gordon, Peter Gordon, Richard Aldrich, et al., *Education and Policy in England in the Twentieth Century*, London: The Woburn Press, 1991, p. 256.
④ Dent Harold Collett, *The Training of Teachers in England and Wales 1800 – 1975*, London: Hodder and Stoughton, 1975, p. 125.

培训》方案的教师这样评价说:"部分时间制学习的麻烦在于根本没有进行部分时间制学习。"① 虽然1946年5月时任教育部长威尔金森(Ellen Wilkinson)曾呼吁地方教育当局辅助解决这一问题,但收效甚微。

虽然很难将紧急培训学院和普通教师培训学院的教师培养质量进行比较,但可以确定,紧急培训学院培养了3.5万名合格教师,使1947年中学生离校年龄得以提升至15岁。至1951年,紧急培训学院培养出来的教师占公立中小学教师总数的1/6,为应对二战后英格兰与威尔士中小学教师短缺危机做出了巨大贡献。此外,实施《教师紧急招募与培训》方案的一个附加贡献是使很多未持证教师有机会参加培训。1946年公立中小学有7000名未持证教师,其中有2200人通过参加《教师紧急招募与培训》方案获得教师证书。② 1953年公立中小学未持证教师人数下降至2000人。③

实施《教师紧急招募与培训》方案获得的成就,一方面应归功于教育委员会以及以弗莱明为主席的咨询小组的周密筹划和后续管理,另一方面应归功于成年学生将再次获得参加正规教育的机会视若珍宝,迸发出巨大的学习热情。④《教师紧急招募与培训》方案的实施,为此后英国开展成人教师职前教育提供了宝贵经验。该方案的实施也为英国应对其他行业人才危机,以及其他国家应对类似危机提供了重要参考。

---

① Ministry of Education, *Pamphlet No. 17*, *Challenge and Response: An Account of the Emergency Scheme for the Training of Teachers*, 1950, London: HMSO, 1950, p. 119.
② 当时教育委员会规定,在公立中小学工作5年以下的教师如要获得教师证书,必须参加普通教师培训,工作15年以上的教师可以自动获得教师证书。因此只有一半未持证教师符合通过参加《教师紧急招募与培训》方案获得教师证书的条件。
③ Dent Harold Collett, *The Training of Teachers in England and Wales 1800 – 1975*, London: Hodder and Stoughton, 1975, p. 128.
④ Loveday Martin, *Into The Breach—The Emergency Training Scheme*, London: Turnstile Press, 1949, pp. vii – viii.

第三节 《麦克奈尔报告》

1944年的《麦克奈尔报告》提出要通过多种方式扩大英国的教师职前教育规模，还提出了若干其他教师职前教育改革建议。其建议在随后的20年里陆续得以实施，为二战后英国教师职前教育改革与发展奠定了基础。

一 《麦克奈尔报告》产生的背景

《麦克奈尔报告》发布前，大部分教师培训学院的规模都非常小，且教学和生活设施严重短缺。1938年，学生人数不足150人的教师培训学院有64所，学生人数不足100人的教师培训学院有28所。[①] 相对于教师培训学院，大学的设备更为完善、资金更为雄厚。当时教育委员会每年用于培养教师的总体经费为90万英镑。[②]

年满18岁、完成中学教育并通过学校证书考试且身体健康者，可进入教师培训学院学习。教师培训学院的学制一般为两年。学习结束后，最终考试合格的师范生可成为持证教师。[③] 1930年以前，教育委员会负责组织实施最终考试。此后，由教育学院和大学代表合作组成10个联合考试委员会（Joint Examination Board），[④] 负责组织实施各区域内教师培训学院学生的最终考试。[⑤]

---

① Board of Education, *Teachers and Youth Leaders* (*The McNair Report*), 1944, London: HMSO, 1944, p.14.
② Board of Education, *Teachers and Youth Leaders* (*The McNair Report*), 1944, London: HMSO, 1944, p.15.
③ 在《麦克奈尔报告》发布之时，持证教师的意思是完成国家认可的教师教育的教师。但是此前并不总是这样。1926年，未持证教师可以参加教师资格考试，通过后可成为持证教师。后来通过这种途径成为持证教师的人数明显减少，所以《麦克奈尔报告》在阐述问题时将其略。
④ 20世纪30年代，大学和教师培训学院组成若干联合考试委员会，负责组织当地教师培训学院学生的教师证书考试。
⑤ Board of Education, *Teachers and Youth Leaders* (*The McNair Report*), 1944, London: HMSO, 1944, p.16.

年满17岁、完成中学教育并通过大学入学考试者,可进入大学接受教师职前教育。大学教师职前教育课程为期四年,学生通过学习前三年的学位导向课程获得大学学位后,可以参加第四年由教师培训系开设的教师专业教育课程,学习合格者可获得大学教育学文凭(University Diploma in Education),成为持证教师。大学师范生无须参加联合考试委员会组织的最终考试。

鉴于当时中小学教师严重短缺,教师职前教育自身也存在诸多问题,教育界人士认识到必须对教师职前教育进行全方位改革。1942年3月,英国教育委员会主席巴特勒组织成立了以利物浦大学(University of Liverpool)副校长麦克奈尔(Arnold McNair)为主席的"十人委员会",并委托其在调查研究的基础上,提出处理未来25年中小学教师和青年领袖供给、招募、培训事务的原则。[1] 1942年4月,该委员会召开首次会议。此后,该委员会对教师培训学院和大学教师培训系进行了广泛的走访调查。1944年5月,该委员会提交了名为"教师与青年领袖"(*Teachers and Youth Leaders*)的报告,也称为《麦克奈尔报告》。

二 《麦克奈尔报告》提出的教师职前教育改革建议

《麦克奈尔报告》共分为四个部分。第一部分"小学和中学"(Primary and Secondary Schools)主要阐述了中小学教师招募和培养问题。该报告提出应对教师教育和培训(education and training of teachers)[2] 的组织和管理进行改革。麦克奈尔委员会希望,该报告提出的

---

[1] Dent Harold Collett, *The Training of Teachers in England and Wales 1800 – 1975*, London: Hodder and Stoughton, 1975, pp. 112 – 113. J. D. Turner, "The Area Training Organization," in Donald E. Lonax, ed, *The Education of Teachers in Britain*, London: John Wiley & Sons, 1973, p. 150.

[2] 《麦克奈尔报告》将教育和培训两个词并列使用。因为该报告认为教师与医生和律师一样,需要接受良好的个人教育,提升个人修养和素质。19世纪,人们普遍认为,穷人孩子的教师无须受过良好教育。教师培训只是对年轻人进行简单的技能训练。该报告指出,对培训的这种理解过于狭隘。培训并不比教育的层次低,它不仅是技能训练,还应对年轻人进行专业原则的启迪。因此,该报告提出,坚决不能将教师教育和培训武断地分离,二者必须结合起来,才能培养出高素质的教师。

第二章 教师职前教育规模的扩张（1944—1972） * 55

建议不仅有助于增加教师培养数量以满足中小学的教师需求，而且能使师范生将自己的生命体验和专业知识运用到教育工作中，激励他们度过具有真正意义的人生。

（一）扩张教师职前教育规模

《麦克奈尔报告》提出扩大师范生招募对象，增强教师职业吸引力的两种促进教师职前教育规模扩张的建议。

1. 扩大师范生招募对象

（1）从中学毕业生中招募更多的师范生

中学毕业生历来是英国师范生的主要来源。但当时英格兰与威尔士能在中学学习到17岁的学生只占中学生总数的25%。[1] 为增加可招募生源，《麦克奈尔报告》建议教育委员会为中学生提供足够的经济补贴以降低辍学率。此外，该报告还建议加大从现代中学和技术中学招收师范生的力度，向中学生充分宣传教师的工作环境和发展前景，以吸引更多的中学生申请参加教师职前教育。

（2）在从业人员中招募师范生

《麦克奈尔报告》认为，在从业人员中招募师范生既能弥补中小学师资的不足，又能增加教师的多样性。该报告建议，战后应给包括退伍军人在内的从业人员提供进入教师职前教育的渠道，为被选中参加教师职前教育的从业人员提供生活补贴，并根据他们的具体情况调整培训课程的内容与时长。

2. 提高教师职业的吸引力

较差的工作条件和较低的工资水平成为人们选择参加教师职前教育的主要障碍。《麦克奈尔报告》认为，可以从以下几个方面提高教师职业的吸引力：第一，改善教学设施、缩小班级规模以提高教师工作的舒适度。第二，实施更宽松的工作安排，保证教师有闲暇时间参与公共事务，使教师的生活更加丰富多彩。第三，执行教师带薪休假

---

[1] Board of Education, *Teachers and Youth Leaders* (*The McNair Report*), 1944, London: HMSO, 1944, p.19.

学期（sabbatical terms）制度，[1]给教师提供专业发展机会。第四，增强人们对教师职业的认识，提升教师职业的受尊重程度。第五，提升教师薪酬水平。

《麦克奈尔报告》特别提出薪酬水平是影响人们选择教师职业的重要因素。当时中小学教师整体工资水平过低，且行业内部差距较大。1938年，伦敦地区男性中学教师的最高年薪为528英镑，而乡村地区女性小学教师的最高年薪只有258英镑，根本不足以支撑教师的正常生活。[2]此外，中小学教师的工资明显低于公务人员和医生；小学教师的工资明显低于中学教师；农村地区教师的工资明显低于城市地区。该报告提出，为吸引更多的学生参加教师职前教育，必须提高教师工资水平。为此，该报告建议，最多只能将教师工资等级划分为两类区域，即伦敦地区和其他地区；[3]使教师工资与其他类似行业的工资水平相当；设立额外津贴以嘉奖有特殊贡献的教师。

（二）组建地区培训组织

《麦克奈尔报告》认为，教师教育机构之间缺乏联系是制约英国教师职前教育发展的主要因素。因此，该报告建议，各地应成立具有高度自治权的地区培训组织，加强地区内教师教育机构之间的合作。在地区培训组织的具体组建问题上，委员会成员持有两种意见：一些成员主张建立以大学为主导的大学教育学院（University School of Education）；另一些成员则主张成立联合委员会（The Joint Board）。[4]

---

[1] Board of Education, *Teachers and Youth Leaders*（*The McNair Report*），1944，London：HMSO，1944，p. 28.

[2] Board of Education, *Teachers and Youth Leaders*（*The McNair Report*），1944，London：HMSO，1944，pp. 32 – 34.

[3] 专门负责工资事务的博纳姆委员会（Burnham Committee）经过商议，于1945年4月1日起实行了新版教师工资表。中小学教师工资逐渐由三个等级减少为伦敦地区和其他地区两个等级。

[4] Board of Education, *Teachers and Youth Leaders*（*The McNair Report*），1944，London：HMSO，1944，p. 48.

第二章 教师职前教育规模的扩张（1944—1972）

1. 大学教育学院方案

持此种意见的委员认为，大学因具有崇高的声望和地位、严格的学术标准、自治的权利，应成为某一区域内教师教育机构的统领者。大学可以设立大学教育学院承担这一任务。大学教育学院的行政管理事务由大学负责，专业管理事务由专业委员会（Professional Board）[①]负责。大学教师培训系应并入大学教育学院，教师培训学院应附属于大学教育学院。大学教育学院除了履行教师培训系培养中小学教师的职责以外，还要负责任命教师培训学院院长，监督教师培训学院工作，加强教师教育机构之间的合作，成为当地教师教育的专业中心。[②]

2. 联合委员会方案

持此种意见的委员认为，大学的主要职能是教学和科研，并不适合承担统领教师职前教育的任务。《麦克奈尔报告》建议，将各地的联合考试委员会改组为联合委员会，管理地方教师教育事务。联合委员会委员除了大学、教师培训学院代表以外，还应包括地方教育当局主任、中小学教师和家长代表。联合委员会的职责包括与中央培训委员会（Central Training Council）[③]保持密切联系；加强地区内各教师教育机构之间的合作，实现培养设施、课程、师资共享；建立地区教育中心，提供各种教师专业发展服务；监督师范生的最终考试等。[④]

这两种方案最主要的分歧在于如何定位大学在地区培训组织中的角色。建立大学教育学院的支持者认为，教师个人教育必须与专业培训结合起来，实现这一目标的唯一途径是使大学成为培养教师的主导

[①] 《麦克奈尔报告》提出，专业委员会由大学指定的一名主任（Director），以及大学和大学附属教师培养机构中的教师代表组成。专业委员会应替代当时的联合考试委员会。

[②] Board of Education, *Teachers and Youth Leaders* (*The McNair Report*), 1944, London: HMSO, 1944, pp. 50 – 54.

[③] 《麦克奈尔报告》建议，由教育委员会指定3—5人组成中央培训委员会（Central Training Council），作为英格兰与威尔士构建新的教师职前教育体制的中央咨询和引导机构。

[④] Board of Education, *Teachers and Youth Leaders* (*The McNair Report*), 1944, London: HMSO, 1944, pp. 54 – 60.

力量，使教师培训学院依附于大学。建立联合委员会的支持者唯恐大学主导教师职前教育会导致教师培养过于学术化。他们认为，教师专业素质的培养只能由教师培训学院主导进行。大学严格的学术标准与学术环境并不利于教师专业素质的发展。他们强调大学和教师培训学院在不破坏各自独立性的情况下开展合作。由此可见，对大学在地区培训组织中的角色定位之争的深层根源是两派在教师专业素质的认识上存在分歧。

(三) 开设三年制教师证书课程

《麦克奈尔报告》建议，将教师培训学院的教师证书课程由两年延长为三年。因为师范生既要完成课程学习，又要到中小学实习，两年时间过于紧张。他们必然疲于应付，没有时间进行必要的反思和调整。① 该报告强调，延长学制的目的是使教师培训学院制定更具弹性的教学计划以适应师范生的多样化需求。该报告还建议给经过三年培养合格的毕业生增加一年试用期，试用合格者方能获得合格教师资格。

《麦克奈尔报告》将教师证书课程分为专业科目（Professional Subjects）和一般科目（General Subjects）。② 专业科目教学的目的是培养师范生具有从事教师职业的基本素质，包括精通本国语言，具有清晰的表达能力；掌握教育原理（Principles of Education）；能适当运用教学技能。③ 该报告建议教师教育机构加强对申请者的语言水平检测，注重培养师范生的语言表达能力。教育原理的教学目标是引导师范生认识教育过程的本质，领会教育活动的历史和社会价值。它主要包括生理学、心理学、教育名著解读、社会服务等科目。该报告建议教育委员会资助教育学院教师到国内或国外大学研修教育理论科目，学成后

---

① Board of Education, *Teachers and Youth Leaders* (*The McNair Report*), 1944, London: HMSO, 1944, p. 65.
② Board of Education, *Teachers and Youth Leaders* (*The McNair Report*), 1944, London: HMSO, 1944, pp. 66, 70.
③ Board of Education, *Teachers and Youth Leaders* (*The McNair Report*), 1944, London: HMSO, 1944, p. 66.

承担教育原理相关课程的教学工作。师范生的教学技能主要通过中小学实习获得。

一般科目的教学目的是使师范生掌握任教学科知识。它包括历史、法语、科学等学术性科目和美术、手工、音乐、体育、家政等实践性科目的知识。当时教师培训学院和大学主要培养学术性科目教师。实践性科目教师由专科学院培养。《麦克奈尔报告》建议加强专科学院与普通教师教育机构的合作，使它们不仅能培养实践性科目教师，还能充当地区培训组织的学科顾问，给其他教师教育机构的师范生提供短期课程，与其他教师教育机构开展跨校选课等。[①] 该报告建议将所有教师职前教育课程大纲的审核权利交给地区培训组织。

（四）加强师范生实习

当时，各种教师培养机构一般都安排师范生参加12周中小学实习。《麦克奈尔报告》建议将中小学实习分为学校实践训练（Practical Training in Schools）和持续性教育实习（Continuous Teaching Practice）。[②] 实践训练是一种间断、分散的中小学实习形式，在教师证书课程学习的前两年进行，总时长为12周。实践训练应与师范生的理论课程学习相结合，应在教师培训学院教师和中小学教师共同指导下完成。持续性教育实习是指师范生在教师证书课程学习的第三年到中小学连续实习一个学期，主要由中小学教师指导监督。

（五）统一教师资格认证

《麦克奈尔报告》建议取消持证教师，由教育委员会统一给成功完成经过核准的教师职前教育课程并通过最终考试的人员都授予合格教师资格。[③] 该报告提出将来的地区培训组织应在教育委员会和皇家

---

① Board of Education, *Teachers and Youth Leaders* (*The McNair Report*), 1944, London: HMSO, 1944, p. 86.
② Board of Education, *Teachers and Youth Leaders* (*The McNair Report*), 1944, London: HMSO, 1944, p. 78.
③ Board of Education, *Teachers and Youth Leaders* (*The McNair Report*), 1944, London: HMSO, 1944, p. 43.

督学团的监督下，在外部考官的协助下，负责对教师培训学院师范生进行最终考试。在将来，可以应用形成性评价取代师范生的最终考试。为了维护合格教师水平的统一，皇家督学团应加强对各地教师职前教育的督导。

（六）完善教师教育机构的师资配备

《麦克奈尔报告》建议参照大学教师的管理标准管理教师培训学院教师。教师培训学院教师必须达到一定的学术水平和专业水平，熟悉中小学情况，能开展专业科目和一般科目的教学工作。为此，可以从中小学教师、大学教师和研究人员中选拔教师培训学院的教师。必须减轻教师培训学院教师的工作负担，使他们专注于自己的专业方向，有充分的时间阅读、反思、研究，或了解中小学教育实际情况。[①] 大学教师培训系教师的构成应多样化，应由稳定的核心教师队伍讲授教育原理相关课程；由外系教师担任一般科目如英语、数学等学科的教学；由经验丰富的中小学优秀教师担任教学法科目的教学，指导师范生实习。大学、教师培训学院、中小学应加强合作，以促进教师互相交流，实现师资和课程共享。[②]

此外，《麦克奈尔报告》还提出了一些其他建议，例如将新建的教师培训学院选址在其他学院或大学集中的地方以实现资源共享；改善教师培训学院的校舍和设备；将教师培训学院的师范生作为大学生对待，给予他们更多的自由时间使他们通过参与社团活动和社会实践发展独立意识和组织能力，在毕业时具有教师应有的成熟度和责任感等。[③]

三 《麦克奈尔报告》所提教师职前教育改革建议的实施

《麦克奈尔报告》发布后，立刻引起了教育界人士的广泛关注，

[①] Board of Education, *Teachers and Youth Leaders* (*The McNair Report*), 1944, London: HMSO, 1944, pp. 70 – 73.

[②] Board of Education, *Teachers and Youth Leaders* (*The McNair Report*), 1944, London: HMSO, 1944, pp. 73 – 74.

[③] Board of Education, *Teachers and Youth Leaders* (*The McNair Report*), 1944, London: HMSO, 1944, pp. 74 – 77.

第二章　教师职前教育规模的扩张（1944—1972）　＊　61

它的许多建议得以实施。

（一）教师职前教育规模的扩张

在《教师紧急招募与培训》方案实施的同时，根据《麦克奈尔报告》的建议，普通教师培训学院和大学教师培训系也扩大了教师职前教育规模。二战后，英国教育部倾向于增加公办教师培训学院数量，减少志愿组织捐办教师培训学院。1946年7月，教育部长授权地方教育当局投资新建教师培训学院，由教育部出资60%，地方教育当局出资40%，此举促使教师培训学院数量迅速增加。1946—1949年英格兰与威尔士创办了19所地方教育当局主办的教师培训学院。但由于缺乏建筑工人和建筑材料，这些新学院都没能使用新校舍。1939年，志愿组织捐办的教师培训学院有63所，地方教育当局主管的教师培训学院有28所。1951年，公立教师培训学院的数量已经占据主导地位。地方教育当局主管的教师培训学院增加到76所，捐办教师培训学院只剩56所。1963年，地方教育当局主办的教师培训学院为98所，而捐办教师培训学院只剩48所。① 1951年，教师培训学院共有2.5万名在校生，是1939年的2倍。② 但这依然不能满足中小学的教师需求。

20世纪50年代初期，因为部队退役后申请参加教师职前教育的人员逐渐枯竭，能够达到教师培训学院招生年龄的中学生又很少，英格兰与威尔士面临教师职前教育申请人员短缺问题。《麦克奈尔报告》提出扩大师范生招募渠道，使得能够参加教师职前教育培训的学生对象范围更广，有助于为教师培养机构提供充足的生源。1951年英国引入普通教育证书考试之后，至少有五门学科通过普通教育证书普通等级考试（GCE O-Level）者才能进入教师培训学院。同年，教

---

① Committee on Higher Education, *Higher Education（The Robbins Report）*, 1963, London: HMSO, 1963, p.27.
② Dent Harold Collett, *The Training of Teachers in England and Wales 1800–1975*, London: Hodder and Stoughton, 1975, p.130.

育部长取消了已经实施40年的大学教育学系①师范生需签署"保证书"(Pledge)②的制度，提供更多的开放型奖学金。这导致大学教育学系入学人数连续三年下降。但此后，师范生入学人数又开始回升。

(二) 地区培训组织的组建

1. 对地区培训组织方案进行修订

《麦克奈尔报告》提出建立大学教育学院和联合委员会两种地区培训组织方案，但这两种方案均遭到大学的反对。它们认为在第一种方案中，大学教育学院这种称谓不妥，因为该机构只是管理地区内教师职前教育事务，并不能颁授学位，所以不适合被称为学院。至于第二种方案，大学特别担忧大学教师培训系受到新建的联合委员会的干涉。教师培训学院、地方教育当局以及其他相关组织普遍支持第一种方案，它们希望通过大学教育学院的工作加强教师培训学院与大学的联系。

各方意见争执不下，导致地区培训组织的成立被一再拖延。1946年教育部长威尔金森为敦促地区培训组织的进程，通知大学："只要能确保大学、教师培训学院、地方教育当局开展合作，可以接受地区培训组织形式上的多样化。"③ 于是，大多数大学接受了修订后的第一种方案，即将大学教育学院改称大学教育学会（Institute of Education），负责协调地区内教师培训事务。虽然大学教师培训系是教育学会的成员，但将保持独立地位，除了其毕业生要通过教育学会推荐给教育部授予合格教师资格以外，基本不受教育学会的控制。

2. 地区培训组织成立与运行

1947年，首批四所大学④实施了修改后的第一种方案，组建了大

---

① 原大学培养中小学教师的科系一直被称为大学教师培训系（University Training Department, UTD），此时已开始使用大学教育学系（University Department of Education, UDS）这一称呼。

② 为了在大学四年学习期间获得国家补贴，大学教育学系学生必须事前签署一份"保证书"，确保毕业后到公立中小学工作若干年。

③ Dent Harold Collett, *The Training of Teachers in England and Wales 1800 – 1975*, London: Hodder and Stoughton, 1975, p. 114.

④ 这四所大学分别是布里斯托大学、伯明翰大学、诺丁汉大学、南安普顿大学。

第二章 教师职前教育规模的扩张（1944—1972） ＊ 63

学教育学会。1947 年至 1951 年，英格兰与威尔士共组建 17 个地区培训组织，其中 14 个是大学建立的大学教育学会，三个是由大学、教师培训学院和地方教育当局代表组成的非大学主导的地区培训组织。① 随着教师职前教育规模的扩张，20 世纪 60 年代末，地区培训组织的数量增加到 23 个，其所统辖的各种教师教育机构数量增加到 200 个。② 由于各地教师培训学院分布不均，加之从事教师职前教育的一些非教师培训学院也被纳入地区培训组织中，造成各地区培训组织规模差异很大。伦敦的地区培训组织包含 38 所教师培训学院和大学教育学系，学生近 7000 人，③ 牛津的地区培训组织仅包含三所教师培训学院，而北斯塔福德郡（North Staffordshire）的地区培训组织竟未包含一所教师培训学院。④ 每个地区培训组织内至少包含一个大学教育学系，杜伦、伦敦和曼彻斯特的地区培训组织各包含两个大学教育学系，威尔士的地区培训组织包含四个大学教育学系。中等规模的地区培训组织一般包括 10 所教师培训学院，1400—2000 名师范生。

大学教育学会主任一般由教育学教授出任，有七个大学教育学会的主任由大学教育学系主任兼任。大学教育学会的最高管理机构是理事会（Council），其成员除了大学代表以外，还包括教师培训学院和地方教育当局的代表。教育部和皇家督学团委派两名代表作为理事会的评监人（assessor），他们负责向教育部和皇家督学团汇报地区培训组织的工作情况，并在必要的时候对理事会的工作提出建议或进行干预。理事会需服从教育部长和大学的领导，必须向其所属大学的评议

---

① 这三个地区培训组织分别设在雷丁、剑桥、利物浦。1954 年利物浦大学接管当地的地区培训组织，1959 年，雷丁大学接管了当地的地区培训组织。（Dent Harold Collett, *The Training of Teachers in England and Wales 1800 – 1975*, London: Hodder and Stoughton, 1975, p. 116.）

② 王晓宇：《英国师范教育机构的转型》，上海社会科学院出版社 2008 年版，第 83 页。

③ Dent Harold Collett, *The Training of Teachers in England and Wales 1800 – 1975*, London: Hodder and Stoughton, 1975, p. 116.

④ C. A. Richardson, *The Education of Teachers in England, France, and U. S. A.*, Paris: UNESCO, 1953, p. 37.

会（Senate）①汇报工作，评议会有权批准、否决、修正、退回理事会提出的任何建议。因此，实际上大学教育学会在很大程度上受到其所在大学的控制。理事会下设学术委员会（academic board），负责批准教师职前教育课程教学大纲，组织考试，向教育部推荐可以被授予合格教师资格的学生名单等事务。而学术委员会又下设许多分会负责处理教师职前教育的具体问题。如考试委员会（Board of Examiners）主要负责组织考试，授予委员会（Awarding Committee）主要负责颁发教师证书。大学拨款委员会每5年根据教育部的财政预算给各大学教育学会拨付一次经费。教育部每年都为非大学主导的地区培训组织制定预算并拨付经费。

地区培训组织的主要职责是审批教师培训学院的课程和组织教师培训学院学生的最终考试。这也是地区培训组织控制教师培训学院的主要手段。教育部不插手教师职前教育课程的审批工作，它只通过地区培训组织确保教师培养数量和类型以满足中小学的需要。地区培训组织的其他职责包括：监督教师培训学院课程的实施；向教育部推荐教师培训学院或大学教育学系成功完成教师职前教育课程且能被授予合格教师资格的学生名单；②制定本地区教师职前教育发展规划；建立为师范生、在职教师等服务的教育中心；为在职教师提供短期课程和学习、研究设施。③

地区培训组织很快形成了各自的优势特长。伯明翰大学（University of Birmingham）教育学会组成人员包括多位享有世界级声誉的科研专家，还吸纳了一些科研中心人员参与工作，教师教育科研成果卓著。利兹大学（University of Leeds）教育学会创立的第一年就与地方

---

① 英国大学的评议会主要由教授等科研人员组成，负责管理大学的学术事务。
② 根据《麦克奈尔报告》的建议，政府取消了持证教师资格，只设立合格教师一种教师资格。地区培训组织在成立以前，大学教师培训系可以直接向教育部呈交授予教师证书的人员名单。但此后，只有地区培训组织可以向教育部推荐授予合格教师人员的名单。
③ Un Yong Jeong, *Teacher Policy in England: An Historical Study of Responses to Changing Ideological and Socio-economic Contexts*, PhD. dissertation, University of Bath, 2009, p. 72.

教育当局合作，为在职教师开设35门短期课程，第二年则开始开设在职教师文凭课程。1955年，利兹大学有27个系的60名教师参加在职教师文凭课程教学。南安普顿（Southampton）的地区培训组织则以提升教师的课外活动组织能力闻名。1955年，已有7000名教师参加了其组织的相关课程或讨论活动。①

3. 对地区培训组织的评价

地区培训组织促进了地区内大学、教师培训学院、地方教育当局的合作，但各地区培训组织缺乏沟通，导致不同区域教师职前教育课程差异较大，师范生培养质量参差不齐，加重了师范生和教师的心理不平衡感。地区培训组织对教师培训学院的控制较多，对大学教育学系的控制流于形式。在这种情况下，某些教师培训学院认为自己遭受到不公正待遇，对自己的附属地位感到不满。地区培训组织和地方教育当局所辖区域的划分并不一致，导致某一区域内教师职前教育的管理颇为混乱。② 各地区培训组织与教育部之间形成了具有张力的关系。地区培训组织的成立要经过教育部批准，而教育部在制定教师教育整体发展规划与授予合格教师资格时也要考虑地区培训组织的建议。

（三）三年制教师证书课程的实施

《麦克奈尔报告》提出将教师培训学院的教师证书课程由两年延长为三年。但1946—1954年，教师职前教育规模的扩张速度只能勉强跟上中小学生人数增长的步伐，暂时无法顾及延长课程时间事宜。此后教师供给危机稍有缓解，延长教师证书课程时间才被提上议事日程。教师培训学院自身也有延长课程时间的强烈意愿，因为这样既有助于提升教师职前教育质量，又能加强与大学的联系。1954年大学教育学系和学院教师协会（Association of Teachers in Colleges and De-

---

① Dent Harold Collett, *The Training of Teachers in England and Wales 1800 – 1975*, London: Hodder and Stoughton, 1975, pp. 118 – 119.

② J. D. Turner, "The Area Training Organization," in Donald E. Lonax, ed., *The Education of Teachers in Britain*, London: John Wiley & Sons, 1973, p. 156.

partments of Education，ATCDE）催促教育部长埃克尔斯（David Eccles）尽快确定开设三年制教师证书课程的日期。于是，埃克尔斯要求教师培训与供给国家咨询委员会研究三年制教师证书课程的优势、形式、开始时间等问题。该委员会于1956年发布《三年制教师培训》（Three Year Training for Teachers），建议在1959年至1960年开始全面推行三年制教师证书课程，并敦促教育部尽快确定具体日期，因为教师培训学院需要至少两年准备时间。[1] 1957年6月6日，政府宣布1960年9月开始实施三年制教师证书课程。[2]

促进教师培训学院课程时间延长的另一个原因在于，20世纪50年代英格兰与威尔士人口出生数量有所下降，有人担心20世纪60年代早期会出现教师失业现象。而延长课程时间可以使教师产出量减少1/3，从而使教师供给量与需求量实现平稳接轨。但事实正好相反，1957年英国人口出生数量开始回升，加之更多的中学生选择推迟离校等因素，教师紧缺情况反而加重了。为了信守承诺，政府并没有取消从1960年开始推行三年制教师证书课程的决定。为在延长教师证书课程时间的情况下满足中小学的教师需求，加大教师职前教育规模的扩张力度成为必然选择。教育部经过多次磋商，数次增加师范生招生名额，最终致使1958年至1960年英格兰与威尔士共增加2.4万名师范生，使教师培训学院学生人数增加了一倍。[3]

教师职前教育规模的快速扩张引起教师培训学院组织结构和课程内容的重大调整。20世纪60年代，教师培训学院规模显著扩大，混合型教师培训学院（mixed college）数量从16所增加到44所。[4] 参加

---

[1] NACTST, *Three Year Training for Teachers*, 1956, London: HMSO, 1956, p. 44.

[2] Dent Harold Collett, *The Training of Teachers in England and Wales 1800–1975*, London: Hodder and Stoughton, 1975, p. 135.

[3] Dent Harold Collett, *The Training of Teachers in England and Wales 1800–1975*, London: Hodder and Stoughton, 1975, p. 136.

[4] Dent Harold Collett, *The Training of Teachers in England and Wales 1800–1975*, London: Hodder and Stoughton, 1975, p. 137.

教师职前教育的成年师范生越来越多，利兹开办了一所专门培养成人师范生的走读学院，更多的走读学院也在筹办中。与组织结构的迅速变化相比，三年制教师证书课程的内容在经历了长期争论后仍没有达成共识。

1955年，教师培训学院、地区培训组织、教师组织就开始讨论三年制教师证书课程内容问题。争论围绕两个议题展开：课程的重点是个人教育还是专业培训？专业培训是强调理论还是实践？1957年，教育部发布皇家督学团提交的《教师培训：教师培训学院三年制课程的建议，1957》（The Training of Teachers: Suggestions for A Three-Year Training College Course, 1957），对三年制教师证书课程内容争论的走向产生了巨大影响。该建议提出在开设三年制教师证书课程后，师范生的最大改变是他们将拥有自信心，能同大学毕业生在同一个平台上工作，有利于教师职业的健康发展。[①] 该建议反对此前被广为接受的一种观点，即延长的时间应用于教师专业培训。该建议指出师范生专业水平的提升可以通过改革课程组织方式实现，而不应占用延长学制的时间。

此后，争论焦点逐渐转为教育实习的时长和组织方式；三年制师范生的学术素养应达到什么标准。各方普遍认为，教育实习应在60—90天，但对具体组织方式各持己见。关于三年制师范生主要学科的学习水平应达到什么标准则一直处于争论中。因为课程方案讨论未达成共识，最终各地区于1960年开始实施的三年制教师证书课程千差万别，但一般都包括主要学科（Main subjects）（即《麦克奈尔报告》所称的一般科目）、教育原理、课程或专业研究课程（curriculum/professional courses）（即《麦克奈尔报告》所称的专业科目）、教学实习。

三年制教师证书课程已经达到了学士学位课程的时长。[②] 但成功完成三

---

① Ministry of Education, *The Training of Teachers. Suggestions for a Three-year Training College Course*, London: HMSO, 1957, pp. 2-3.
② 英格兰与威尔士大学的学制为三年。

年制教师证书课程学习的学生只能被授予教师证书,而不能被授予学位。这是因为教师培训学院的入学要求低于大学,而且三年制课程包含教育实习和技能培训,占用了纯学术科目的教学时间。这也体现出英国高等教育机构所持有的一种根深蒂固的偏见,即教师证书的地位低于学士学位。[①]

相对于教师培训学院的毕业生,大学毕业的教师具有更高的工资和更好的职业发展前景。不过,随着教师培训学院学制的延长,以及其他培养教师的专科学院的发展,中小学教师分途培养的界限开始模糊,各类教师培养机构毕业生的地位趋于一致。

第四节 《罗宾斯报告》

1963年的《罗宾斯报告》体现了浓厚的社会民主思想,即良好的社会需要其中的每个公民都拥有均等的发展机会,他们不仅是生产者,还能实现自我发展。这一思想落实在教育上,就是著名的"罗宾斯原则",即为所有有能力并且愿意接受高等教育的人提供上大学的机会。在教师职前教育方面,《罗宾斯报告》提出扩大教师培训学院的规模等建议。

一 《罗宾斯报告》产生的背景

(一)教师培训学院发展状况

规模扩张一直是二战后教师培训学院发展的重点。教师培训学院的教师数量从战前的不足1000名,增加到1962年的近5000名,师生比达到1∶11。[②] 但教师培训学院的规模依然普遍偏小。《罗宾斯报告》发布之前,英格兰与威尔士共有146所教师培训学院,只有一所学院的学生人数超过1000名,学生数不足500人的学院有126所,

---

[①] James Lynch, "Bradford: A College-College Merger," in Robin J. Alexander, Maurice Craft, James Lynch, eds., *Change in Teacher Education: Context and Provision since Robbins*, London: Holt, Rinehart and Winston, 1984, p.227.

[②] Committee on Higher Education, *Higher Education (The Robbins Report)*, 1963, London: HMSO, 1963, p.28.

其中，学生数不足250人的学院有近50所。① 1957年以后，英国人口出生数量快速回升，20世纪60年代又出现第二波生育高峰。与此同时，二战后婴儿潮时期出生的儿童适逢接受高等教育的年龄，这导致60年代英国中小学教师短缺与高等教育学额短缺同时发生，成为促使英国政府继续扩张教师职前教育规模的重要因素。

《麦克奈尔报告》发布后，英格兰与威尔士成立了若干地区培训组织，负责监督和协调教师培训学院的学术工作。各地方教育当局负责向其主办的教师培训学院提供经费。捐办教师培训学院的全部经常性开支（recurrent expenditure）和3/4的基本建设开支（capital expenditure）由教育部支付。教师培训学院的学术管理与财务管理分离。

1960年以后，教师培训学院的学制延长为三年。40%入读教师培训学院的学生能达到大学入学要求。教师培训学院普遍注重提升一般科目的教学标准。经过三年的学习，教师培训学院大多数学生一到两门主要科目的学习成绩接近大学水平。伦敦有4所教师培训学院开设四年制教师职前教育课程，完成学业的学生可以获得教师资格和伦敦大学外部学位（London external degree）。②

（二）教师培训与供给国家咨询委员会对教师需求的预测

教师培训与供给国家咨询委员会在大量调查的基础上，预测了公立中小学（maintained primary and secondary school）③ 1980年前的教师需求和供给情况，1962年3月发布第七号报告：《教师的需求与供给 1960—1980》（Demand and Supply of Teachers 1960 - 1980）。该报告详细展示了教师培训与供给国家咨询委员会对1980年以前公立中小

---

① Committee on Higher Education, *Higher Education (The Robbins Report), 1963*, London: HMSO, 1963, p.109.

② Committee on Higher Education, *Higher Education (The Robbins Report), 1963*, London: HMSO, 1963, p.27.

③ 在英国，维持性学校（maintained school）指由地方教育当局投资和控制的中小学，后来也包括《1988年教育改革法》规定的由教育与科学部投资的中小学（Grant-maintained schools）。为了符合中文表达习惯，笔者将维持性学校意译为公立学校。

学教师的需求与供给（见表2-2）、师范生招录人数和毕业率、中小学教师的分配、男女教师比例等预测数据。该报告提出英格兰与威尔士中小学教师紧缺状况将长期存在，这促使政府继续重视制定扩张教师职前教育规模的政策。

表2-2 教师培训与供给国家咨询委员会对1960—1980年英格兰与威尔士中小学教师供给和需求的预测 （千人）

年份	教师供给	教师需求		
		当前政策之下	提升中学生离校年龄情况下	提升中学生离校年龄并将中学班级规模控制在30人的情况下
1960	264	329	—	—
1965	284	335	—	—
1970	314	363	384	—
1975	342	398	418	482
1980	372	412	431	496

资料来源：Ministry of Education, *The Demand and Supply of Teachers 1960-1980*, London: HMSO, 1962, p.2.

（三）教师职前教育大学化的思想

在英国传统的教育观念里，教师是不需要培训的，人们更看重教师是否在大学里接受过教育，是否具有文化素养，因此更关注教师的高等教育经历。[1] 人们普遍认为，大学开展的通识教育可以培养学生具备未来从事教师职业应具有的基本能力，可以使毕业生积极应对社会与教育变革的挑战。将学生集中起来进行职业化的教师职前教育将使这些学生知识面狭窄，缺乏学术素养，导致教师职前教育成为狭隘的技术培训。

此外，科学主义教师教育思想认为，理论知识是培养优秀教师最

---

[1] 王长纯：《教师教育思想史研究》（上），东北师范大学出版社2016年版，第201页。

有效的工具。因为具有这类知识后,教师才能观察、解释儿童的心智反应,以采取有效的教育措施。基于此,科学主义教师教育思想主张教师职前教育应由大学开展,主要向师范生传授客观的、确定的知识和理论,遵循从理论到实践的路径,受英国传统观念与科学主义教师教育思想的影响,当时人们希望教师教育机构开设大学水平的课程,使教师教育机构融入大学体系。

1961年2月8日,英国财政部组建以罗宾斯(Lord Robbins)为主席的高等教育委员会(Committee on Higher Education),负责对英国的全日制高等教育进行调查,并向英国政府提供高等教育长期发展规划。高等教育委员会成立后,对90个组织机构和31名相关人员进行了正式访谈,还开展了大量实地走访调查,召开了111次会议,收到有关机构和人员提交的400份书面资料。[1] 高等教育委员会于1963年10月发布《高等教育:由首相组建的以罗宾斯为主席的委员会的报告》(Higher Education: Report of the Committee appointed by the Prime Minister under the Chairmanship of Lord Robbins),也被称为《罗宾斯报告》。

二 《罗宾斯报告》提出的教师培训学院改革建议

《罗宾斯报告》共19章,其中第9章"教师教育和培训学院"重点阐述教师培训学院改革问题,提出了如下几点建议。

(一)扩张教师职前教育规模

1. 扩充单个教师培训学院的规模

《罗宾斯报告》认为,单个教师培训学院的学生人数应至少达到750名,[2] 才有利于实现规模效益,保证各学院拥有充足的师资开设广泛的课程,拥有多种实验设备和各学科图书。虽然位置临近的几所

---

[1] Committee on Higher Education, *Higher Education (The Robbins Report)*, 1963, London: HMSO, 1963, p.1.

[2] Committee on Higher Education, *Higher Education (The Robbins Report)*, 1963, London: HMSO, 1963, p.110.

教师培训学院之间可以开展师资、设备和图书共享,但这始终代替不了发展规模适当的单个教师培训学院。该报告认为,这样做还有助于将教师培训学院总体数量控制在合适的范围内。《罗宾斯报告》预计,未来准备晋升为高等教育机构的教师培训学院的学生规模将会超过2000名。但1970年以后学生人数不足500人的教师培训学院仍然占据学院总量的一半左右(见表2-3)。

表2-3 《罗宾斯报告》提出的英格兰与威尔士教师培训学院扩张计划

学院数量规模 \ 学年	1958—1959	1962—1963	1970—1971
1000名及以上学生	—	1	10
750—999名学生	—	—	17
500—749名学生	3	19	55
250—499名学生	39	80	54
250名及以下学生	98	46	20
学院总数	140	146	156
学生总数	31000	49000	82000

说明:1958—1959学年为《罗宾斯报告》发布前教师培训学院的数量和规模,1962—1963学年为《罗宾斯报告》发表之时教师培训学院数量和规模,1970—1971学年是《罗宾斯报告》对未来的教师培训学院的数量和规模的规划。这些学院包括培养中小学教师的专业学院和四所技术教师培训学院(Technical Teacher Training Colleges),但不包括16所艺术培训中心(16 Art Training Centers)。

资料来源:Committee on Higher Education, *Higher Education* (*The Robbins Report*), 1963, London: HMSO, 1963, p.110.

2. 增加教师培训学院的数量

《罗宾斯报告》反对以缩减教师培训学院数量实现单个学院规模扩张,因为数量的缩减必然降低教师培训学院的分布密度,从而使学院很难就近安排师范生到中小学实习。因此,该报告认为,必须在扩大单个教师培训学院规模的同时,维持并增加学院的数量。为了吸引更多的走读生和成年学生参加教师职前教育,该报告建议未来在人口密集地区建立更多的教师培训学院。

3. 控制教师培训学院的扩张速度

《罗宾斯报告》认为,教师职前教育规模的扩张必须以确保师范生培养质量为前提。为此,该报告提出20世纪70年代前半期应加快扩张速度,使1974年英格兰与威尔士教师培训学院入学人数达到4万名,在校生人数达到11.1万名。20世纪70年代后期应降低扩张速度,使20世纪70年代末教师培训学院在校生人数达到13.1万名。该报告预计,如实施该扩张计划,1980年就会有足够的教师满足将小学班级规模控制在40人以内,中学班级规模控制在30人以内的教师需求。[1]

4. 扩充教师培训学院的职能

《罗宾斯报告》预计未来教师培训学院的职能将得以扩充。某些教师培训学院升级为高等教育机构以后,将扩展课程开设范围,其毕业生将不再倾向于将中小学教师作为唯一的职业选择。在教师需求逐步得到满足以后,其他教师培训学院也会培养越来越多的非师范生。美术、音乐、体育、家政等专科学院(Specialist Colleges)历来承担着培养中小学教师的职责,这些学院一般规模较小。该报告建议这些学院未来在确保专业科目教学质量的基础上,逐渐扩展课程范围,增加人才培养类型。

(二)教师培训学院课程改革建议

当时教师培训学院普遍采用"并进式"(concurrent)课程开设方式,即一般科目和教师专业科目课程教学同时进行。这适合中学毕业就确定从事教师职业的学生,有利于他们将两类课程学习结合起来。该报告认为,在保留"并进式"课程的同时,教师培训学院应运用大学培养教师所采取的"连续式"(consecutive)课程开设方式,即

---

[1] Committee on Higher Education, *Higher Education (The Robbins Report)*, *1963*, London: HMSO, 1963, p. 111.

先进行一般科目课程教学,再进行教师专业科目课程教学,以满足还没有完全确定职业方向学生的需要,使他们在学完一般科目课程后还有机会选择是否继续学习教师专业科目课程。该报告认为,如果在未来 10 年里教师职前教育的扩张规模能够满足中小学的教师需求,到 20 世纪 70 年代后期,某些教师培训学院可以尝试增加文理学科(arts or science subjects)公共课程,拓宽一般科目范围,培养从事其他职业的学生。到那时,这些教师培训学院可以并入大学。[1]

(三)设立教育学士学位

当时,各大学负责为其开设的地区培训组织管辖下的三年制教师培训学院毕业生颁发大学文凭(university certificate)。只有伦敦地区四所教师培训学院的学生可以被选拔学习四年制课程,学成后获得伦敦大学外部学位。

教师职前教育未来发展趋势是使所有中小学教师都具有学士学位。由于难以保证三年制课程培养质量达到学士学位水平,《罗宾斯报告》支持教师培训学院开展四年制学位课程。该报告建议,教师培训学院先面向所有欲任教中学和小学的师范生,开展"并进式"或"连续式"四年制学位课程的实验,总结经验以探索最合适的学位课程方案。教师培训学院和大学应加强合作,使教师培训学院学生有转入大学学习学位课程的机会。鉴于当时教师培训学院容量有限,该报告建议师范生可以在工作后通过在职学习的方式修读学位课程。该报告提议将授予教师培训学院学生的学位称为教育学士学位,以体现它的专业性。但是该学位应与大学学士学位具有同等学术水平。

鉴于规模扩张是当时教师职前教育发展的主题,《罗宾斯报告》提出不能强迫所有教师培训学院都开设四年制学位课程。此外,尽管教育学士学位的学术标准必须与大学学士学位标准一致,但教师职前教育课程有其独特的性质和教学方法,不能强迫教师培训学院采用大学的教学

---

[1] Committee on Higher Education, *Higher Education*(*The Robbins Report*), *1963*, London: HMSO, 1963, pp. 108 – 109.

大纲。

(四) 将教育学院管理权转移至大学

为了有效提升教师培训学院的学术地位,《罗宾斯报告》提议将教师培训学院改称为教育学院 (Colleges of Education),将教育学院的管理权从地方教育当局转移给大学。该报告还建议将地区培训组织——大学教育学会改建成《麦克奈尔报告》所建议的大学教育学院,将大学教育学系并入大学教育学院中,而教育学院则在学术和行政上服从大学教育学院的管理。大学教育学院将负责给教育学院学生颁发大学学位。为此,大学教育学院需建立学术委员会,下设各学科分委会。大学教育学院还应负责给大学教育学系及其附属的教育学院分配来自拨款委员会 (Grants Commission)[①] 的经费。各教育学院管理机构 (governing body) 中1/3 的成员以及大学教育学院管理机构中的大部分成员应由地方教育当局任命。教育部应给每个大学教育学院管理机构指定两名评监人。通过上述管理安排最大限度地实现教育部、大学教育学院、地方教育当局、教育学院的密切合作。

三 《罗宾斯报告》提出的教师培训学院改革建议的实施

《罗宾斯报告》发布后,教师职前教育规模再次出现扩张高潮。此外,教育学士课程得以推行,并逐步成为培养中小学教师的主流课程。但随着双轨制 (Binary System) 高等教育体制的建立,教育学院管理权并没有被转移至大学,且在双轨制高等教育体制中定位不明。

(一) 教师培训学院规模的扩张

在《罗宾斯报告》的推动下,20 世纪 60 年代成为英格兰与威

[①] 《罗宾斯报告》建议模仿大学拨款委员会,建立一个独立于政府以外的拨款委员会。拨款委员会通过调查和评估向政府提出各类高等教育机构的经费预算,并负责分配政府所拨经费。拨款委员会应下设一个分委会负责大学教育学院的拨款事务。

尔士教师职前教育规模扩张速度最快的时期。教师培训学院学生人数增加迅速，大学教育学系入学人数增加并不明显。1960年教师培训学院的入学人数为14844人，是1947年（7090人）的两倍多。1960年9月，教师培训学院学制延长为3年，有人预测这将导致入学人数下降。但事实正好相反，1960年教师培训学院的入学人数比1959年多1000名，而且此后入学人数保持稳定增长。① 1958—1959年度教师培训学院有3万名在校生，1965—1966年度教师培训学院在校生人数增加到近7万名。教师培训学院学生在数量增加的同时，质量也有了一定的提高。1965—1966年，约66%的学生有一门及以上学科通过了普通教育证书高等级考试。而1961—1962年这个数据只有62%。② 1969年教育学院和大学师范生入学人数达到43436名，教育学院师范生总人数为105785名，大学教育学系师范生总人数为4742名，教育学院毕业生人数为29447名，大学教育学系毕业生人数为4502名。1971年，教育学院数量达到159所，大部分教育学院师范生规模在650—950名。③

二战后至20世纪60年代，扩大教师职前教育规模以解决中小学教师紧缺危机是教师职前教育政策的主要议题。值得注意的是，《罗宾斯报告》不仅提出了扩充单个教师培训学院规模、增加教师培训学院数量两项教师职前教育规模扩张建议，还考虑到教师培养质量问题，提出适度控制教师职前教育规模扩张的速度；考虑到教师培训学院未来的生存发展问题，提出将来应扩充教师培训学院的职能。这些建议体现出教师职前教育规模扩张更加趋于理性化。

---

① Dent Harold Collett, *The Training of Teachers in England and Wales 1800–1975*, London: Hodder and Stoughton, 1975, p. 131.

② Department of Education and Science, *Children and Their Primary Schools (The Plowden Report)*, London: HMSO, 1967, pp. 339–340.

③ Frederick Thomas Willey and R. E. Maddison, *An Enquiry into Teacher Training*, London: University of London Press Ltd., 1971, p. 17.

(二) 教育学士学位的设立

1. 教育学士学位推行进程

《罗宾斯报告》提出设立教育学士学位后，所有设立地区培训组织的大学对皇家特许状（Royal Charter）[①]是否允许大学颁发教育学士学位，该学位的颁发是否会影响大学颁发的其他学位的质量，大学可否向自己不授课的学生颁发学位等问题展开争论。经过激烈的争辩，1964年3月，除了四所大学[②]以外，其他参与教师职前教育的21所大学都原则上接受了设立教育学士学位的建议。[③]同年，教育学院开始实施四年制教育学士课程。1968年夏季，基尔大学（Keele University）、利兹大学、雷丁大学（University of Reading）、谢菲尔德大学（University of Sheffield）、萨赛克斯大学（Sussex University）率先颁发首批教育学士学位。[④] 1969年，21所大学都开始颁发教育学士学位。[⑤]此后，虽然教育学士学位授予量逐年增加，但1971年参加教育学士课程学习的师范生数量只占师范生总数的5%，距《罗宾斯报告》预计的25%相去甚远。1972年，颁发教育学士学位的大学数量增加到23所，获得教育学士学位的人数突破了3674名。[⑥]但至20世纪70年代中期，仍然只有少数师范生能够获得该学位（见表2-4）。

1970年伦敦大学教育学院（Institute of Education, University College London）对所辖区域内的教师职前教育状况进行调查，发现1/3

[①] 皇家特许状是一种由英国君主签发的正式文书，用于向个人或法人团体授予某种权利或权力。历史上英国的一些城市或大学都是通过获得皇家特许状而建立的。

[②] 这四所大学是伦敦大学、萨赛克斯大学、牛津大学和剑桥大学。

[③] Alec Ross, "The Universities and the BEd Degree," in John B. Thomas, ed., *British Universities and Teacher Education: A Century of Change*, London: The Falmer Press, 1990, p. 59.

[④] Alec Ross, "The Universities and the BEd Degree," in John B. Thomas, ed., *British Universities and Teacher Education: A Century of Change*, London: The Falmer Press, 1990, p. 59.

[⑤] Dent Harold Collett, *The Training of Teachers in England and Wales 1800-1975*, London: Hodder and Stoughton, 1975, p. 144.

[⑥] James Lynch, *The Reform of Teacher Education in the United Kingdom*, Surrey: The Society for Research into Higher Education, 1979, p. 25.

以上达到学习教育学士课程要求的学生放弃学习机会,致使教育学院教师资源浪费。[①] 20世纪70年代中期以后,随着教师紧缺危机的结束,提升师范生培养质量成为教师职前教育的核心问题,学习三年制教师证书课程的师范生人数大幅减少,教育学士课程逐渐成为培养中小学教师的主流课程。

表2-4　　　　　　大学授予教育学士学位人数的变化

年份	1968	1974
颁授教育学士学位的大学数量(个)	5	23
获得教育学士学位学生的数量(人)	219	4747
获荣誉教育学士学位学生的数量占获教育学士学位学生总量的比例(%)	31.5	53.6
获教育学士学位学生的数量占所有教育学院毕业生的比例(%)	1.0	14.0

资料来源:Alec Ross, "The Universities and the BEd Degree," in John B. Thomas, ed., *British Universities and Teacher Education: A Century of Change*, London: The Falmer Press, 1990, p.64.

根据《罗宾斯报告》的提议,1964年国家学位授予委员会(Council for National Academic Awards, CNAA)成立,[②] 负责给非大学高等教育机构的学生颁发学位。从1972年起,国家学位授予委员会开始授予教育学士学位。大部分教育学院担忧国家学位授予委员会授予的学位层次低于大学,且它们希望通过学位授予事务与大学保持联系,以提升自己的地位。因此,最初只有三所教育学院向国家学位授

[①] University of London Institute of Education, *An Enquiry into the Education and Training of Teachers in the Area of the Institute 1970/1, 1971*, London: University of London Institute of Education, 1971, p.34.

[②] Edwin Kerr, "Principles and Practice of Validation," in Michael Raggett and Malcolm Clarkson, ed., *Changing Patterns of Teacher Education*, London: The Falmer Press in Conjunction with Ward Lock Education, 1976, p.71.

予委员会提出教育学士学位授予申请。① 但随着国家学位授予委员会授予教育学士学位的数量越来越多,教育学士学位的授予突破了区域界限,这成为地区培训组织作用逐渐弱化的因素之一。②

2. 教育学士课程模式

确定设立教育学士学位后,教育学院和大学立即开始设计教育学士课程方案。由于各地区按照自己的方式和标准开发教育学士课程,教育学士课程的内容、结构、入学要求、学位授予等级呈现出巨大的地区差异,③ 大体上可以将各教育学院实施的四年制教育学士课程模式分为四种类型:分流法(streaming solution)、提升法(topping-up)、搭桥法(bridging pattern)和其他法。④ 分流法指对完成教育学院第一学年学业的师范生进行分流,选拔出一部分学生参加后三年的教育学士课程学习,剩余学生继续学习后两年的教师证书课程。提升法指教育学院所有师范生完成三年制教师证书课程学习后,从中选拔一部分师范生参加第四年的教育学士课程学习。搭桥法指将教师证书课程作为教育学士课程前三年的主要内容,并扩充第三年课程以为第四年学习做准备。此外,还有其他一些教育学士课程模式,如学科知识学习与教师专业能力培养同时进行的教育学士课程模式等。

1971 年英格兰与威尔士各地区开设的教育学士课程模式归类情况见表 2-5 所示。

---

① Frederick Thomas Willey and R. E. Maddison, *An Enquiry into Teacher Training*, London: University of London Press Ltd., 1971, p. 70.

② Alec Ross, "The Universities and the BEd Degree," in John B. Thomas, ed., *British Universities and Teacher Education: A Century of Change*, London: The Falmer Press, 1990, p. 61.

③ Howard Bradley, "Change in the University Sector," in Robin J. Alexander, Maurice Craft, James Lynch, *Change in Teacher Education: Context and Provision since Robbins*, London: Holt, Rinehart and Winston, 1984, p. 87.

④ James Lynch, *The Reform of Teacher Education in the United Kingdom*, Surrey: The Society for Research into Higher Education, 1979, pp. 25-26.

表 2-5　　　1971 年英格兰与威尔士教育学士课程模式分类

模式	分流法	提升法	搭桥法	其他
地区	杜伦（Durham） 埃克赛特（Exeter） 赫尔（Hull） 莱斯特（Leicester） 利物浦（Liverpool）	利兹（Leeds） 伦敦（London） 诺丁汉（Nottingham） 牛津（Oxford） 谢菲尔德（Sheffield） 萨赛克斯（Sussex）	伯明翰（Birmingham） 布里斯托（Bristol） 基尔（Keele） 雷丁（Reading） 剑桥（Cambridge）	曼彻斯特（Manchester） 纽卡斯尔（Newcastle） 南安普顿（Southampton） 威尔士（Wales） 华威（Warwick）

资料来源：James Lynch, *The Reform of Teacher Education in the United Kingdom*, Surrey: The Society for Research into Higher Education, 1979, p. 26.

3. 教育学士学位的标准

《罗宾斯报告》强调教育学士学位应与普通学士学位具有同等声誉，但并没有明确规定将教育学士学位归入哪种等级。[①] 在具体实施中，大学之间缺乏沟通，各大学确定的教育学士学位授予标准和学位等级差异很大。1964 年，在 21 所同意颁发教育学士学位的大学中，只有七所准备颁发分等级的荣誉教育学士学位（classified honors degree），三所准备颁发非等级性的荣誉教育学士学位（unclassified honors degree），其余 11 所大学[②]都只同意颁发普通（Ordinary）教育学士学位。[③] 颁发何种等级的教育学士学位一般是由大学负责教师职前教育学术事务的评议会做出的比较随意的决定，并非根据教育学院的

[①] 英格兰与威尔士的学士学位（bachelor's degree）可以分为荣誉学位（honors degree）和普通学位（ordinary degree）（有时英文也称之为 general degree 或 pass degree）。大学生至少需要获得 360 个学分才能被授予荣誉学士学位，获得至少 300 个学分才能被授予普通学士学位。英格兰与威尔士的大学学制为三年。大学一年级为适应阶段，分数不计入学位成绩。大学二、三年级各门课程所获分数采用加权平均计算法计入学位成绩，各占学位成绩的 50%。根据学生考试和考核成绩的加权平均分，可以将荣誉学位分为四个等级：平均分 70 分以上为一等学位（First Class Honors），60—69 分为二等上学位（Upper Second Class Honors），50—59 分为二等下学位（Lower Second Class Honors），40—50 分为三等学位（Third Class Honors）。

[②] 这 11 所大学分别是伯明翰大学、杜伦大学、埃克赛特大学、赫尔大学、利物浦大学、曼彻斯特大学、纽卡斯尔大学、诺丁汉大学、牛津大学、谢菲尔德大学、威尔士大学。

[③] Dent Harold Collett, *The Training of Teachers in England and Wales 1800 - 1975*, London: Hodder and Stoughton, 1975, p. 144.

教学水平而定。1979 年学习荣誉教育学士学位课程和非荣誉教育学士学位课程的学生的通过率基本一致。① 有人将教育学士学位标准的差异视为大学学术自由和自治的表现。但教育学士学位是对教师证书的一种延伸和提升，具有全国通用性，因此应该形成统一的学位标准。《罗宾斯报告》建议师范生完成教师证书课程学习后，可以转入其他区域的教育学院或大学学习教育学士课程，但各地教育学士学位标准不统一，致使这一提议很难实现。此外，教育学位标准不统一对不同教育学院的师范生是不公平的。教育学院从属的大学颁发的学士学位等级较低将造成该学院招生困难。

4. 对教育学士学位的评价

教育学院通过开设四年制教育学士课程加强了与大学的联系，提高了教师从事高等教育工作的能力，有助于学院未来发展为独立的高等教育机构，也有助于提高师范生的素质。但应看到，《罗宾斯报告》只提出了设立教育学士学位的一般性建议。在具体实施中，各地区培训组织之间缺乏沟通与协调，致使该学位的授予标准比较混乱，学位质量受到很多质疑。教育学士学位既有外在市场价值，又有内在教育价值。外在市场价值指教育学士学位在教育以外行业的认可度，内在教育价值指教育学士学位是否能够促使教师提高教学能力，从而促使教师专业地位的提升。因为教育学士学位标准和课程内容差异很大，很难对教育学士学位的价值进行判断。各种组织和协会对教育学士学位价值的质疑颇多。全国校长联合会（National Association of Schoolmasters）认为教育学士学位的市场价值非常有限。教育小组联盟（Association of Education Committees）甚至认为教育学士学位在教师培养中是多余的。

可以说，教育学士课程在实施前没有进行详细调查，实施后也没有进行认真检查。1971 年，英国下议院下属特别委员会主席威利曾

---

① James Lynch, *The Reform of Teacher Education in the United Kingdom*, Surrey: The Society for Research into Higher Education, 1979, p. 25.

说:"缺乏磋商和协调导致如此混乱的状况,严重破坏了教育学士学位的稳定性,从长远来看降低了教育学士学位的价值。"① 此外,在课程实施中,暴露出某些教育学院师资力量的不足;某些教育学士课程的学术科目所占份额过大;某些教育学士课程消耗经费过多;某些学习教师证书课程的学生沦为"二等公民"等问题。

(三)双轨制高等教育体制的建立

《罗宾斯报告》提出将教育学院的管理权转移至大学,由大学负责教育学院的学术、行政和财政管理工作。该建议因遭到中央政府和地方教育当局的一致反对而未能实施。

在中央层面,虽然教育与科学部内有人支持《罗宾斯报告》的提议,他们认为大学是高等教育的核心,可以把其他类型的高等教育机构纳入大学的管理范畴。但也有人反对这一提议,他们认为大学并不热心管理原本不属于自己的机构,也未必擅长管理这些机构。最终反对意见占据上风。1964年,工党教育与科学大臣斯图尔特(Michael Stewart)向英国下议院宣布,政府欢迎教育学院与大学在颁发教育学士学位方面展开更密切的合作,但反对改变双方管理上的现有合作关系。②

在地方层面,20世纪60年代,英国政府建立了许多多科技术学院(Polytechnics),开展大学以外的高等教育,由国家学位授予委员会负责授予其学生以学位。1965年4月27日,工党教育与科学大臣克洛斯兰(Anthony Crosland)在伦敦伍立奇多科技术学院(Woolwich Polytechnic)发表演讲,宣布政府为了提高大学以外高等教育机构的地位,计划构建高等教育双轨制,即将"自治"的大学与"公立"的多科技术学院、教育学院并立。③ 大学享有自主管理权,多科技术学院和教育学院由地方教育当局负责管理。地方教育当局的教育控制

---

① Frederick Thomas Willey and R. E. Maddison, *An Enquiry into Teacher Training*, London: University of London Press Ltd., 1971, p. 67.

② David Hencke, *Colleges in Crisis: The Reorganization of Teacher Training 1971–7*, Middlesex: Penguin Books Ltd., 1978, pp. 29–30.

③ 王承绪、徐辉:《战后英国教育研究》,江西教育出版社1992年版,第306、308页。

权由此得到极大扩展。如果教育学院并入大学体系，即意味着地方教育当局将失去很大部分刚刚获得的高等教育控制权，它们当然不希望出现这种情况。此外，地方教育当局希望通过维护它们对教育学院的控制权促使教育学院培养符合当地中小学需要的教师。中央政府也不愿因为管理权的调整而引起矛盾。这些因素共同导致教育与科学部仅支持大学与教育学院开展学术合作，反对大学管理教育学院的行政和财政事务。

《麦克奈尔报告》和《罗宾斯报告》提出的教师职前教育规模扩张建议促使英格兰与威尔士缓解了中小学教师紧缺危机。但它们提出的有关构建大学与教育学院合作关系的建议并没能完全实现，结果是在相互妥协的基础上建立了以大学为主导的地区培训组织。这种合作方式并没能使教育学院获得大学地位。地方教育当局对教育学院控制力的加强使这种合作关系面临危机。1972年尼亚斯（D. J. Nias）曾指出："教育学院和大学之间的联络机构地区培训组织发现自己迅速失去存在的理由。它的主要职能受到越来越多的外部挑战，特别是地方教育当局的挑战。与此同时，它的工作也没有受到大学的欣赏。"[1]教育学院虽然名义上属于公立高等教育部门，但依然通过地区培训组织与大学保持密切联系。教育学院的财政和行政事务受地方教育当局管理，学术事务受大学管理，这致使教育学院在双轨制高等教育体制中的定位并不明确。这为20世纪70年代地区培训组织的解散和教育学院的重组埋下了伏笔。

本章小结

二战后，英国20世纪40年代和60年代分别出现了两次婴儿出生高峰，加之《1944年教育法》规定将中学生离校年龄延长至15岁，以及控制中小学班级规模等因素，英国出现了非常严重的中小学

---

[1] David Hencke, *Colleges in Crisis: The Reorganization of Teacher Training 1971 – 7*, Middlesex: Penguin Books Ltd., 1978, p. 32.

教师紧缺危机。为缓解中小学教师紧缺状况，1944年的《教师紧急招募与培训》方案提出开办紧急培训学院。1944年的《麦克奈尔报告》和1963年的《罗宾斯报告》也提出了教师职前教育规模扩张的政策建议。这些教师职前教育规模扩张政策的实施使英国的教师数量逐渐满足中小学的需求。

教师职前教育规模的扩张得益于二战后至20世纪70年代初期英国经济的复苏和发展。二战后，英国保守党和工党达成"社会民主主义共识"，实施凯恩斯主义经济政策，致力于建设福利型国家，使英国迅速摆脱经济困境，恢复了工业发展水平，为二战后英格兰与威尔士各级各类教育大发展创造了条件。

受英国传统教师教育观念以及科学主义教师教育思想的影响，当时人们希望教师培训学院加强与大学的联系，开设具有学位水平的教师职前教育课程。根据《麦克奈尔报告》的建议，英格兰与威尔士建立了以大学为主导的地区培训组织，由大学负责管理教师培训学院的学术事务，将教师证书课程时间延长为三年。根据《罗宾斯报告》的建议，教育学院开始开设教育学士课程。

二战后英格兰与威尔士教师职前教育在大发展的同时也产生了一些问题。教师职前教育规模大幅扩张导致教育学院原本已经存在的诸如师范生入学标准不高、教育学院与中小学缺乏联系、教师缺少中小学实践经验、较难安排师范生实习等问题更加严峻。英格兰与威尔士的教师教育机构具有较高的自治权，教师教育机构可以自由开设教师职前教育课程。这在增加教师职前教育多样性的同时，也导致各教师教育机构的课程设置、教学方法、评价方式、培养质量差异很大，给政府统一衡量和监控教师职前教育质量带来很多难题。此外，教育学院在双轨制高等教育体制中的定位并不明确，受到以大学为主导的地区培训组织、地方教育当局、教育与科学部多头管控，难免出现管理上的矛盾冲突，常使教育学院陷入窘境。解决上述问题是20世纪70年代英国教师职前教育政策发展面临的重要课题。

第三章　教师职前教育质量的提升
（1972—1988）

20世纪70年代初，英国经济危机与人口出生数量下滑同时发生，导致中小学教师需求锐减。1972年《詹姆斯报告》提出了教师教育"三环节"的改革建议，使教师职前教育政策的关注点从教师职前教育规模的扩张转向教师职前教育质量的提升。此后，政府颁布《教育：扩张的架构》白皮书和《高等教育在非大学部门的发展》，紧缩教师职前教育规模，并对教师教育机构进行重组，促进了教师职前教育办学层次的提升。80年代，政府则开始以加强教师职前教育课程认证的方式促进教师职前教育质量的提升。

第一节　制定中小学教师职前教育政策的背景

20世纪70年代，英国的教育质量遭到公众的强烈批判。1976年，首相卡拉汉（James Callaghan）发表了以提高教育质量为主题的演讲，引发全国大辩论，促使政府采取措施提高各级各类学校的教育质量。而此时英国人口出生数量下滑，引发教师职前教育规模紧缩，教师教育机构重组，为提升教师职前教育质量创造了条件。1979年上台执政的保守党政府奉行"撒切尔主义"（Thatcherism），加强对教育事业的中央控制并增强教育市场竞争。20世纪80年代初，"撒切尔主义"对教师职前教育的影响初露端倪，中央政府通过加强对教师职前教育课程的认证提高教师职前教育质量。

一 "社会民主主义共识"的瓦解与"撒切尔主义"的产生

(一)"社会民主主义共识"的瓦解

进入20世纪70年代,英国保守党和工党逐渐背离战后两党所形成的"社会民主主义共识",但都没能确定自己独特、稳定的意识形态。英国在1979年保守党执政之前处于意识形态的真空,造成这种状况的主要原因如下:

首先,经济危机致使两党建设福利型国家的理想破灭。二战后至20世纪60年代,两党达成"社会民主主义共识",都奉行凯恩斯主义经济学,致力于建设福利型国家。这一时期英国的经济增长速度能够负担起建设福利型国家所需的公共开支。1973年石油危机使英国经济状况急转直下,政府无法维持建设福利型国家所需的公共开支,陷入了严重的财政危机。两党抛弃凯恩斯主义经济学和福利国家建设计划,找寻化解经济危机的新方法。"社会民主主义共识"便随之瓦解。

其次,两党成员内部意见分歧较大,致使各自无法形成新的意识形态。一些工党成员对1976年工党采用货币主义(monetarism)[①]政策非常不满,他们认为是工党首先抛弃了凯恩斯主义。而保守党内部也由于其成员对自由市场政策的支持程度不同而产生了严重分化。[②]

最后,两党并不重视确定新的意识形态。由于二战后至20世纪60年代两党长期维持"社会民主主义共识",施政目标和政策措施基本一致,选民对意识形态已经不太敏感。两党争取选民的主要手段是提高执政能力,而不是彰显意识形态。因此两党并未急于确立新的意识形态。

由于两党都没能缓解20世纪70年代英国的经济萧条局面,造成

[①] 货币主义也称货币学派,是20世纪50年代美国出现的一个经济学流派,其创始人是美国芝加哥大学教授弗里德曼(Milton Freedman)。货币主义认为,货币供应量的变动是引起经济活动和物价水平发生变动的根本原因,实施凯恩斯主义经济政策是导致通货膨胀的主要根源。它坚持经济自由主义,主张国家对经济生活的干预越少越好。

[②] Margaret Wilkin, *Initial Teacher Training: The Dialogue of Ideology and Culture*, London: The Falmer Press, 1996, p. 77.

第三章 教师职前教育质量的提升（1972—1988）

两党民众支持率均持续下降。工党和保守党合计所获选票占选民总数的百分比从 1970 年大选的 64.3% 下降到 1974 年大选的 54.9%。[1] 这一时期，中央政府执政能力不足，国家缺乏强有力的意识形态，这反而使教育专业人士的权威性得到增强，他们有机会掌控更多的教育内部事务。在教师职前教育领域，政府并未发起和干涉教师职前教育课程的变革，教师教育机构自身对课程现状的不满和教育专业人士对教师职前教育课程的反思和批判致使教师职前教育课程从注重理论向注重实践转变。

（二）"撒切尔主义"的产生

1970 年上台执政的保守党西斯（Edward Heath）政府和 1974 年上台执政的工党卡拉汉政府都曾采取一些后来撒切尔政府的措施以挽救英国经济危机，如削减公共开支、控制货币供应量、增加市场自由度等，但都以失败而告终。这一方面是因为政府实施政策不够坚决果断，另一方面是由于时机尚未成熟。

1974 年大选落败后，保守党开始思考应采取什么政策使英国摆脱经济困境以及怎样明确表述这些政策。70 年代，西方国家的"新右派"势力也在积蓄力量，寻找解决世界经济萧条的出路，这为右翼政党重新执政创造了条件。正如 1976 年《保守党的机会》（The Conservative Opportunity）一文所言："风气正在改变。1970 年，人们是反保守主义的，知识界没有对公认的口号——高公共开支、高税收和国家地位的上升提出严峻的挑战。当前（1976 年）出现了反对凯恩斯主义的迹象。不仅有对福利国家经济状况的担忧，还有对福利经济学原理的担忧。这使保守党获得了依据新的正统学说重新执政的绝好机会。"[2]

---

[1] Margaret Wilkin, *Initial Teacher Training: The Dialogue of Ideology and Culture*, London: The Falmer Press, 1996, p.79.

[2] Blake Lord and John Patten, *The Conservative Opportunity*, London: Macmillan, 1976, pp.2, 7.

1974年上台执政的工党未能解决英国工业发展停滞问题，选民转而将希望寄托于保守党。1979年保守党赢得大选，开始采用"撒切尔主义"治理英国。"撒切尔主义"即撒切尔夫人在英国上台执政后，保守党内部出现了一股占统治地位的"新右派"势力的意识形态（New Right Ideologies），它是新自由主义（Neo-liberalism）和新保守主义（Neo-conservatism）的"奇怪混合物"。新自由主义的核心观点是经济繁荣来源于市场在一定规则框架下的自由竞争。政府不应对市场进行过度官僚化的干涉和控制。个体应享有最大限度的自由选择权，政府应严格控制货币供应量和公共开支。新保守主义将国家置于个人之上，强调爱国主义、权威、文化遗产、法律、秩序、传统道德价值观。新自由主义和新保守主义在很多方面是矛盾的，但二者都反对平均主义和集体主义，都主张建立强大的国家以确保市场自由运转。莱维塔斯（Ruth Levitas）（1986）曾说："意识形态并不一定在客观上是合乎逻辑的。意识形态提出者的目的是尽可能获得更多支持，一种意识形态内部越有弹性，这一目的就越容易达到。"[1] 撒切尔本人曾将"撒切尔主义"概括为"法律关注下的自由"。[2]

撒切尔政府的执政目的是建设市场自由和经济繁荣的强大国家。在教育领域，撒切尔政府一方面推行新保守主义理念，建立中央集权化教育体制，加强国家对教育事务的干涉，着力控制课程内容。另一方面推行新自由主义理念，将市场机制运用于教育事业，实行教育私有化，增强学校的多样性，提升家长和学生的选择权以及加强学校竞争。实施新保守主义和新自由主义教育改革都以教育质量提升为最终目的。在1979年至1987年撒切尔夫人的前两个任期中，"撒切尔主义"主要在经济改革领域得以推行，"撒切尔主义"对教师职前教育的影响只是初露端倪，主要体现为国家加强对教师职前教育课程的专

---

[1] Margaret Wilkin, *Initial Teacher Training: The Dialogue of Ideology and Culture*, London: The Falmer Press, 1996, p. 144.

[2] 储轩：《试论"撒切尔主义"》，《西欧研究》1990年第3期。

业认证以提高教师培养质量。"撒切尔主义"对教师职前教育改革产生全面、深刻的影响则始于其第三任期以后，以《1988年教育改革法》(Education Reform Act 1988) 颁布为标志。

二 经济衰退与人口出生数下降

（一）经济衰退

1973年全球性石油危机使英国陷入严重的经济衰退。由图3-1可见，英国失业率逐渐攀升，GDP增速快速下滑，通货膨胀日益严重，至1975年商品零售价格指数（RPI）[1]达24.2%。[2] 1970—1974年执政的保守党西斯政府建立工资委员会（Pay Board）和物价委员会（Price Commission）干预工资和物价。1974年上台执政的工党威尔逊（Harold Wilson）政府颁布《1975年工业法》（Industry Act 1975），建立国家企业委员会（National Enterprise Board），以购买股份或发放低息贷款的方式向有发展潜力的公司提供资金。[3] 但这些措施对挽救英国经济衰退的作用并不明显。

1973年至1975年，英国还出现了严重的财政赤字。这些因素导致英镑在国际货币市场上的汇率下跌，迫使工党卡拉汉政府于1976年9月向国际货币基金组织（IMF）[4]借贷23亿英镑。[5] 应国际货币基金组织的要求，英国政府实行货币控制政策，缩减公共开支。此举却引发工资水平进一步下降，失业率继续攀升。1979年至1987年，

---

[1] 商品零售价格指数（Retail Price Index，RPI）是指反映一定时期内商品零售价格变动趋势和变动程度的相对数。当物价上涨时，该指数就会上升，表明通货膨胀加剧。

[2] Office for National Statistics, Inflation and Price Indices, 2020.3.1, https://www.ons.gov.uk/economy/inflationandpriceindices.

[3] Un Yong Jeong, *Teacher Policy in England: An Historical Study of Responses to Changing Ideological and Socio-economic Contexts*, PhD. dissertation, University of Bath, 2009, p.38.

[4] 国际货币基金组织（International Monetary Fund，IMF）1945年成立于华盛顿，与世界银行并列为世界两大金融机构。其职责是检查货币汇率和各国贸易情况，提供技术和资金协助，确保全球金融正常运转。

[5] Un Yong Jeong, *Teacher Policy in England: An Historical Study of Responses to Changing Ideological and Socio-economic Contexts*, PhD. dissertation, University of Bath, 2009, p.35.

撒切尔政府以弗里德曼（Milton Freedman）① 的货币控制理论为指导，实施"中期财政策略"（Medium-term Financial Strategy），虽然通过控制货币供应量和国家财政支出成功抑制了通货膨胀，但却导致了更高的失业率（见图3-1）。

严重的经济衰退和紧缩型货币政策的实施致使公共支出大幅下降，教师培养经费也相应减少。这成为引发教师职前教育规模缩减以及教师教育机构重组的重要因素，也使政府在重组教师教育机构过程中非常重视如何有效利用资源。

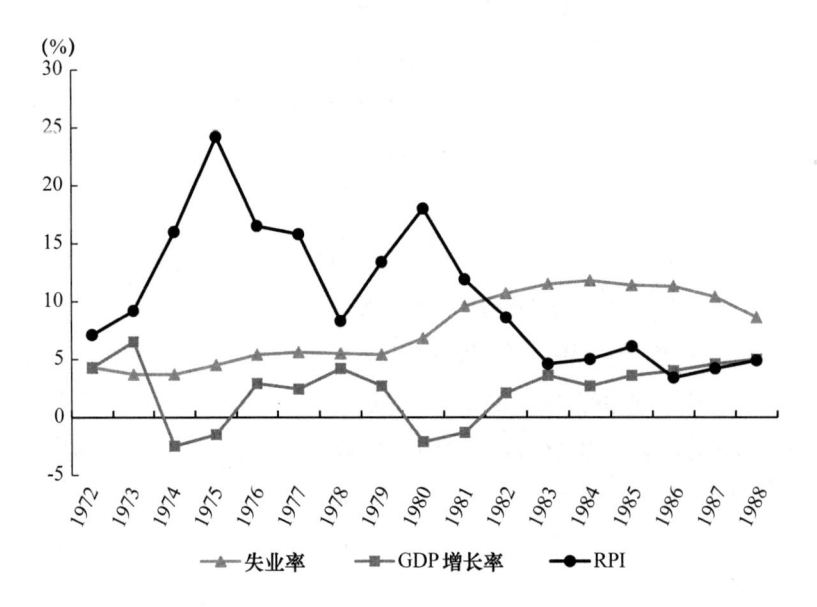

图3-1 英国失业率、GDP增长率、RPI变化情况（1972—1988）

资料来源：Office for National Statistics, People Not in Work, 2020.3.1, https://www.ons.gov.uk/employmentandlabourmarket/peoplenotinwork; Office for National Statistics, Gross Domestic Product (GDP), 2020.3.1, https://www.ons.gov.uk/economy/grossdomesticproductgdp; Office for National Statistics, Inflation and Price Indices, 2020.3.1, https://www.ons.gov.uk/economy/inflationandpriceindices.

---

① 弗里德曼（Milton Friedman，1912—2006），美国当代经济学家，货币学派代表人物，1976年获诺贝尔经济学奖。他强调自由市场经济的优点，倡导政府角色最小化，让市场自由运作，以此维持政治和社会自由。他的理论对1979年以后撒切尔政府以及1980年以后美国里根总统的经济政策产生极大影响。

第三章 教师职前教育质量的提升（1972—1988）

（二）人口出生数下降

教师教育规模扩张是二战后英格兰与威尔士教师职前教育政策关注的主要问题。但20世纪60年代中期以后，英格兰与威尔士的人口出生数量开始缓慢下降（见图3-2），进入70年代，人口出生数量下降速度加快。1977年英格兰与威尔士新生人口数量下降到569259人,[①] 此后才开始缓慢回升（见图3-2）。70年代英格兰与威尔士人口出生数量快速下降预示着中小学人数迅速减少，教师需求量大幅缩减。这直接引发了教育与科学部缩减教师职前教育规模，重组教师教育机构。而教师职前教育规模的紧缩为提升教师培养质量创造了有利条件。

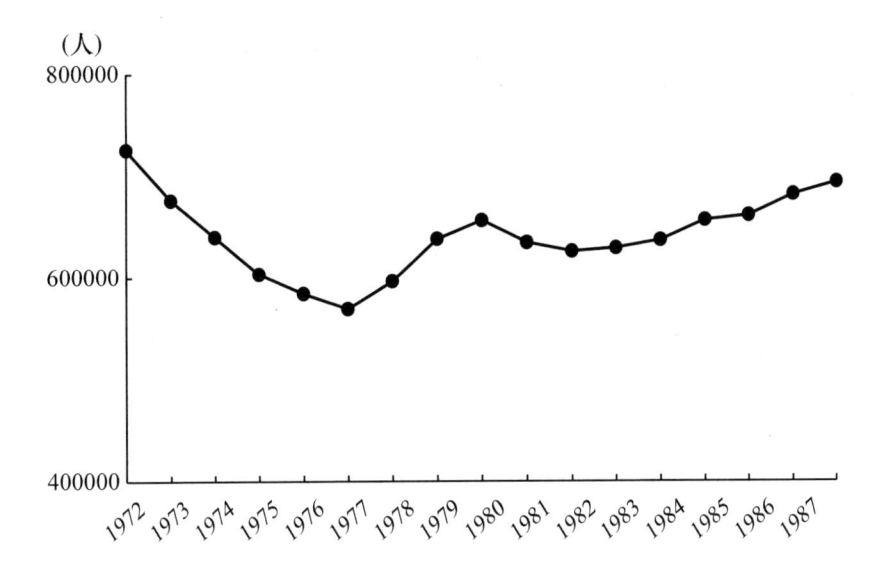

图3-2 英格兰与威尔士年人口出生数量变化情况（1972—1987）

资料来源：Office for National Statistics, Birth Summary Tables-England and Wales, 2020.3.1, https://www.ons.gov.uk/peoplepopulationandcommunity/birthsdeathsandmarriages/livebirths/datasets/birthsummarytables.

[①] Office for National Statistics, Birth Summary Tables-England and Wales, 2020.3.1, https://www.ons.gov.uk/peoplepopulationandcommunity/birthsdeathsandmarriages/livebirths/datasets/birthsummarytables.

三 政府注重提升教育质量

二战后至20世纪70年代初,在经济恢复和人口增长的情况下,英国教育事业经历了大发展时期。20世纪70年代初以后,政府将教育发展的重点从规模扩张转向质量提升。

(一) 教育质量遭到批判

20世纪70年代爆发的经济危机使英国政府利用教育发展促进经济增长的希望宣告破灭。教育质量也遭到工商业界、新闻媒体、教育界人士的强烈批判。1974年,全国青年就业委员会(National Youth Employment Council)就雇主对青年工人的看法进行了一次大规模调查,结果显示,雇主对学校培养出来的学生越来越失望,他们认为,青年人缺乏工作动机,不尊重权威和秩序,[①] 并将其归罪于学校未能对学生进行良好的教育,未能培养学生为参加工作做好准备。他们认为,学校必须使教师承担更多的责任,提升教学质量,为社会各界培养合格人才。1976年1月23日,英国电器总公司总经理魏因斯多克(Arnold Weinstock)在《泰晤士报教育副刊》(*Times Educational Supplement*)发表文章指出,工业界熟练工人的短缺可以归因于教育制度的失败。[②] 新闻媒体强烈批判中学的综合化改造导致教育质量下降。他们指出,学校对学生读、写、算基本能力关注太少,学生成绩下降,教师缺乏教育儿童和训练儿童形成良好习惯的专业能力。

1969年至1977年,一批学者[③]在《评论季刊》(*Critical Quarterly*)[④] 上发表文章批判当时的英国教育,这些文章被统称为"黑皮书"

[①] 徐辉、郑继伟:《英国教育史》,吉林人民出版社1993年版,第344—345页。
[②] 徐辉、郑继伟:《英国教育史》,第345页。
[③] 这些学者主要有考克斯(C. B. Cox)、戴森(A. E. Dyson)、艾米斯(Kingsley Amis)、康奎斯特(Robert Conquest)、班托克(Geoffrey Bantock)、巴尔赞(Jacques Barzun)、默多克(Iris Murdoch)、博伊森(Rhodes Boyson)。
[④] 《评论季刊》创办于1958年,它是一个发表各领域专家互相评论文章的人文科学学术期刊。该期刊以其自1969年起开始发布有关教育的一系列"黑皮书"而闻名。

(Black Paper)。① 其中最有影响力的是最初发表的两篇文章,即考克斯(C. B. Cox)和戴森(A. E. Dyson)在1969年合撰的《为教育而战》(Fight for Education)和1970年合撰的《教育的危机》(Crisis in Education)。② "黑皮书"攻击当时的小学过多地运用进步主义教育方法,反对以综合中学取代文法学校,批判教育平等主义以及高等教育规模过度扩张等。"黑皮书"主张初等教育重新采取传统的教学方法,中等教育重新采用分轨制教育制度,高等教育恢复精英培养模式。虽然"黑皮书"的观点过于保守,但引起人们对教育质量问题的反思,得到英国保守党人的支持。

(二) 以提高教育质量为主题的大辩论

英国各界对教育质量的批判给政府施加了很大压力,他们要求政府尽快制定相关政策以提升教育质量。1976年10月18日,在牛津大学罗斯金学院(Ruskin College)奠基仪式上,首相卡拉汉发表了著名的以提高教育质量为主题的演讲——"面向一场全国性的大辩论"(Towards a National Debate)。他在演讲中提出要提高所有教育机构培养学生的标准;在中小学开设核心课程,着重培养学生的读、写、算能力;加强技术科目教学以满足企业的用人需求;重视校外人士对教育事业发展的作用。1977年2—3月,教育与科学部针对演讲所涉及的问题举行了八场地区性辩论大会。教师教育成为四大辩论主题之一,共涉及六项议题:(1)师范生的英语和数学应达到什么水平;(2)教师是否应关注工商业的发展以及英国面临的全球竞争等教育以外的问题;(3)教师职前教育课程是否足够重视教师在多元文化社会中的角色;(4)教师职前教育课程是否能使学生精深地掌握未来任教科目的知识;(5)教师职前教育课程对学生教育实践能力的

---

① 这一系列文章被统称为"黑皮书"是为了表示对当时教育政策的反对,因为英国政府发表的官方报告习惯上使用白色封皮,一般被称为"白皮书"(White Paper)。

② [瑞典]托斯坦·胡森:《论教育质量》,《华东师范大学学报》(教育科学版) 1987年第3期,第9页。

培养是否足够；（6）教师教育机构与高等教育机构的整合是否有助于提升教师职前教育质量。经过辩论，大家普遍认为中小学教学标准的提升和课程改革的实施必须有高素质教师的积极参与。为了提高教师职前教育质量，应提高师范生入学标准，吸引更多的大学毕业生参加教师职前教育，取消三年制教师证书课程，使所有中小学教师具有学士学位。大辩论所达成的共识对此后英格兰与威尔士的教师职前教育政策产生了深远影响。英国政府开始重点关注师范生的选拔、教师职前教育课程的结构和内容以及教师教育机构教师的素质等问题。此次演讲及随后的大辩论也显示出英国中央政府意欲加强对教育事业的影响和控制力。

（三）政府着力提高中小学教育质量

在上述诸因素的推动下，政府开始采取各种措施提高中小学教学质量。特别是在"撒切尔主义"影响下，1979年后保守党政府强调学校的多样化、私有化、竞争和效率。政府推出教育券计划，家长可以将政府发放的教育券交给自己为孩子选择的学校，学校凭教育券向地方教育当局领取经费。这不仅保证了家长的教育选择权，还能使学校之间为争夺教育券而展开激烈竞争，以提升教育质量。保守党政府还实施了"补助学额计划"（Assisted Place Scheme），即政府根据家庭经济状况，给从公立学校转入私立学校的优秀学生发放学杂费补贴。此举给予公立学校优秀学生更多的选择权，也能促使公立、私立学校展开竞争。1981年，政府为220所私立学校提供了5500个补助学额，1987年参与该计划的私立学校达275所。[①]

此外，保守党政府还推出了一系列政策文件来促使中小学教育质量的提升。1981年教育与科学部发布《学校课程》（The School Curriculum），要求地方教育当局不仅提供教育设施，而且关心教育的内容和质量。[②] 1985年3月，教育与科学部向国会提交《更好的学校》

[①] 徐辉、郑继伟：《英国教育史》，吉林人民出版社1993年版，第352页。
[②] 瞿葆奎：《教育学文集·英国教育改革》，人民教育出版社1993年版，第439页。

(*Better Schools*)白皮书,提出政府的目标是提高各级学校的教育标准,保证教育投资取得尽可能好的效益。① 1987 年教育与科学部发布《国家课程 5—16 岁》(*The National Curriculum 5 - 16*)绿皮书,提出政府希望尽快在所有公立中小学实施"国家课程",使学生在义务教育阶段学习更加丰富的科目。通过这些课程的学习,使学生具备成人生活和就业所需要的知识、技能和理解力,使家长能根据已定的全国成绩目标评判子女的进步和学校的效率。② 保守党还将设立中小学国家核心课程纳入 1987 年大选宣言。

中小学要提高学校的竞争力必须提升教育质量,而拥有高素质的教师是提升教育质量的关键。为提高教师职前教育质量,保守党政府将加强对教师职前教育课程的认证作为教师职前教育政策的重心。

第二节 教师职前教育政策重心转向提升教师职前教育质量

20 世纪 60 年代末,人们对教师职前教育体制颇有争议,急需对教师职前教育进行全国性的调查。但在工党执政时期,教育与科学部拒绝开展相应的调查。而保守党则将开展全国性的教师教育调查作为竞选承诺,并在 1970 年赢得大选后立即组建詹姆斯委员会对教师教育进行全国性的密集式调查,于 1972 年初发布《詹姆斯报告》。虽然由于种种原因,该报告的许多建议并未实施,但该报告的发表促使教师职前教育政策的重心由关注教师职前教育规模的扩张转向教师职前教育质量的提升。

一 教师职前教育亟须进行全国性调查

20 世纪 60 年代末期,英国教育界对教师教育的看法充斥着矛盾。

---

① 吕达、周满生:《当代外国教育改革著名文献》(英国卷·第一册),人民教育出版社 2004 年版,第 4 页。

② 瞿葆奎:《教育学文集·英国教育改革》,人民教育出版社 1993 年版,第 660 页。

批判者认为教师教育体制过时,地区培训组织工作无效,教师职前教育课程与中小学实际需要缺乏联系,获取教师证书的标准过低。他们呼吁对教师教育进行全国性调查以寻求改进方法。而教师教育体制的维护者为了展示教师教育工作所取得的巨大进步,也支持开展此种调查。此外,当时教师教育发展还出现了一些新情况,如中小学某些学科的教师短缺严重;教师职前教育规模扩张速度过快导致教师培养质量下降;20世纪60年代中期以后人口出生数量下滑给教师职前教育规模扩张埋下隐患等。国家需要通过调查掌握具体情况,找出应对方法。

但当时的教育与科学部反对实施全国性教师教育调查。教育与科学部常务副秘书(Permanent Under-Secretary)安德鲁(Herbert Andrew)提出:"我们当前普遍认为,在过去若干年里,教育学院的培养规模经历了巨大的扩张,非常有效地完成了政府施加的培养教师的繁重任务,教育学院确实需要一段巩固期……确实需要一个喘息的机会,而不是检讨自己应当做什么以及如何去做。我们认为教师培养机构以及其中的工作人员需要一到两年的相对安定期。"[1]

尽管安德鲁的判断可能是正确的,但在各方的压力之下,英国政府还是对教师教育进行了一些调查。1968年,英国国会组建教育与科学特别小组(Select Committee on Education and Science),调查教育与科学相关的事务。1969年10月至1970年4月,特别小组对教师教育状况进行了调查,从教师教育机构和有关人员那里收集到大量资料。由于1970年5月英国举行大选,特别小组对教师教育的调查被迫中止,小组也随即解散。特别小组的调查持续时间虽短,但它为教师教育问题的争辩提供了一个平台。皇家文书局(Her Majesty's Stationery Office,HMSO)发表了特别小组的一些调查结果。特别小组主

---

[1] P. H. J. H. Gosden, "The Role of Central Government and Its Agencies, 1963 – 82," in Robin J. Alexander, Maurice Craft, James Lynch, eds., *Change in Teacher Education: Context and Provision since Robbins*, London: Holt, Rinehart and Winston, 1984, pp. 38 – 39.

席威利及其同事麦迪逊1971年出版了《教师培训的调查》一书，以特别小组调查结果为基础，对当时的教师教育体制进行了总结和评价。①

此外，1970年2月，教育与科学大臣肖特（Edward Short）要求地区培训组织对各自区域内的教师教育工作进行自查，上报本地区教师教育状况，并提出改进方案。② 大多数地区培训组织都积极完成此任务，提交的调查报告所含信息量很大。这在一定程度上达到了对教师教育进行全国性调查的目的，成为日后詹姆斯委员会的重要参考资料。

二 詹姆斯委员会的成立

1970年，保守党将成立委员会实施全国性的教师教育调查作为竞选承诺。保守党取得大选胜利后，撒切尔夫人就任教育与科学大臣。她立即于1970年12月组建了一个以约克大学（University of York）副校长詹姆斯（Lord James）为主席的由七人组成的小型委员会，对英格兰与威尔士教师教育情况进行短时间密集式调查。

撒切尔夫人希望詹姆斯委员会重点调查以下问题，并提出相关建议：教师教育和培训的课程内容与组织形式应该如何安排；如何将准备当教师的学生与没有确定职业选择的学生一起进行培训；公立和捐办教育学院、地方教育当局维持的多科技术学院与继续教育学院（Further Education Colleges）③ 以及大学在教师教育中的角色定位是什么。④ 此外，撒切尔夫人还希望詹姆斯委员会研究如何将大学从教师

---

① Dent Harold Collett, *The Training of Teachers in England and Wales 1800 – 1975*, London: Hodder and Stoughton, 1975, p. 149.

② Dent Harold Collett, *The Training of Teachers in England and Wales 1800 – 1975*, London: Hodder and Stoughton, 1975, p. 149.

③ 继续教育学院在英国是指提供介于中学和大学之间教育的学院。它可以开展职业性质的教育，为学生就业做准备，也可以开设为进入大学做准备的课程。

④ DES, *Teacher Education and Training* (*The James Report*), 1972, London: HMSO, 1972, p. iii.

教育管理中解脱出来，将教育学院并入公立高等教育部门，以此完成双轨制高等教育体制建设。①

詹姆斯委员会参考了以威利为主席的国会教育科学特别小组的教师教育调查结果，以及各地区培训组织的自查报告。此外，委员会还研究了约500份相关人员或组织呈交的材料，用23天时间进行访谈，走访了50所教师教育机构。② 1971年底，詹姆斯委员会完成报告。教育与科学部于1972年初公布了该报告，将其命名为《教师教育与培训》（Teacher Education and Training），也称为《詹姆斯报告》。

三 《詹姆斯报告》提出教师教育的"三环节"改革建议

《詹姆斯报告》认为，虽然在过去20年里英国教师教育取得了巨大成就，但仍然达不到既定目标。这主要是因为教师培养过分依赖职前教育，过分注重教育理论学习，教育理论学习与实践分离。为满足未来中小学对教师的需求，《詹姆斯报告》建议教师教育采取阶段式培养方式，将教师教育分为三个环节（cycle）：个人教育（personal education）、职前培训与入职期（pre-service training and induction）、在职教育与培训（in-service education and training）。③ 为使这三个环节有效运行，该报告还提出了教师教育管理体制改革计划。

（一）教师教育的第一环节——个人教育

个人教育是教师教育的第一环节，它是一种非职业导向的高等教育。学生完成个人教育并获得被认可的学位或文凭后，可以决定是否申请参加第二环节的教师专业培训。欲任教一至两门学科并达到较高

---

① Peter Gosden, "The James Report and Recent History," in John B. Thomas, ed., *British Universities and Teacher Education: A Century of Change*, London: The Falmer Press, 1990, p. 74.
② DES, *Teacher Education and Training (The James Report)*, 1972, London: HMSO, 1972, p. 2.
③ DES, *Teacher Education and Training (The James Report)*, 1972, London: HMSO, 1972, p. 3.

水平的学生可以在第一阶段学习大学学位课程。其他学生可以参加该报告所建议的教育学院开设的两年制高等教育文凭（Diploma in Higher Education，DipHE）课程的学习，该课程向所有达到要求的申请者开放，不仅限于欲从事教师职业者。

《詹姆斯报告》认为，在开设高等教育文凭课程后，教育学院的入学要求[①]必将提高。高等教育文凭课程包括专业课程和普通课程。学生学习专业课程的目的是深入钻研他们选择的专业科目以达到高级水平，学习普通课程的目的是强化各门学科基础知识。每所教育学院都应该根据本院师资力量状况设计自己的专业课程和普通课程。专业课程和普通课程学习时间比重为 2:1。[②] 高等教育文凭课程的实施应充分利用小组讨论、独立学习、个别辅导等教学方法，还应该安排学生到中小学、社区之家、青少年法庭等参观实践。这不仅可以使将来准备做教师的学生得到锻炼，而且可以吸引还没有确定职业方向的学生关注教育事业。教育学院可以自行组织高等教育文凭课程的考试。高等教育文凭不仅可以作为学生继续接受教师培训的基础，也可以作为学生继续接受其他职业培训或继续学习学位课程的基础。此外，学生还可以凭此文凭直接就业。

（二）教师教育的第二环节——职前培训与入职期培训

詹姆斯委员会调查发现，当时教育学院开设的三年"并进式"教师职前教育课程存在如下问题：过于强调教育理论学习；学生实习时间不足且缺乏有效指导；理论学习与实践严重分离；个人教育与专业发展目标混淆。此外，新教师在试用期缺乏有效的指导和评价。针对上述问题，该报告提出要开展教师教育第二环节——教师职前培训与入职期培训。

1. 学生的选拔

该报告提议，由学院与教育学系地区委员会（Regional Council for

[①] 当时教育学院的入学要求是学生至少有五门科目通过普通教育证书普通等级考试。
[②] DES, *Teacher Education and Training* (*The James Report*), 1972, London: HMSO, 1972, p.44.

Colleges and Departments of Education，RCCDE，以下简称地区委员会）根据教师教育与培训国家委员会（National Council for Teacher Education and Training，NCTET，以下简称国家委员会）[①] 确定的教师供给数量和类型制定本地区教师培养第二环节的人数、类型和学生选拔要求。《詹姆斯报告》强调选拔学生不应过分注重学位高低，个人主观愿望和经历更为重要。应该优先考虑那些很早就确定将来以教师为职业并在个人教育环节选择了教育导向课程的学生。

2. 第二环节教师培养的实施

《詹姆斯报告》认为，教师职前培训和入职期培训应为两年，第一年职前培训由教育学院、大学或多科技术学院教育学系实施，第二年入职期培训由中小学和专业中心实施。第二环节的第一年主要进行教育理论学习和教育实习。教育学院可以通过实施微格教学，或观看、评价教学录像的方式帮助学生理解所学理论；也可以通过实施连续四周左右的教育实习帮助学生熟悉教育工作实际情况。学生的教育理论课程学习成绩和教育实习表现评价都将作为判断其是否可以继续接受第二环节第二年入职期培训的依据。

成功完成第二环节第一年培训的学生将被地区委员会推荐给教育与科学大臣认证为特许教师（licensed teacher），继续接受第二年的入职期培训。[②] 在第二年里，学生用4/5的时间到中小学带薪工作，用1/5的时间到专业中心学习。中小学应任命一名经验丰富的教师作为专业导师（professional tutor）对特许教师进行全方位的工作指导。[③] 教师教育机构和地方教育当局都可以建立专业中心。专业中心通过开设课程、开展讨论等方式促进特许教师专业发展。成功完成第二年入

---

① 在下文介绍《詹姆斯报告》所提出的教师教育管理体制改革建议时再对这两个委员会进行详细解释。

② DES, *Teacher Education and Training*（*The James Report*），1972，London：HMSO，1972，p. 25.

③ DES, *Teacher Education and Training*（*The James Report*），1972，London：HMSO，1972，p. 26.

职期培训的学生将被认证为注册教师（registered teacher），具备正式教师资格。①

3. 设立学士学位（教育）

《詹姆斯报告》认为，教育学士学位存在很多问题。例如获得学位的途径非常有限；不同地区的入学标准、培养计划、学位授予标准和学位等级差异很大等。该报告建议取消教育学士学位，设立学士学位（教育）[BA（Ed）]。学生成功完成第二环节教师培训后，由地区委员会审核教师教育机构、中小学、专业中心对学生开具的评价报告，确认学生不仅精通所教科目知识，还熟练掌握教学技能并对教育问题有深刻的理解，则可以推荐教育与科学大臣授予该生学士学位（教育）。② 学士学位（教育）没有等级划分。学生获得学士学位（教育）后，可以申请回到教师教育机构继续深造以获得硕士学位（教育）[MA（Ed）]，也可以在进行一年或者更长时间的教学工作后申请学习硕士学位（教育）课程。

当师范生通过第二环节培训积累了一些学校工作经验以后，在此基础上进行的第三环节教师培训，即在职培训是培养优秀教师的重要环节。它以促进教师学科知识、专业能力发展为目的，贯穿教师整个职业生涯。由于本书研究对象为教师职前教育政策，在此不再赘述该报告所提出的教师在职培训建议。

为使教师教育"三环节"能够有效运行，《詹姆斯报告》提议解散地区培训组织，消除大学对教育学院的控制，建立由教育与科学部直接提供经费的中央和地方两级教师教育管理机构。中央教师教育管理机构为教师教育与培训国家委员会。它负责制订全国教师培养计划，向中央政府提交整体教师培养经费预算，协调各地区教师教育工

---

① DES, *Teacher Education and Training* (*The James Report*), 1972, London: HMSO, 1972, p. 31.

② DES, *Teacher Education and Training* (*The James Report*), 1972, London: HMSO, 1972, p. 32.

作。地方教师教育管理机构为 15 个学院与教育学系地区委员会。每个地区委员会通常负责两到三所大学，一到两所多科技术学院，十所教育学院。[①] 地区委员会遵照国家委员会的指导方针制定本地区教师培养计划；分配区域内教师培养经费；监督高等教育文凭课程实施情况；对完成第二环节教师培训的学生进行评价等。

《詹姆斯报告》强调将教师培养分为三个环节只是为了叙述方便，不能因此造成三个环节的割裂。三个环节的安排必须具有连贯性和平衡性。该报告预计未来教师职前教育的重点将从规模扩张变为质量提升，可能会引发一些教育学院与大学或多科技术学院的合并。该报告更倾向于将两三所地理位置接近的教育学院合并，并认为一些教育学院可以关闭或转为其他教育机构。

四 关于《詹姆斯报告》的反馈意见

《詹姆斯报告》发布后，引起公众热烈讨论。英国《泰晤士报教育副刊》称詹姆斯委员会"创作了一份杰出的报告"。英国《教育报》(*Education*)认为《詹姆斯报告》非常具有建设性。[②] 但反对该报告的意见更多。英国《卫报》(*Guardian*)在 1972 年 1 月 27 日的一篇报道中提到兰卡斯特大学 (Lancaster University) 副校长卡特 (Charles Carter) 呼吁"驳回并忘记"该报告，并称给师范生颁发的"所谓的新学位［学士学位（教育）］"在教育行业以外没有价值，而且对教师职前教育也不合适。同一篇报道还引用了伦敦大学教育学院主任埃尔温 (Lionel Elvin) 的话："该报告提出的教师培养课程设置缺乏连贯性，让人感到非常惊骇。"[③] 从

[①] DES, *Teacher Education and Training* (*The James Report*), 1972, London: HMSO, 1972, p. 56.

[②] P. H. J. H. Gosden, "The Role of Central Government and Its Agencies, 1963 – 82," in Robin J. Alexander, Maurice Craft, James Lynch, eds., *Change in Teacher Education: Context and Provision since Robbins*, London: Holt, Rinehart and Winston, 1984. p. 39.

[③] David Hencke, *Colleges in Crisis: The Reorganization of Teacher Training 1971 – 7*, Middlesex: Penguin Books Ltd., 1978, p. 37.

总体上说，人们普遍支持该报告提出的第三环节即教师在职培训的建议，反对第二环节教师职前和入职培训建议，对第一环节个人教育的建议既有接受也有拒绝。

《詹姆斯报告》提出设立具有非职业定向性的高等教育文凭，作为学生进一步参加教师教育或其他专业教育以及就业的准备。尽管从理论上讲，高等教育文凭的设立可以使学生推迟职业选择，但这导致准备当教师的学生在完成高等教育文凭课程学习前都不能确定其是否可以参加第二环节教师培训，致使这些学生长期处于焦虑当中。与此同时，为了填满第二环节教师培训的既定学额，教育学院可能会设法动员一定数量的学生在第一环节初期就确定将来参加教师培训，并开始学习教育类课程，这又与推迟职业选择的初衷相悖。

《詹姆斯报告》提出授予完成第二环节第一年培训的学生特许教师资格，并安排其到中小学在工作中接受为期一年的入职期培训。该建议遭到英国全国教师工会的严厉批判。该工会认为，特许教师并不是真正的合格教师，没有资格承担真正的教师工作，中小学也很难安排特许教师每周空余一天时间到专业中心学习。[①] 中小学特别是规模较小的中小学则认为，很难安排在职教师作为专业导师指导特许教师工作。特纳（John Turner）反对《詹姆斯报告》提出设立学士学位（教育）的建议。他认为，获得该学位的学习历程与英国传统学士学位差异太大，无法将该学位的质量与其他英国学士学位相比较。[②]

《詹姆斯报告》提出的教师教育"三环节"建议被批判为使教师教育过于碎片化，造成教师教育不连贯。因为师范生可能前两年在一所教育学院完成第一环节的个人教育，第三年转入另一所教育学院完成第二环节第一年的教师职前培训，而第四年又转到另一地区参加第

[①] J. D. Turner, "The Area Training Organization," in Donald E. Lonax, ed., *The Education of Teachers in Britain*, London: John Wiley & Sons, 1973, p. 173.

[②] J. D. Turner, "The Area Training Organization," in Donald E. Lonax, ed., *The Education of Teachers in Britain*, London: John Wiley & Sons, 1973, p. 172.

二环节第二年的教师入职期培训。各个培养机构或地区指导教师的要求差异可能很大，这会造成各阶段之间出现过渡衔接困难。

五 《詹姆斯报告》实施受阻

《詹姆斯报告》发布后并未立即实施。这主要是因为该报告所提建议过于激进，与教师教育传统存在许多冲突之处，遭到大量批判，存在实施困难。英国教育家邓特曾说："《詹姆斯报告》提出了新奇且有独创性的，但是又过于有争议性的教师教育和培训'三环节'的建议。"[1]

詹姆斯委员会之所以会形成如此激进的、挑战传统的建议主要是因为受到委员会成员个人观点的影响。詹姆斯委员会仅有七名成员，主席詹姆斯勋爵，以及成员贾奇（Harry Judge）和波特（James Porter）三人的主张对该报告起着主导作用。詹姆斯勋爵对未来教师教育的发展持比较开放的态度，他主张加强教师教育课程的实践性，反对教师教育课程过于理论化。他尤其反对大学通过地区培训组织支配教师教育，控制教育学院。贾奇和波特也持有类似观点，他们主张教师教育应采取更激进的方式，增加师范生的实践经历，减少理论教学。[2]

外部环境因素也阻碍了《詹姆斯报告》的实施。英国政府计划于1974年完成地方政府重组，因此在地方教育当局重组的同时进行教师教育体制改革显然不太可能。撒切尔夫人明确表示政府在1974年之前不会按照《詹姆斯报告》的建议采取行动。由于《詹姆斯报告》所提建议过于激进，教育与科学部需要时间确定自己的立场和态度。因此地方政府重组既是政府推迟实施《詹姆斯报告》建议的客观原因，也是政府的借口。

---

[1] Dent Harold Collett, *The Training of Teachers in England and Wales 1800 – 1975*, London: Hodder and Stoughton, 1975, p. 150.

[2] David Hencke, *Colleges in Crisis: The Reorganization of Teacher Training 1971 – 7*, Middlesex: Penguin Books Ltd., 1978, p. 40.

1972 年 4 月之前教育与科学部并没有正式协商《詹姆斯报告》所提出的建议。教育与科学部还向媒体宣布，它需要至少征询 34 个组织机构对《詹姆斯报告》的反馈意见，这需要花费较长时间。教育与科学部通过这些举措赢得了内部磋商时间，它将教师教育与其他教育部门统筹考虑，于 1972 年 12 月发布了《教育：扩张的架构》白皮书。白皮书阐述了政府对未来 10 年英国教育的发展规划，其中包括对《詹姆斯报告》的回应。实际上，后来教育与科学部实施《教育：扩张的架构》白皮书所提出的教师教育改革建议时，地方政府重组并未成为执行障碍。①

《詹姆斯报告》的发表可以视为英格兰与威尔士教师教育发展的转折点。它提出的教师教育"三环节"建议将教师教育作为一种终身专业发展过程，开启了教师教育发展的新趋势。该报告促使教师教育政策的重心由规模扩张转向质量提升，力图终止大学对教育学院的控制。在《詹姆斯报告》所提建议基础上形成的 1972 年《教育：扩张的架构》白皮书和 1973 年《高等教育在非大学部门的发展》开启了 70 年代英格兰与威尔士教师职前教育规模缩减、机构重组的重大改革，为提升教师职前教育质量创造了条件。

第三节　提升教师职前教育质量的准备：教师职前教育规模紧缩与机构重组

1972 年 12 月，英国政府发布《教育：扩张的架构》白皮书，提出教师职前教育规模紧缩与机构重组的政策。1973 年英国政府又发布《高等教育在非大学部门的发展》，促进教师职前教育规模紧缩与机构重组的实施。在教育与科学部的主导下，英格兰与威尔士教师职前教育规模紧缩与机构重组进展非常迅速，有效应

---

① David Hencke, *Colleges in Crisis: The Reorganization of Teacher Training 1971 – 7*, Middlesex: Penguin Books Ltd., 1978, pp. 46 – 47.

对了经济危机和人口出生数量的下降，也为提升教师职前教育质量创造了条件。

一 教师职前教育规模紧缩与机构重组的前奏

早在詹姆斯委员会成立之前，教育与科学部教师教育事务主管哈丁（Hugh Harding）就提出师范生未来就业前景堪忧。他在提交给詹姆斯委员会的一篇文章——《高等教育中的教师培养名额和教师供给》（Teacher Training Places in Higher Education and Teacher Supply）中提出，一旦中小学师生比例改善得以完全实现，只需补充自然流失的教师，就需要大幅缩减教师职前教育规模。大学教育学系和学院教师协会认为，为避免70年代后半期毕业的师范生找不到工作，应减少师范生人数，转变教育学院职能。[①] 1970年4月，该协会向国会提交的报告将教育学院的角色设定为附属于大学的普通高等教育机构，设置多样化的课程以培养多种人才。1970年6月，英国政府发布《第二号教育计划书：英格兰与威尔士高等教育的学生人数》（Education Planning Paper No. 2: Student Numbers in Higher Education in England and Wales），提出1971—1976年参加教师职前教育的学生人数增长量将低于《罗宾斯报告》的预测。[②]

詹姆斯委员会研究过教师职前教育规模缩减和教师教育机构重组问题，但并没有在该报告中进行详细阐述。这一方面由于詹姆斯委员会认为这些内容与《詹姆斯报告》的主要建议关系并不密切，应该由教育与科学部负责发布。另一方面由于教育与科学部和詹姆斯委员会对教育学院在高等教育中的角色定位观点不同。詹姆斯委员会希望教育学院发展为双轨制高等教育体制之外的第三类独立的高等教育部

[①] David Hencke, *Colleges in Crisis: The Reorganization of Teacher Training 1971 – 7*, Middlesex: Penguin Books Ltd., 1978, pp. 41 – 42.

[②] David Hencke, *Colleges in Crisis: The Reorganization of Teacher Training 1971 – 7*, Middlesex: Penguin Books Ltd., 1978, p. 41.

门，而教育与科学部希望教育学院并入公立高等教育部门。如果《詹姆斯报告》率先发布相关内容，就会对公众产生先入为主的影响。为避免这种情况，教育与科学部决定自己发布这些内容，并让詹姆斯委员会的成员根据政府保密法（Official Secrets Act）签署协议以确保在教育与科学部准备好发布相关内容之前他们不谈论此问题。[1] 因此，直至《詹姆斯报告》发布之时，公众还未意识到教师职前教育规模即将缩减，机构即将重组。

1972年10月，教育与科学大臣撒切尔夫人告知下议院，政府对《詹姆斯报告》所提建议的协商、讨论工作即将完成。1972年12月，教育与科学部发布《教育：扩张的架构》白皮书，阐述政府对未来十年英国各级各类教育的发展规划，包括对教师教育的发展规划和对《詹姆斯报告》的回应。白皮书提出在公立高等教育部门扩张的同时，教师职前教育规模则需紧缩，教师教育机构也需要重组。1973年，教育与科学部又发布第7/73号通知《高等教育在非大学部门的发展》，敦促各地方教育当局执行白皮书所提出的政策措施。

二 教师职前教育规模紧缩与机构重组的政策

（一）《教育：扩张的架构》白皮书

《教育：扩张的架构》白皮书主要关注各级各类教育发展规模、组织和经费问题，其中第6、7、8、9、11、13、17章涉及教师教育以及对《詹姆斯报告》的回应。白皮书提出过去十年里教师职前教育最明显的变化是师范生人数由1961年的4万人增加到1971年的12万人。[2] 此后教师职前教育的发展重点将转向内容革新与结构调整以促进教师培养质量的提升上。

---

[1] David Hencke, *Colleges in Crisis: The Reorganization of Teacher Training 1971–7*, Middlesex: Penguin Books Ltd., 1978, p. 46.

[2] DES, *Education: A Framework for Expansion, 1972*, London: HMSO, 1972, p. 16.

1. 教师职前教育规模紧缩与机构重组意见

白皮书预计，1981年中小学需要聘用51万名教师，教师招募的增长速度将放缓。教育学院和多科技术学院教育学系的师范生人数将从1971—1972学年的11.4万人[①]下降到1981年的6—7万人。[②] 教师职前教育规模的紧缩必将导致教师教育机构重组，师范生入学竞争加剧，间接促进教师职前教育质量的提高。

当时教育学院在某种程度上横跨于双轨制高等教育两轨之间，在学术上受以大学为主导的地区培训组织的控制，在财务和行政上又受教育与科学部和地方教育当局的控制。在教师教育机构重组中，白皮书反对《詹姆斯报告》所主张的将教育学院发展为独立于双轨制之外的第三种高等教育部门。为了实现双轨制高等教育两轨的平衡发展，政府更希望教育学院并入公立高等教育部门，行使类似多科技术学院或其他类型中等后教育机构的功能。

白皮书提出一些教育学院可以单独或者与其他教育学院联合发展成为主要提供人文和艺术学科的高等教育，以及教师教育的高等院校。一些教育学院可以与邻近的多科技术学院或其他中等后教育机构合并。少数教育学院将继续作为只提供教师教育的机构。规模较小且不适合上述三种道路的教育学院可以发展成为教师在职培训机构，转变为其他教育机构或关闭。[③]

由此可见，白皮书提出的教师教育机构重组计划实际上是取消地区培训组织，将教育学院并入公立高等教育部门，形成更为清晰的高等教育双轨制。

2. 对《詹姆斯报告》的回应

白皮书支持《詹姆斯报告》提出的开设两年制高等教育文凭课程的建议，反对该报告提出的设立学士学位（教育）的建议。白皮书

[①] 在11.4万人中，有3000名师范生在多科技术学院教育学系就读。
[②] DES, *Education: A Framework for Expansion*, 1972, London: HMSO, 1972, p. 43.
[③] DES, *Education: A Framework for Expansion*, 1972, London: HMSO, 1972, p. 44.

认同《詹姆斯报告》提出的加强教师入职培训的建议,但反对设立特许教师,因为无法界定特许教师的身份是学生、辅助教师还是兼职教师。《詹姆斯报告》提出取消地区培训组织,新建完全脱离大学控制的国家和地方两级教师教育管理机构,政府对此并不完全认同。政府认为,当前教师教育管理体制能够有效承担教师教育中所涉及的学术认证、专业认证、经费管理等职能,只是在区域内教师教育协调工作方面有所欠缺。因此,在1974年确定新的教师教育区域划分之前,地区培训组织还将继续履行原有职责。将来各区域可以建立由地方教育当局、教师教育机构和中小学代表组成的地方小组(Local Committee),负责区域内教师教育的协调工作。为了能够有效听取各方对教师培养和供给的建议,政府决定成立教师供给与培训顾问委员会(Advisory Committee on the Supply and Training of Teachers, ACSTT)。

(二)《高等教育在非大学部门的发展》发布

为了推进《教育:扩张的架构》白皮书的实施,1973年3月,英国教育与科学部发布第7/73号通知《高等教育在非大学部门的发展》,将白皮书制定的教师职前教育规模紧缩和机构重组计划落实到实施层面,要求地方教育当局行动起来,制定并实施适合当地情况的教师职前教育规模紧缩和机构重组计划。

1. 教师职前教育规模紧缩计划

第7/73号通知指出,《教育:扩张的架构》白皮书提出政府计划将非大学高等教育机构的全日制学生人数由1971—1972学年的20.4万人增加到1981年的33.5万人。[①] 与此同时,将全日制师范生人数从11.4万人削减到6—7万人。第7/73号通知据此制定了各地区师范生数量缩减计划(见表3-1)。第7/73号通知要求地方教育当局

---

① DES, *Development of Higher Education in the Non-university Sector*, 1973, London: HMSO, 1973, p. 1.

在 1973 年夏季提交 1974 年各教育学院招生数量缩减计划。[①] 第 7/73 号通知还规定地方教育当局应该与教育与科学部和各专业协会讨论当地教育学院的发展规划，也可以请皇家督学团提供咨询建议。

表 3-1　　　　英格兰与威尔士各地 1981 年教师教育规模计划　　　　（人）

地区	1971 年参加教师教育的人数	1981 年参加教师教育的人数预计	参加教师教育的人数增减情况
北部	8600	5900	-2700
约克和亨博赛德郡	13400	8300	-5100
中东部	8100	5800	-2300
东安格利亚	1600	2600	+1000
大伦敦地区	19400	10900	-8500
其他东南地区	18800	15400	-3400
西南地区	8200	6000	-2200
中西部	12100	8800	-3300
西北部	18500	11500	-7000
威尔士	6300	4800	-1500
总数	115000	80000	-35000

说明：参加教师教育的人数包括参加在职教师培训的人数。

资料来源：DES, *Development of Higher Education in the Non-university Sector*, *1973*, London: HMSO, 1973, p. 6.

2. 教育学院重组规划

第 7/73 号通知认为，教育学院必须进行重组，开展教师职前教育以外的高等教育课程，增加人才培养的多样性，这样才能在师范生

[①] DES, *Development of Higher Education in the Non-university Sector*, *1973*, London: HMSO, 1973, p. 5.

数量大幅缩减的同时实现公立高等教育规模的扩张。第7/73号通知对教育学院重组的建议与《教育：扩张的架构》白皮书一致，在此不再赘述。第7/73号通知要求地方教育当局于1973年11月提交教育学院的中期发展规划。1974年4月1日《1972年地方政府法》（Local Government Act 1972）实施后，新建的地方教育当局应尽快提交教育学院最终发展规划。[①] 第7/73号通知还指出，未来教育学院的分布应考虑各地区中小学的数量、城市未来发展规划以及相邻地区的师范生人数等因素，以减少安排师范生实习的压力。

三 教师职前教育规模紧缩与机构重组的实施

（一）教师职前教育规模紧缩

1970年，英格兰与威尔士有207所教师教育机构，其中180所属于公立高等教育部门，27所为大学。它们每年培养4万名教师，其中75%修读非大学水平的教师职前教育课程，18%修读研究生教育证书课程，7%修读教育学士课程。[②] 1973年《高等教育在非大学部门的发展》发布后，英格兰与威尔士的师范生人数开始下降。随着人口出生数量的下滑，加之经济萧条导致政府大规模缩减公共开支，越来越多的经过培训的合格教师难以找到工作。教育与科学部决定采取更强硬的措施，加速教师职前教育规模的缩减进度。

1976年，教育与科学大臣宣布建立最低量制度（the minimum system），即规定每年只允许4万名学生接受教师职前教育，其中3.5万名在多科技术学院和教育学院就读，5000人在大学就读。[③] 1977

[①] DES, *Development of Higher Education in the Non-university Sector*, *1973*, London: HMSO, 1973, p.3.
[②] DES, *Teaching Quality*, 1983, London: HMSO, 1983, p.13.
[③] William Taylor, "The National Context, 1972 – 82," in Robin J. Alexander, Maurice Craft, James Lynch, eds., *Change in Teacher Education: Context and Provision since Robbins*, London: Holt, Rinehart and Winston, 1984, p.24.

年1月，教育与科学部宣布关闭5所教育学院，并将10所教育学院的师范生名额每所减少20—150个。[①] 1977年，教育与科学部将属于公立高等教育部门的教师教育机构削减为84个。1979年保守党赢得大选，新政府规定自1980年起，教育学士课程入学要求提高到与大学一致，即申请者至少需有两门科目通过普通教育证书高等级考试。这导致符合要求的申请者下降了25%。1980年，英格兰公立高等教育部门的教师教育机构削减为56所。[②] 英格兰与威尔士师范生招生人数由1972年的50632人降至1982年的18385人。[③]

由图3-3可见，虽然20世纪70年代教师职前教育规模快速缩减，但学习研究生教育证书课程的师范生数量一直保持在5000人左右。70年代末期，研究生教育证书课程就读人数则开始增长（见图3-3）。1980年，学习研究生教育证书课程的人数（10830人）首次超过学习教育学士课程的人数（7017人）。[④] 同年，英国停止招收师范生学习三年制教师证书课程，[⑤] 研究生教育证书课程成为培养中小学教师的主要途径。由此可见，70年代英格兰与威尔士教师职前教育规模的缩减有力地推动了教师学历层次的提升。

形成这种局面的原因是多方面的。20世纪70年代英国人口出生数量下滑，造成小学生数量和小学教师需求量锐减，而当时研究生教育证书课程主要培养中学教师。此外，研究生教育证书课程越来越受到政府和学生的青睐。政府认识到一年制研究生教育证书课程能更快地对教师供给数量变化做出反应，所需培养经费更少，也

[①] David Hencke, *Colleges in Crisis: The Reorganization of Teacher Training 1971-7*, Middlesex: Penguin Books Ltd., 1978, p. 72.

[②] DES, *Quality in Schools: The Initial Training of Teachers*, 1987, London: HMSO, 1987, p. 7.

[③] Robin J. Alexander, "Innovation and Continuity in the Initial Teacher Education Curriculum," in Robin J. Alexander, Maurice Craft, James Lynch, eds., *Change in Teacher Education: Context and Provision since Robbins*, London: Holt, Rinehart and Winston, 1984. p. 103.

[④] Un Yong Jeong, *Teacher Policy in England: An Historical Study of Responses to Changing Ideological and Socio-economic Contexts*, PhD. dissertation, University of Bath, 2009, p. 89.

[⑤] DES, *Teaching Quality*, 1983, London: HMSO, 1983, p. 3.

第三章 教师职前教育质量的提升（1972—1988）　※　113

不干扰学生前三年接受系统的个人教育。学生感到他们可以在获取学士学位后决定是否学习研究生教育证书课程，由此获得了更大的自由选择权。

20世纪80年代，教师教育规模紧缩速度放缓。从1982年5月起，教育与科学部就教师职前教育的目标、培养规模问题与英格兰68所公立教师教育机构展开讨论。1982年11月，政府宣布了此后三年中小学教师职前教育招生人数计划（见表3-2）。

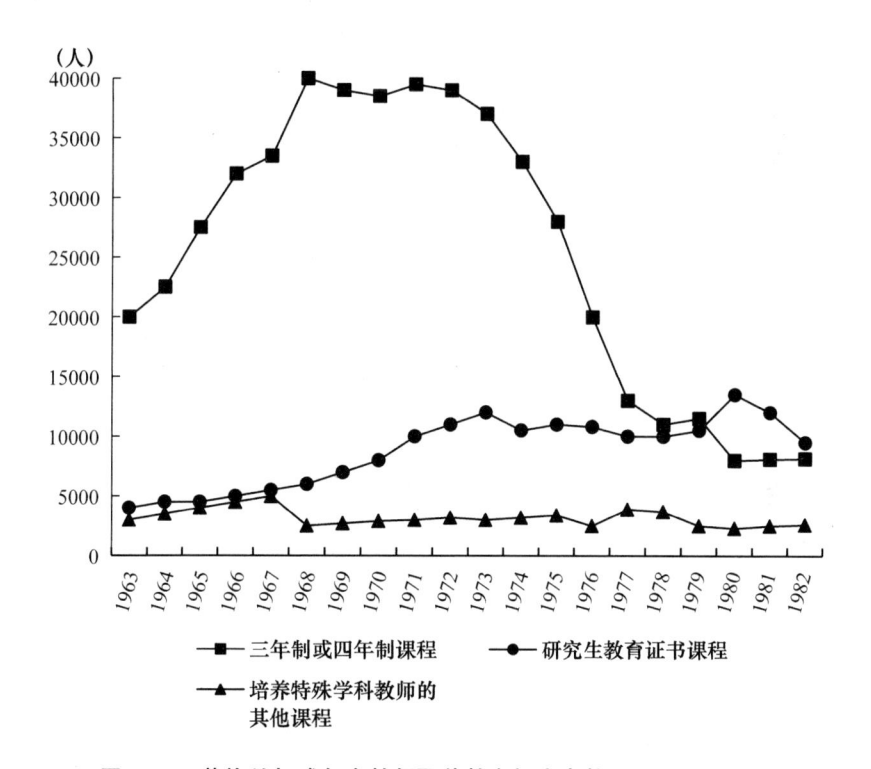

图3-3　英格兰与威尔士教师职前教育招生人数（1963—1982）

资料来源：Robin J. Alexander, "Innovation and Continuity in the Initial Teacher Education Curriculum," in Robin J. Alexander, Maurice Craft, James Lynch, eds., *Change in Teacher Education: Context and Provision since Robbins*, London: Holt, Rinehart and Winston, 1984, p. 104.

表3-2　　　英格兰与威尔士教师职前教育招生人数计划　　　（人）

课程类别	培养机构类别	实际招生人数 1981年	计划招生人数 1983年	计划招生人数 1984年	计划招生人数 1985年	1985年比1981年招生人数增减率（%）
培养小学教师的教育学士课程	大学	200	250	250	250	+25
	公立部门	4000	5100	5900	6200	+55
培养小学教师的研究生教育证书课程	大学	400	400	500	600	+50
	公立部门	1100	1150	1350	1550	+41
培养中学教师的教育学士课程	大学	250	250	250	250	0
	公立部门	2500	1600	1600	1600	-36
培养中学教师的研究生教育证书课程	大学	5200	4250	4250	4250	-18
	公立部门	4750	2650	2650	2650	-44
合计	大学	6050	5150	5250	5350	-12
	公立部门	12350	10500	11500	12000	-3
总计	—	18400	15650	16750	17350	-6

资料来源：DES, *Teaching Quality*, 1983, London：HMSO, 1983, p.14.

由表3-2可见，中小学教师职前教育总体人数缩减较少。其中，由于20世纪70年代后期人口出生数量缓慢回升，小学教师职前教育人数反而增加。政府预计80年代后期中学教师年需求量将减少一半，因此大幅削减中学教师职前教育招生人数，且公立高等教育部门中学教师职前教育招生人数削减较多。20世纪80年代政府更注重通过对各种教师教育机构，教师职前教育课程招生人数的细节调整增加培养教师的类型与中小学需求的适配度。

（二）教师教育机构的重组

为配合教师职前教育规模缩减，也为了提升教师教育机构办学层次，1972年《教育：扩张的架构》白皮书和1973年《高等教育在非大学部门的发展》提出教师教育机构重组计划。

教师教育机构重组的实施是政府运用系统性变革（systemic changes）政策工具①的体现。系统性变革政策工具指通过权力和责任的重新分配实现整个教育体制的转变。由于体制的转变改变了权利和资源的分配结构，那些在变革中失去权利和资源的人总是会抵制、反抗甚至破坏变革，导致产生一些无法预料的后果，增加变革的风险。② 政府需要采取强硬的措施保证变革的实施。教师教育机构的重组之所以将使教育学院发生巨大变化。它们将面临关闭、与其他高等教育机构合并、互相合并或单独发展为高等教育学院（colleges or institutes of higher education），只有极少数仍保留原有职能。反对教师教育机构重组的人士（他们大多是面临关闭的教育学院的教师或对教育学院合并方案不满的教师）通过集会、示威、游行等方式进行抗议。但是因为他们反对的理由多是为了维护各自的生存和利益，而非为了推进教师教育事业的发展，且没有共同目标，加之政府通过信息控制、经费分配等手段主导重组进程，所以并没能阻止教师教育机构重组的步伐。

1. 教师教育机构重组的进程

1973 年，英格兰与威尔士的 35 个地方教育当局向教育与科学大臣提交了本地区教师教育机构的中期重组计划。1974 年 4 月 1 日，新的地方教育当局成立后，教育与科学部、地方教育当局、教育学院就教师教育机构重组进行磋商，各方意见不一。如布莱顿（Brighton）和考文垂（Coventry）两地的教育学院希望与大学合并，但地方教育当局希望它们与多科技术学院合并。某些地区甚至出现了激烈争辩，例如赫里福德郡（Herefordshire）和伍斯特（Worcester）两地互相攻击，认为对方的教育学院应被关闭。③

在如此混乱的情况下，教师教育机构的重组之路却以惊人的速度

---

① 教育政策工具是政府为了解决某一教育政策问题，或达到一定的政策目标所采取的方法、手段。麦克唐纳（L. M. McDonnell）和艾莫尔（R. F. Elmore）将政策工具分为命令性工具、激励性工具、能力建设工具、系统变革工具、劝告工具。
② 黄忠敬：《教育政策导论》，北京大学出版社 2011 年版，第 98—100 页。
③ Dent Harold Collett, *The Training of Teachers in England and Wales 1800 – 1975*, London: Hodder and Stoughton, 1975, p. 154.

向前推进。1973年至1975年，在160所教育学院中，21所学院被关闭，6所与大学合并，40所与邻近的25所多科技术学院合并，50—60所转为培养多类型人才的高等教育学院。在这50—60所教育学院中，某些学院独立发展为高等教育学院，如伯克郡高等教育学院（Berkshire College of Higher Education）和伍斯特高等教育学院（Worcester College of Higher Education）；某些学院互相合并如伊斯特本教育学院（Eastbourne College of Education）、切尔西教育学院（Chelsea College of Education）、西福德教育学院（Seaford College of Education）合并成为新的东萨赛克斯高等教育学院（East Sussex College of Higher Education）；某些学院与其他继续教育或艺术、技术学院合并，如玛格丽特·麦克米伦教育学院（Margaret McMillan College of Education）与布拉德福德艺术与技术学院（Bradford College of Art and Technology）合并成为布拉德福德高等教育学院。只有30余所教育学院还继续专门从事教师教育工作。这些教育学院的规模各异，斯塔福德郡（Staffordshire）附近的玛德琳教育学院（Madeley College of Education）规模较大，而位于斯卡伯勒（Scarborough）的北莱丁教育学院（North Riding College of Education）仅有350名学生。师范生名额的分配也出现重大变化。教育与科学部仅给传统的教育学院分配了1.5万个师范生名额，而给新的高等教育学院分配了3万个名额，给多科技术学院分配了1.5万个名额，给大学分配了4000个名额。[1] 1977年6月，教师教育机构的重组工作全部完成。[2] 经过重组，大多数教育学院被整合到高等教育的公立部门，它们逐渐转为向国家学位授予委员会申请学位课程认证，负责教师教育学位课程认证的大学则越来越少，大学与教育学院的联系逐渐减弱。

---

[1] David Hencke, *Colleges in Crisis: The Reorganization of Teacher Training 1971 – 7*, Middlesex: Penguin Books Ltd., 1978, pp. 61 – 62.

[2] David Hencke, *Colleges in Crisis: The Reorganization of Teacher Training 1971 – 7*, Middlesex: Penguin Books Ltd., 1978, p. 94.

第三章　教师职前教育质量的提升（1972—1988）　＊　117

　　教师教育机构的重组之所以能如此快速地向前推进，主要是因为教育与科学部采取强硬措施主导重组进程，向外界封锁重组相关数据和信息。教育与科学部之所以这样做，除了英国传统上先将政务交给专家内部讨论再公布于众的惯例以外，主要是因为要避免信息公开引起公众反对而阻碍重组的实施。这虽然不利于地方教育当局和教育学院在充分获取信息的基础上制定发展规划，但能够快速推进教师职前教育规模紧缩和教师教育机构重组进程，促进教师教育机构尽快融入高等教育体系，提升教师职前教育的办学层次，从而促进教师职前教育质量的提高。

　　2. 教师教育机构重组个案分析

　　教师教育机构重组进展虽然很快，但也充满着困难和挑战。政府需要通过重组快速缩减教师职前教育规模，并有效利用校舍、师资等资源提高教师职前教育办学层次，而教育学院需要尽快确定合适的发展道路，否则就会面临关闭的局面。本书选取了三个有代表性的教育学院重组案例进行分析。

　　（1）达灵顿教育学院——遭遇关闭

　　1872年，慈善机构——英国与国外学校社（British and Foreign School Society，BFSS）创建达灵顿教育学院。20世纪60年代，该学院享受二战后教师职前教育规模扩张所带来的收益，没有进行任何改变。20世纪70年代初，该学院仅有450名学生，主要培养幼儿园和小学低年级教师。1969年至1972年，该学院两门科目通过普通教育证书高等级考试的入学人数仅占入学总人数的19.3%—23%，远低于40.5%的全国平均水平。[1]

　　1971年5月，达灵顿教育学院认识到小型教育学院发展形势不妙，学院必须准备好应对未来的变革。1973年4月，该学院向英国与国外学校社提交该报告，提出达灵顿教育学院未来将成为本地高等

---

[1] David Hencke, *Colleges in Crisis: The Reorganization of Teacher Training 1971 – 7*, Middlesex: Penguin Books Ltd., 1978, p. 76.

教育的重要组成部分,学院将继续主要培养低龄儿童教师,此外还将开设高等教育文凭课程和新的教育学士课程,与开放大学合作建立地区学习中心,开展教师入职和在职培训。[1] 为避免因规模过小而被关闭,1973年6月学院放弃了独立发展的想法,决定与其他学院合并,并拟订了两种合并方案:与邻近的达灵顿技术学院(Darlington College of Technology)合并,或与达灵顿技术学院、杜伦地方教育当局主办的米德尔顿圣乔治教育学院(Middleton St. George College of Education)三校合并成立南杜伦高等教育学院(South Durham Institute of Higher Education)。

无论采取哪种合并方案,达灵顿教育学院都必须寻求大学或国家学位授予委员会认证其未来所开课程。达灵顿教育学院向附近的杜伦大学(Durham University)和纽卡斯尔大学(Newcastle University)以及国家学位授予委员会提交了课程认证申请,但遭到这两所大学的拒绝,国家学位授予委员会则一直没有做出回复。作为一所慈善机构创办的学院,达灵顿教育学院要与其他学院合并必须解决许多管理和财务问题,满足教育与科学部、英国与国外学校社、杜伦地方教育当局和学院自身的利益。为此学院工作人员反复磋商、修改合并计划。但由于立场不同,各方并未达成一致意见。

1973年10月,杜伦地方教育当局向教育与科学部提交中期重组计划,表示希望三所学院合并组建南杜伦高等教育学院。1974年5月29日教育与科学部做出回复,希望达灵顿教育学院与达灵顿技术学院合并。[2] 收到回复后,杜伦地方教育当局与各学院耗费了大量时间讨论这两种方案以做出最终抉择,10个月后才向教育与科学部呈交讨论结果。此时教育与科学部已经做出新的教师职前教育规模削减

---

[1] David Hencke, *Colleges in Crisis: The Reorganization of Teacher Training 1971 – 7*, Middlesex: Penguin Books Ltd., 1978, p. 77.

[2] David Hencke, *Colleges in Crisis: The Reorganization of Teacher Training 1971 – 7*, Middlesex: Penguin Books Ltd., 1978, pp. 80 – 81.

第三章　教师职前教育质量的提升（1972—1988）　＊　119

计划，发函表示不向达灵顿教育学院以及杜伦地方教育当局计划建立的南杜伦高等教育学院分配教师教育名额，这意味着达灵顿教育学院面临关闭的局面。

当地媒体和相关人士立即发起抗议运动，要求教育与科学部改变决定。抗议运动以《达灵顿教育学院：幸存的案例》(Darlington College of Education: The Case for Survival) 一文为论辩纲领。① 文章强调达灵顿教育学院实施了教师在职培训，符合《詹姆斯报告》的主张；注重培养幼儿教师，符合《教育：扩张的架构》白皮书的要求；为乡村地区提供了不可多得的高等教育资源，符合第 7/73 号通知的精神。达灵顿教育学院的存在可以使教育资源分布更均衡，有助于实现政府提出的增加走读学生比例的倡议，能够使高等教育更加多样化，更好地为当地社区服务。但最终教育与科学部并未改变决定。教育与科学大臣莫利（Fred Mulley）表示，为了避免出现教师失业危机，政府必须通过教师教育机构重组的方式大幅缩减师范生人数，不能用通常意义上公平的概念衡量这次重组工作。②

还有近 42 所教育学院有与达灵顿教育学院类似的经历。为了缩减教师职前教育规模、整合教师教育资源、提升教师职前教育办学层次以提高教师职前教育质量，政府必须关闭一些教育学院。而类似达灵顿教育学院这样学生成绩较差、办学水平较低、培养的教师层次不高、未来发展定位不明确的教育学院必定成为关闭的首要对象。

（2）布莱顿教育学院——并入多科技术学院

教育学院并入多科技术学院是教师教育机构重组的另一种主要形式。这种方式有助于提升教师职前教育的办学层次，增强公立高等教

---

① David Hencke, *Colleges in Crisis: The Reorganization of Teacher Training 1971 - 7*, Middlesex: Penguin Books Ltd., 1978, pp. 82 - 83.
② David Hencke, *Colleges in Crisis: The Reorganization of Teacher Training 1971 - 7*, Middlesex: Penguin Books Ltd., 1978, p. 84.

育部门的力量，也可以使由于教育学院培养规模缩减而多余出来的设施用以培养多科技术学院其他专业的学生，使资源获得有效利用。

布莱顿教育学院是一所非常优秀的教师教育机构，其2/3的学生有两门及以上科目通过了普通教育证书高等级考试。[①] 布莱顿教育学院紧邻萨赛克斯大学。作为一所新大学，萨赛克斯大学抛弃传统大学的家长式作风，用协商、合作而非命令、指挥的方式处理所辖教育学院事务。萨赛克斯大学对教育学院的课程认证持非常自由的态度，很少否决教育学院推出的课程计划。布莱顿教育学院意欲并入萨赛克斯大学，但东萨赛克斯地方教育当局主张其并入布莱顿多科技术学院（Brighton Polytechnic）。

布莱顿教育学院教师发起抗议，反对地方教育当局的主张。他们称布莱顿教育学院与萨赛克斯大学仅一路之隔，而与布莱顿多科技术学院至少有两英里的距离。从地理位置上看，学院更适合并入萨赛克斯大学。此外，并入大学后，大学可以更方便地认证教育学院的课程，教育学院还可以在大学开展"社区教育"（community education）实验，加强大学与社区的联系。萨赛克斯大学也欢迎布莱顿教育学院并入。[②]

布莱顿多科技术学院非常反对布莱顿教育学院并入萨赛克斯大学。其院长霍尔（Geoffrey Hall）称将布莱顿教育学院并入布莱顿多科技术学院有助于实现大学和多科技术学院力量的平衡，构建健康的高等教育环境；有助于加强多科技术学院的人文学科课程建设；有助于改善多科技术学院较差的运动场、图书馆、宿舍等硬件设施。此外，霍尔将教师教育视为技能培训，他认为多科技术学院将实践工作和理论学习相结合的课程模式更适合开展教师培训。

双方展开了长达两年的论战。多数民众支持布莱顿教育学院并入

[①] David Hencke, *Colleges in Crisis: The Reorganization of Teacher Training 1971 – 7*, Middlesex: Penguin Books Ltd., 1978, p. 85.

[②] David Hencke, *Colleges in Crisis: The Reorganization of Teacher Training 1971 – 7*, Middlesex: Penguin Books Ltd., 1978, p. 89

第三章 教师职前教育质量的提升（1972—1988）　　＊　121

萨赛克斯大学。但东萨赛克斯地方教育当局依然主张将布莱顿教育学院并入布莱顿多科技学院，它不断批驳教育学院提出的论据以扭转舆论导向。最终，地方教育当局在市议会对布莱顿教育学院合并问题举行的投票中获胜。但此事最终需由教育与科学部裁决。于是反对者联合起来向教育与科学部施加压力，希望迫使地方教育当局改变主张。教育与科学部官员克劳瑟·亨特（Crowther Hunt）决定进行实地走访调查后再做出判断。①

为了使教育与科学部支持自己的主张，地方教育当局对这次走访进行了精心安排。地方教育当局官员坚持出现在教育与科学部官员与教育学院代表、大学代表、多科技学院代表交流意见的所有场合，不允许任何当地教师参加相关会议。教育与科学部官员从布莱顿教育学院前往萨赛克斯大学时，地方教育当局官员甚至用车辆承载他们绕远路而非步行穿过马路前往，使走访几乎演变成一出滑稽的闹剧。地方教育当局主任琼斯（Joseph Rendel Jones）拒绝大学代表参加最终会议，他在会议上明确表示不论做出什么决定，地方教育当局都不会将教育学院的所有权证书（title deeds）交给大学。② 因为地方教育当局拥有教育学院财产所有权，因此合并事宜很难违背地方教育当局的意见。1975 年 3 月 10 日，克劳瑟·亨特勋爵在给地方教育当局的批复中宣布，教育与科学部同意布莱顿教育学院与布莱顿多科技学院合并。他说，这种合并"对布莱顿地区高等教育发展的长远利益来说是最好的选择"。③

政府重组教师教育机构的目的是配合教师职前教育规模缩减，提升教师职前教育办学层次以促进教师培养质量的提高。无论将布莱顿教育学院并入萨赛克斯大学还是布莱顿多科技学院，都能实现教师

---

① David Hencke, *Colleges in Crisis: The Reorganization of Teacher Training 1971 – 7*, Middlesex: Penguin Books Ltd., 1978, p. 92.
② David Hencke, *Colleges in Crisis: The Reorganization of Teacher Training 1971 – 7*, Middlesex: Penguin Books Ltd., 1978, p. 92.
③ David Hencke, *Colleges in Crisis: The Reorganization of Teacher Training 1971 – 7*, Middlesex: Penguin Books Ltd., 1978, p. 92.

教育办学层次的提升。在这一首要目的达到之后，从平衡地区内大学与公立高等教育部门的力量，促进高等教育健康发展来看，将布莱顿教育学院并入布莱顿多科技术学院是政府的必然选择。

(3) 布尔梅舍教育学院——独立发展为高等教育学院

在教师教育机构重组中，由于教师职前教育规模紧缩，教育学院通过独立发展或与其他教育学院合并形成了既培养教师，也开设其他高等教育学位课程或文凭课程的高等教育学院，培养多种人才。

布尔梅舍教育学院位于雷丁郊区，是一所拥有1600名学生，具有现代化设施的高水平教育学院。[①] 入读该学院的学生普遍有两门及以上科目通过了普通教育证书高等级考试。布尔梅舍教育学院最初计划并入雷丁大学，但遭到雷丁大学拒绝。该学院决定独立发展为高等教育学院。它向国家学位授予委员会申请认证其所开设的教育学士课程并取得成功。布尔梅舍教育学院将学习教育学士课程的入学标准提升至大学和多科技术学院的最低入学要求，即至少有两门科目通过普通教育证书高等级考试。学院的教育学士课程为四年制，学生前两年接受普通教育，第三年接受教师专业培训，第四年进行教育理论的深入学习。

在政府大幅削减教师教育名额的情况下，学院还必须开设教师教育以外的高等教育课程才能维持生存。1974年9月，布尔梅舍教育学院顺利获准开设高等教育文凭课程，但在申请开设其他新的学士学位课程方面遇到巨大挑战。此前，国家学位授予委员会否决了大量高等教育学院提交的文学士（BA）学位课程认证申请。国家学位授予委员会最高长官克尔（Edwin Kerr）指出，高等教育学院在申请新开设文学士学位课程认定时，[②] 普遍认为它们能够很容易、很迅速地开

---

① David Hencke, *Colleges in Crisis: The Reorganization of Teacher Training 1971 – 7*, Middlesex: Penguin Books Ltd., 1978, p.95.

② 国家学位授予委员会对高等教育学院新学位课程的认证程序为：高等教育学院先向国家学位授予委员会提交详细的课程计划，该委员会随后派出学术小组到学院走访，向学院教师提问，检查学院的设施，最后小组将走访结果呈交给国家学位授予委员会。国家学术授予委员会做出是否通过新学位课程认证的决定。

设教育学士课程以外的新学位课程。但国家学位授予委员会在走访中发现,高等教育学院普遍存在教师教学水平不足,不能解释他们准备如何讲授新课程,课程深度不够、目标不明确等问题。为此,布尔梅舍教育学院利用两年时间精心准备新的学位课程计划,终于在1977年夏通过了国家学位授予委员会对其提交的四种文学士学位课程的认证申请。经过不断扩充,布尔梅舍教育学院所开课程种类非常丰富。这些课程包括教育学士课程、高等教育文凭课程、四种文学士学位课程、教师在职培训课程、与其他高等教育学院合作开展的教育管理研究文凭课程以及为科学教育专业学生开设的受萨里大学(University of Surrey)和国家学位授予委员会联合认证的理学士学位课程等。[①] 这些课程的开设为确保布尔梅舍高等教育学院独立发展打下了坚实的基础。

  布尔梅舍教育学院的教师职前教育办学质量很高,确定独立发展路线之后,能够在确保教育职前教育质量的前提下扩大课程开设种类,维持充足的生源,因此可以独立发展成为高等教育学院。可见确保教师职前教育质量是教育学院生存的前提。如果能够提供高质量的教师职前教育,即使不能谋求与其他高等教育机构合并,教育学院也有独立发展的充足资本。

  分析上述三所教育学院的重组过程可以发现,追求教师职前教育质量提升是政府开展教师教育机构重组的首要目标。为实现这一目标,尽管教师教育机构重组过程非常曲折复杂,相关各方都从自己的利益出发展开激烈的博弈,但教师教育机构的重组必须以《教育:扩张的架构》和《高等教育在非大学部门的发展》为依据,必须以是否有利于教师职前教育质量提升为判断标准。虽然教育与科学部在教师教育机构重组过程中通过经费分配、师范生名额分配和信息控制三种手段掌控教师教育机构重组的决定权,行事过于武断,缺乏民主,

---

① David Hencke, *Colleges in Crisis: The Reorganization of Teacher Training 1971–7*, Middlesex: Penguin Books Ltd., 1978, p. 99.

但这样做既能够尽快提升教师职前教育的办学层次，还能尽早化解教师职前教育规模缩减和教育经费紧张的危机。

虽然《詹姆斯报告》《教育：扩张的架构》对教育学院重组的定位不同，但它们都主张撤销以大学为主导的地区培训组织，消除大学对教育学院的控制。随着教师教育机构重组进程向前推进，教育学院逐渐融入双轨制高等教育体制，致使横跨于高等教育两轨之间的地区培训组织失去了存在的意义。1975年，教育与科学部撤销了英格兰与威尔士的地区培训组织，终结了《麦克奈尔报告》发布以来地区培训组织参与教师教育管理的时代。此后，政府在各地建立教师教育与培训地方小组。小组成员包括中小学代表、教师教育机构代表、地方教育当局代表、教育与科学部评估人员以及其他中立人员。这些小组负责监督和协调各地教师职前、入职、在职教育工作。

此外，在教师职前教育规模紧缩和机构重组过程中，高等教育文凭课程得以开设。1974年9月，伦敦东北多科技术学院（North East London Polytechnic）与布尔梅舍高等教育学院通过国家学位授予委员会的认证，首批获准开设高等教育文凭课程。[①] 由于选择学习高等教育文凭课程的学生质量不高，愿意开设高等教育文凭课程的院校很少。直到1977年，高等教育文凭课程才在英格兰与威尔士普及开来。

1973年，根据《教育：扩张的架构》白皮书的建议，政府组建了教师供给与培训顾问委员会，取代了1965年解散的教师培训与供给国家咨询委员会，负责就教师职前教育的数量、质量、分布等问题向教育与科学部提供咨询建议。1979年，政府又将其更名为教师供给与教育顾问委员会（Advisory Committee on the Supply and Education of Teachers，ACSET）。

---

① David Hencke, *Colleges in Crisis: The Reorganization of Teacher Training 1971-7*, Middlesex: Penguin Books Ltd., 1978, p. 97.

第四节 提升教师职前教育质量的举措：开展教师职前教育课程专业认证

1979 年保守党执政后，开始通过开展教师职前教育课程认证提升教师职前教育质量。1983 年和 1984 年教育与科学部相继出台《教学品质》白皮书和《教师职前培训：课程的认证》，设立教师职前教育课程认证标准和认证程序。1984 年教育与科学部成立教师教育认证委员会，负责教师职前教育课程专业认证事务。各教师教育机构根据标准调整课程方案，课程的实践性有所增强。

一 教师职前教育课程受到关注

1972 年《教育：扩张的架构》白皮书提出设立新的三年制教育学士课程后，大学、多科技术学院、教育学院、国家学位授予委员会、皇家督学团、大学拨款委员会的代表组成研究小组，探讨新教育学士课程的入学要求，课程时长、结构和内容。1977 年教师供给与培训顾问委员会、教师教育大学委员会（Universities Council for the Education of Teachers，UCET）等组织纷纷组建研究小组，研究教育学士课程和研究生教育证书课程发展问题，并将研究报告提交给开展教师职前教育的大学和学院参考，引起各方对教师职前教育课程问题的广泛讨论。[①]

尤其值得注意的是，20 世纪 70 年代中期以后，皇家督学团对教师教育的调查研究为推动教师职前教育课程认证工作发挥了关键作用。1977 年，皇家督学团开始调查开设教育学士课程的 15 所教师教育机构，1979 年发布《教育学士学位课程的发展》（Developments in

---

[①] William Taylor, "The National Context, 1972 – 82," in Robin J. Alexander, Maurice Craft, James Lynch, eds., *Change in Teacher Education: Context and Provision since Robbins*, London: Holt, Rinehart and Winston, 1984, p. 29.

the BEd Degree Courses），展示英格兰与威尔士教育学士课程发展状况。1976—1977 学年，皇家督学团调查了开设研究生教育证书课程的 18 所公立高等教育机构，1980 年发布《公立部门研究生教育证书课程》（PGCE in the Public Sector），讨论研究生教育证书课程的内容、结构、培养教师的种类以及未来发展方向问题。1975 年至 1978 年，皇家督学团对 384 所中学进行调查，其中涉及中学师资配备问题，1979 年发布名为《英格兰中等教育状况》（Aspects of Secondary Education in England）的调查报告。此后，教师教育机构、地方教育当局、教师组织的代表从教师教育角度讨论了该报告的内容。皇家督学团于 1981 年发布《教师培训与中学：皇家督学团全国中等教育调查启示》（The Teacher Training and the Secondary School：The Implications of the HMI National Secondary Survey），公布代表在此次讨论中提出的中学教师职前教育改进意见。[①] 皇家督学团发布的上述报告以大量实地调查为依据，指出当时教师职前教育质量存在很多问题，并从师范生选拔、教师职前教育课程方案等方面提出诸多改进建议。

教师教育相关机构、组织和皇家督学团对教师职前教育的调查研究使英国政府意识到当时的教师职前教育存在如下问题：教师教育机构在师范生选拔中未能重视申请者的学习动机和人格特质；学科课程教学不能完全达到高等教育水准，不能与学生的专业课程学习相结合；师范生在校学习内容不能满足未来工作的需要；教师教育机构的教师缺乏中小学实践经验；师范生实习时间不足且组织方式不当；中小学教师没有充分参与师范生的选拔、教师职前教育课程的设计、教学和师范生的评价。20 世纪 80 年代初，教育与科学大臣准备通过加强对教师职前教育课程的专业认证以促进这些问题的解决，并准备在教师职前教育课程认证中更加严格地行使自己的职权。1983 年和 1984 年教育与科学部相继出台《教学品质》白皮书和《教师职前培

---

① 周愚文：《英国现代师资培育研究（1945—2010）》，学富文化事业有限公司 2014 年版，第 90—105 页。

训：课程的认证》，提出教师职前教育课程认证标准。

二 教师职前教育课程专业认证的政策

（一）《教学品质》白皮书

1983年3月，英国教育与科学部根据教师供给与教育顾问委员会的建议，向国会提交了名为《教学品质》的白皮书。白皮书提出，教师的供给、培训与专业发展对维持与提升国家整体教育水平至关重要。好教师不仅需要精深地掌握所教学科的知识，以及将这些知识传授给具有不同年龄、能力、天资、背景的学生的技能，还需具备有效处理课堂以外问题的能力。教师的个性品质、责任心与学科知识和教学技能同等重要。

白皮书认为，使教师从事能发挥自身特长的岗位是提升教育质量的有效方法。因此，教师职前教育的实施需要考虑师范生将要教授的学生的不同类型。当时英国教师职前教育主要培养小学全科教师和中学学科教师。白皮书提出，小学高年级实际上非常需要学科教师，尤其缺乏数学、科学教师。因此，应该培养小学教师在具备全科教学能力的基础上，擅长某一学科教学，将来能就自己擅长的学科给同事提供指导。此外，还应该加强对中学教师教学技能、学科知识应用能力以及学生发展指导能力的培养。

白皮书提出教育与科学大臣计划在与教师供给与教育顾问委员会以及其他专业和学术团体协商的基础上，制定并发布教师职前教育课程认证标准。该标准将包含师范生选拔、课程专业内容、学术内容以及与中小学教育的适配度等指标，尤其强调以下三个方面：第一，教师职前教育应包含至少两年全日制高等教育水平的学科课程教学。这两年课程可以作为修读研究生教育证书课程之前的准备，也可以融入三年制或四年制"并进式"教育学士课程。第二，应根据师范生欲从教儿童年龄阶段的特点，加强学科教学方法课程的教学。第三，应加强师范生对中小学教学活动的学习研究与实际参与。白皮书还提出了许多有关教师职前教育课程专业认证标准的建议，均被随后的第 3/84 号通知所采纳。

白皮书最后提出，教师工作具有很强的专业性，教师素质关乎国家整体教育发展水平。为提高中小学教师培养质量，国家需加强教师职前教育课程认证，同时也要注意鼓励教师教育的多样化发展，保护教师教育机构的自治权。

(二) 第 3/84 号通知《教师职前培训：课程的认证》

1984 年 4 月 13 日，教育与科学部发布第 3/84 号通知《教师职前培训：课程的认证》。第 3/84 号通知根据《教学品质》白皮书的建议，首次正式确立教师职前教育课程专业认证标准。

为实现教师职前教育课程认证的一致性，第 3/84 号通知提出设立教师教育认证委员会，专门负责教师职前教育课程专业认证工作。教师职前教育课程首先需通过所在地区的地方小组审核，然后才能提交给教师教育认证委员会评审。教育与科学大臣根据教师教育认证委员会的评审意见决定是否通过课程认证。皇家督学团关于教师教育机构的调查报告可作为教育与科学大臣认证课程的参考。教师职前教育课程认证标准主要涉及以下一些内容。

1. 师范生的选拔

《教学品质》白皮书指出，当时有 20% 的师范生不能完成教师职前教育课程。[1] 为提高师范生培养质量，第 3/84 号通知规定教师教育机构应在公平公正的条件下选拔师范生，必须举行面试并邀请中小学教师作为评委。所有师范生的英文与数学成绩需达到普通教育证书普通等级考试 C 级以上，或中等教育证书（Certificate of Secondary Education, CSE）考试第一级（Grade 1）。所有就读研究生教育证书课程的学生应持有英国大学或国家学位授予委员会颁发的学位。欲任教中

---

[1] DES, *Teaching Quality*, 1983, London: HMSO, 1983, p. 20.

学者拟任教学科必须通过普通教育证书高等级考试。① 师范生必须持有合格的体检记录，且具有适合做教师的人格特质（包括责任感、观察力、热诚、沟通能力等）。

2. 教师职前教育课程的内容与实施要求

第3/84号通知将教师职前教育课程分为学科研究（subject studies）课程、学科教学法（subject method）课程、教育与专业研究（educational and professional studies）课程。学科研究课程的教学目的是使师范生掌握未来欲任教学科的知识。第3/84号通知规定学科研究课程应至少开设两整年时间，难度应达到高等教育水准。欲任教小学的师范生应学习广泛的学科研究课程，而欲任教中学的师范生应学习一至两门学科研究课程。学科教学法课程的教学应与师范生所选学科研究科目相结合，考虑到师范生未来欲任教学生年龄的阶段特点，同时注重培养师范生在教学中运用新科技技术的能力。欲任教小学的师范生应额外分别用100小时的时间学习数学教学法和语言教学法。学科教学法课程的教学应与师范生实习相结合，使师范生对所学教学法进行充分的实践、讨论和评价。师范生学习教育与专业研究课程的目的是提升教育理论水平，加深与拓宽对教育问题的认识，提高分析和解决教育实际问题的能力。例如了解教育事业的构成及管理方式；了解学校教育内容与成人世界的关系；能分析影响儿童发展的因素；能根据每个儿童的性格、能力、兴趣等进行合适的教学；能避免教学中出现种族、性别偏见；能分辨资优儿童、学有困难的儿童和有特殊教育需求的儿童并最大限度地激发他们的潜能等。

3. 师范生实习

教师教育机构应安排师范生进行充足的实习。学习研究生教育证书课程的学生应至少实习15周，学习教育学士课程的学生应至少实习20周。师范生对教师职前教育课程的学习应与实习紧密结合起来。

---

① 周愚文：《英国现代师资培育研究（1945—2010）》，学富文化事业有限公司2014年版，第116页。

4. 教师教育机构教师的素质

教师教育机构学科教学法课程教师应具备最新的中小学教学经验。教师教育机构需在地方教育当局的协调下，与邻近的中小学建立紧密合作关系，采取教师互换等方式确保自己的教师及时获得中小学实践经验。为此，教师教育机构必须维持数量充足、稳定的教师队伍以保证部分教师能够与中小学教师互换。

5. 教师教育机构与中小学的关系

教师教育机构应与多种不同类型的中小学建立紧密的伙伴合作关系，以便在开展课程教学和师范生实习工作时充分利用中小学资源。实习学校有经验的教师应更多地参与师范生培养工作，在指导和评价师范生实习中发挥更大的作用。

6. 合格教师资格的认定

完成经过教育与科学大臣认证的教师职前教育课程的师范生可以获得教育与科学大臣签发的合格教师资格认定证明，注明该生获准从事哪个年龄阶段儿童的哪些科目的教学工作，作为中小学聘用教师的参考。这一规定有助于实现《1982年教育（教师）条例》[The Education (Teachers) Regulations 1982] 对中小学教师的要求。[①] 当时某些师范生虽然获得了合格教师资格，却不能胜任教师工作。这是因为教师教育机构将那些学术素养较高而教学实践能力不足的学生判定为合格教师。为减少这种情况，第3/84号通知规定教师教育机构需尽早确认不适合当教师的师范生并允许他们转学其他课程，将合格教师资格授予那些真正表现出教师必备的教学实践能力、个人素质以及学术能力的师范生。

从第3/84号通知内容可见，为提高教师职前教育质量，政府开始对教师职前教育课程进行专业认证。这也体现出在新保守主义影响下，撒切尔政府开始加强教师职前教育的中央控制，教师教育机构的

---

① 《1982年教育（教师）条例》要求确保中小学教师能够对各年龄阶段、能力、倾向和需要的儿童提供合适的教育。

自主权逐渐丧失。第 3/84 号通知发出后,中央政府立即组建教师教育认证委员会,实施教师职前教育课程认证。教师教育机构积极配合,它们尚未意识到 20 世纪 80 年代末 90 年代初,在"新右派"意识形态主导下,教师教育将发生巨大变革。

三 教师职前教育课程专业认证的实施

(一) 教师教育认证委员会与教师职前教育课程的认证

1. 教师职前教育课程学术认证与专业认证的分离

二战后根据《麦克奈尔报告》组建的地区培训组织负责对教师职前教育课程进行认证。1975 年地区培训组织撤销后,教师职前教育课程的学术认证与专业认证机构分离。大学和国家学位授予委员会负责对教师职前教育课程进行学术认证,教育与科学大臣负责对教师职前教育课程进行专业认证。教育与科学部在各地组建了一些地方小组,作为一种临时性过渡机构,向教育与科学大臣提供所辖区域内教师教育机构开设的教师职前教育课程是否能够通过专业认证的意见。

这种教师职前教育课程认证方式实际上仍然以地区为单位,导致各地区、各教师教育机构的职前教育课程差异很大。但完成经过认证的教师职前教育课程的师范生,却能获得全国统一的合格教师资格,可以被所有公立中小学聘为教师,这显然是非常矛盾的。教师教育与供给顾问委员会以及其他一些组织如教师教育大学委员会经过热烈讨论,一致主张建立全国统一的教师职前教育课程结构和内容标准,管理由国家级机构统一负责的全国教师职前教育课程专业认证事务。

2. 教师教育认证委员会的成立

1984 年,教育与科学部根据第 3/84 号通知,成立教师教育认证委员会,负责向教育与科学大臣提供英格兰与威尔士教师职前教育课程专业认证咨询意见。教育与科学大臣任命赫尔大学(University of

Hull）副校长泰勒（William Taylor）为委员会主席,[①] 另任命四名中小学教师代表、四名地方教育当局代表、三名公立教师教育机构代表、三名大学代表、一名全国教师协会秘书长、两名工业家代表、一名地方教育当局主任督学（chief inspector）以及一名教育记者为委员。教师教育皇家主任督学和其他高级督学以及教育与科学部的官员可以作为委员会顾问。此外，教育与科学部给教师教育认证委员会委派了四名全职秘书，并配备了单独办公场所。[②] 但由于保守党政府缩减公共开支，教师教育认证委员会只能靠教育与科学部从其他教育部门节省下来的经费运作，并没有获得专项资金。因此，委员会的工作时间非常有限，必须在3—4年内完成对所有教师教育机构课程的认证。

3. 教师职前教育课程专业认证的实施

（1）教师职前教育课程专业认证的程序

1984年9月24日，教师教育认证委员会召开第一次会议,[③] 讨论教师职前教育课程专业认证程序。1985年1月，该委员会正式公布具体认证程序：

第一步，皇家督学团视察申请课程认证的教师教育机构，对其教师职前教育课程情况做出详细报告。[④]

第二步，教师教育机构向教师教育认证委员会呈交教师职前教育

[①] Gordon Macintyre, *Accreditation of Teacher Education: The Story of CATE*, London: The Falmer Press, 1991, p. 9.

[②] W. Taylor, "The Control of Teacher Education: The Council for the Accreditation of Teacher Education," in Norman John Graves, ed., *Initial Teacher Education Policies and Progress*, London: Kogan Page Ltd., 1990, p. 116.

[③] Gordon Macintyre, *Accreditation of Teacher Education: The Story of CATE*, London: The Falmer Press, 1991, p. 9.

[④] 皇家督学团只有在获得大学邀请的情况下，才能走访大学教育学系。教育与科学部可以直接发布皇家督学团对多科技术学院和高等教育学院教师职前教育课程的调查报告，但只能在获得大学同意的情况下，才能发布皇家督学团对大学教师职前教育课程的调查报告。

课程详细信息。①

第三步，教师教育认证委员会成员分为三个报告小组（reporting group）。皇家督学团和教师教育机构的课程报告将会被随机分配给一个小组处理。教师教育机构代表可能需要到伦敦与报告小组人员面谈，报告小组人员也可能到教师教育机构进行实地走访。此后，报告小组会提出课程认证建议，分为四种情况：第一，对已达到所有标准的课程，建议通过认证；第二，对需要少量整改的课程，建议在规定的时间内完成整改，达到所有标准后再通过认证；第三，对需要大规模整改的课程，建议不通过认证，报告小组一年后再进行审查；第四，对报告小组二次审查后仍达不到标准的课程，建议终止该课程的认证。

第四步，教师教育认证委员会根据报告小组建议向教育与科学大臣提出认证意见，教育与科学大臣做出最终决定。

（2）教师职前教育课程专业认证的实施进程

根据第3/84号通知要求，教师教育认证委员会需要对当时英格兰与威尔士全部93所教师教育机构已开设和计划开设的教师职前教育课程进行认证，工作量非常大。1984年至1989年，教师教育认证委员会共召开44次全体会议，报告小组共召开330余次会议。1985年5月底，报告小组提出了第一份认证意见。1986年，教师教育认证委员会只完成了1/3的课程认证任务。1987年7月底，教育与科学部允许教师教育认证委员会将第一轮认证周期延长到1989年。1988年，教师教育认证委员会完成了一半课程的认证任务。② 教师教育认证委员会加快了认证进度，一次性通过认证的课程也越来越多。1985年，一半提交申请的课程通过了教师教育认证委员会的审核。1986

---

① 教师教育认证委员会只负责对各门教师职前教育课程进行单独认证，因此教师教育机构不能将其所开设的所有教师职前教育课程作为一个整体提交认证。

② Gordon Macintyre, *Accreditation of Teacher Education: The Story of CATE*, London: The Falmer Press, 1991, pp. 47–48.

年该数据达到2/3，而1987—1988年该数据达到5/6。[①] 1989年底教师教育认证委员会完成了对所有93所教师教育机构的394门课程的认证，如果算上重新认证的课程，认证课程总量超过400门。只有三所教师教育机构的课程未通过认证。[②] 其中1987年利物浦高等教育学院（Liverpool Institute of Higher Education）心理学课程未通过认证，被教育与科学大臣撤销了教育学士培养资格。[③]

教师职前教育课程未通过认证的主要原因有：学科课程质量达不到高等教育水准；学科教学法课程的教学没有与教学实践充分结合起来；课程基础知识覆盖范围过小；师范生的教学实践和个人学习时间分配不平衡；教育学科教师缺乏最新的中小学教学实践经验；教师教育机构的教师没有完善的个人发展计划；中小学有经验的教师没有充分参与师范生选拔和教师职前教育课程设计。

4. 开展教师职前教育课程专业认证的作用

1984年至1989年，皇家督学团调查发现，各教师教育机构积极配合教师职前教育课程专业认证工作，教师职前教育质量持续提升。例如，学科课程的学术水平有所提升；师范生理论学习和实践的平衡得到改善；教师教育机构和中小学建立了更有效的合作关系；教师教育机构更注重促进教师的专业发展，给予教师更多到中小学工作的机会；师范生所学课程与中小学教学需要更加匹配。在教师教育认证委员会确定课程认证意见之前，教师教育机构必须接受皇家督学团的调查，因此皇家督学团与教师教育认证委员会开展密切合作，督导作用也得以加强。教师教育认证委员会主席泰勒曾说："教师教育认证委员会的建立反映了公众对教

---

① W. Taylor, "The Control of Teacher Education: The Council for the Accreditation of Teacher Education," in Norman John Graves, ed., *Initial Teacher Education Policies and Progress*, London: Kogan Page Ltd., 1990, p. 120.

② Gordon Macintyre, *Accreditation of Teacher Education: The Story of CATE*, London: The Falmer Press, 1991, pp. 49-50.

③ John Dunford, *Her Majesty's Inspectorate of Schools since 1944*, London: Woburn Press, 1998, p. 187.

师教育内容和质量的广泛关注。教师教育认证委员会在提升教师职前教育质量方面的作用在 80 年代末期体现出来。"①

但开展教师职前教育课程专业认证也带来了一些负面影响。例如，虽然开展教师职前教育课程专业认证并未阻止各教师教育机构采取多种多样的方式设计和实施自己的课程，但教师教育机构的课程自主权仍然有所降低。大学为了保护自身的学术自由，历来排斥皇家督学团的视察。但新的课程专业认证制度建立以后，学生学习未通过专业认证的教师职前教育课程将无法获得合格的教师资格，因此大学不得不接受皇家督学团的视察，导致大学自治权利受到侵害。

5. 教师职前教育课程专业认证的发展方向

保守党政府对以教师教育认证委员会为核心建立的教师职前教育课程专业认证制度予以肯定，认为其确立了教师职前教育课程应达到的最低标准，保证了教师职前教育的基本质量，允许各教师教育机构在此基础上对课程的具体设计与执行享有一定的自由度。此外，该委员会也充当了政府干预教师职前教育的代理机构。但时任首相撒切尔夫人认为，教师职前教育课程仍然过于偏重理论学习，对师范生教学实践能力训练不足。

《1988 年教育改革法》规定中小学实施"国家课程"，教师职前教育必须做出调整以满足实施"国家课程"后中小学的教师需求。为应对中小学数学、科学等学科教师短缺问题，国家允许教师教育机构招收短缺学科专业没有达到入学标准的师范生参加教育学士或研究生教育证书课程学习。此外，要求中小学承担更多的教师职前教育任务，开展学校本位教师职前教育的呼声越来越高。这对教师职前教育课程认证提出了新挑战。

1989 年教师教育认证委员会第一个工作周期将结束，保守党政

---

① Myra McCulloch, "Improving Initial Teacher Training? Policy in Action 1984 – 1994," in Myra McCulloch and Brian Fidler, eds., *Improving Initial Teacher Training? New Roles for Teachers, Schools and Higher Education*, Essex: Longman Information and Reference, 1994, pp. 5 – 7.

府决定对该委员会进行重组,并引入新的认证方案。1989年5月,教育与科学部发布《未来认证安排咨询文件》(Consultative Paper on Future Arrangements for Accreditation)以征求重组意见,各界对此予以积极回应。1989年教育与科学部整理了所收集到的反馈意见,发布第24/89号通知,提出了教师教育认证委员会重组计划,以及新的教师职前教育课程认证标准和认证程序。

(二)教师职前教育课程实践性增强

20世纪70年代,各教师教育机构逐渐加强与中小学的合作,注重教师职前教育理论与实践的联系,并开展了一些实验。但这只是个别教师教育机构自发性的尝试。1983年《教学品质》白皮书和1984年《教师职前培训：课程的认证》以提高教师职前教育质量为出发点,提出了教师职前教育课程认证的标准,特别强调加强教师职前教育课程的实践性。为通过课程认证,各教师教育机构根据文件要求对课程进行调整。下面以三所教师教育机构为例进行分析。

1. 西米德兰兹高等教育学院开展三阶段教育实习

为了使师范生的教育理论学习和实践更好地结合起来,西米德兰兹高等教育学院(West Midlands College of Higher Education)在33周的研究生教育证书课程教学中安排了17周学校实习时间。[1] 在课程学习第一周,师范生先在导师带领下到中小学参观。在此后三个学期里,师范生分别到三所不同的中小学参加为期四周、五周和七周的学校实习。这样安排使每个实习阶段时长适中,师范生既能完全融入中小学工作,又不会感到倦怠,使师范生有机会体验不同学校的工作方式,能够在前一实习周期所获经验的基础上开展下一周期的实习,不断提升实习质量。

---

[1] David Vodden and Robert Shaylor, "A Practically Oriented Course," in Robin Alexander and Jean Whittaker, eds., *Development in PGCE Courses*, Surrey: Teacher Education Study Group, 1980, p. 62.

三阶段教育实习的主题分别是学习的组织、学校课程的分析、对课程和儿童的评价。为促进实习的有效进行，教育学教师和学科教学法教师会在他们组织的讲座等活动中融入与学校实习主题相关的内容。第一阶段实习结束时，师范生能承担全职教师 2/5 的教学任务，能对整个班级进行教学；第二阶段实习结束时，师范生能承担全职教师 3/5 的教学任务，能开展一些课堂教学实验；第三阶段实习结束时，实习生能承担全职教师 4/5 的工作任务，能开展整个班级的所有工作，能对自己的教学进行评价。[①]

西米德兰兹高等教育学院通过精心组织和实施大量的教学实习活动，促使师范生将理论学习与实践相结合，增强了他们的教育教学能力，使他们一毕业就有能力承担教师工作。

2. 布里斯托大学加强与中小学的合作

布里斯托大学（University of Bristol）认为，传统上教师教育机构只是与中小学开展形式上的合作，为了与中小学建立更紧密的合作关系，该大学尝试以多种方式吸纳中小学和中小学教师参与教师职前教育课程的教学。

第一，大学的学科讲师（subject lecturer）选择中小学教师作为联合导师（associate tutors），辅助师范生提高教学能力。[②] 第一学期师范生每周利用半天时间接受联合导师的指导。联合导师会向他们介绍中小学是如何运转的，教师在课堂上会面临哪些问题等。师范生还可以帮助联合导师做一些简单的工作，如准备教具。一名学科讲师可以同时配备若干名联合导师。

第二，大学要求中小学安排一名协调员（coordinator）负责实习

[①] David Vodden and Robert Shaylor, "A Practically Oriented Course," in Robin Alexander and Jean Whittaker, eds., *Development in PGCE Courses*, Surrey: Teacher Education Study Group, 1980, p. 63.

[②] Charles Hannam, "Involving Teachers and Schools Opportunities and Limitations," in Robin Alexander and Jean Whittaker, eds., *Development in PGCE Courses*, Surrey: Teacher Education Study group, 1980, p. 120.

生工作。① 当大学和中小学需要商讨师范生实习事务时，可通过协调员联络。

第三，大学开展了特殊儿童辅导项目。师范生对一组特殊儿童（发展迟缓儿童或天才儿童）每周进行一次课外辅导，以一年为一个工作周期。大学聘用若干名中小学教师对师范生的辅导工作进行监督和指导。

布里斯托大学通过在自愿的基础上加强与中小学的合作，充分利用中小学资源开展教师职前教育，使师范生能够持续地获得中小学教师的直接指导，有助于提升师范生的教学技能，也使师范生熟悉中小学工作，能够在毕业后快速适应教师角色。

3. 伯明翰大学开展学科教学法课程教学改革

伯明翰大学对研究生教育证书课程中的地理、数学、社会科学教学法课程进行了改革。伯明翰大学的研究生教育证书课程始于秋季学期，大学先安排一个预备周帮助师范生熟悉学习生活，然后安排师范生进行三周中小学体验，此后8周在大学学习。教学法课程安排在每周四、周五上午进行。②

（1）地理教学法课程教学改革

该课程采用教师主导的教学方式。两位大学教师共同负责实施课程教学。为提高教学效率，每周四上午的课程围绕某个主题，采取传统的讲座、小组讨论等教学方式，向学生传授各种地理学科教学法。每周五上午安排师范生两人为一组，到不同的中小学开展教学实践。中小学确定教学任务，大学教师指导师范生准备教案并听课。

（2）数学教学法课程教学改革

数学教学法课程采用让学生利用图书馆资源开展个人研究的教学

---

① Charles Hannam, "Involving Teachers and Schools Opportunities and Limitations," in Robin Alexander and Jean Whittaker, eds., *Development in PGCE Courses*, Surrey: Teacher Education Study Group, 1980, p. 120.

② David Boardman, Tony Fitagerald, et al., "Innovation and Evaluation in Methods Courses," in Robin Alexander and Jean Whittaker, eds., *Development in PGCE Courses*, Surrey: Teacher Education Study Group, 1980, p. 143.

方式。学生每三人为一组,研究中小学教学大纲中的一个问题。三名学生分别研究教科书、期刊论文和教学参考书如何处理的问题。两名大学教师为学生提供咨询指导。最后每个小组完成一份研究报告,向其他同学宣读,并展开讨论。每个小组负责三个主题,每名成员轮流研究三种资料,以使学生熟悉各种教学资源,并培养他们利用这些资源促进个人专业发展的能力。

(3) 社会科学教学法课程教学改革

在课程开始前,教师向学生提供四种学习方式让学生自由选择:第一,传统的教师主导方式;第二,由教师主导逐渐转变为学生主导的方式;第三,所有学生共同开展民主合作学习的方式,教师只在需要的时候提供咨询;第四,独立学习方式,每个学生利用可得到的资源独立制订自己的学习计划,只在必要的时候进行小组讨论。[①] 学生通过集体讨论以确定选取哪种学习方式。教学是一种需要不断做出决定的活动,因此让学生自主选择学习方式,在学习结束后对自己的选择进行评价,这本身就有助于促进学生教学能力的提升。

伯明翰大学的地理教学法课程改革有助于提升师范生的教学实践能力。数学教学法课程改革使师范生在小型团队中工作,每人承担的任务更多、职责更大。这不仅能使学生通过完成任务获取知识,提高资源利用能力,还能培养学生的团队合作意识。社会科学教学法课程的改革有助于提高学生综合各种信息进行抉择的能力。这些都是师范生未来成为一名好教师必不可少的能力。

加强教师职前教育的实践性,培养师范生的教育实践能力,是提高教师职前教育质量的重要内容。20世纪七八十年代,英格兰与威尔士的教师教育机构自发或按照国家规定的课程认证标准开展了增加教师职前教育课程实践性的改革,使教师职前教育课程能更好地培养

---

① David Boardman, Tony Fitagerald, et al., "Innovation and Evaluation in Methods Courses," in Robin Alexander and Jean Whittaker, eds., *Development in PGCE Courses*, Surrey: Teacher Education Study Group, 1980, p. 146.

师范生的教育实践能力，有助于提高教师职前教育质量。但1987年5月皇家督学团调查报告《学校的质量：教师职前培训》（Quality in Schools: The Initial Training of Teachers）显示，教师教育机构人员没有对实习生进行有效的指导；中小学教师对教师职前教育工作的参与度还有待提高。该报告建议教师教育机构与中小学建立更紧密的参与式伙伴关系，更注重培养师范生的班级教学和管理能力，并强烈建议采用反思性实践者的培养方式培养教师。1987年，皇家督学团在对第3/84号通知发布后教师教育机构培养出来的297名新教师进行调查后，1988年发布《学校的新教师》（The New Teachers in School）调查报告。该报告显示，2/3的受访者对其所经历的教师教育表示满意，但他们普遍认为教师教育依然过于强调学术科目，教学法课程的教学不足，教学观察和教学实习太少。[①] 由上述调查结果可见，通过各种方式提升师范生的教育实践能力将是此后教师职前教育政策的重点。

本章小结

　　1973年全球性石油危机引发英国经济的严重衰退。与此同时，英国人口出生数量开始大幅下降。二战后由人口出生数量增加引发的各级各类教育大发展局面终止，人们开始冷静下来思考教育质量问题。工商业界、媒体、教育界人士对当时英国教育质量提出了严厉的批判。1976年，首相卡拉汉在牛津大学的演讲引起了一场有关提高教育质量的全国性大辩论。在此背景下，提升教师职前教育质量成为教师职前教育政策的焦点。

　　1972年《詹姆斯报告》提出了著名的教师教育"三环节"改革建议，促使教师职前教育政策的重心由规模扩张转向质量提升。随

[①] 周愚文：《英国现代师资培育研究（1945—2010）》，学富文化事业有限公司2014年版，第134—138页。

第三章 教师职前教育质量的提升（1972—1988）

后，在《詹姆斯报告》所提建议基础上形成的《教育：扩张的架构》白皮书和《高等教育在非大学部门的发展》开启了70年代英格兰与威尔士教师职前教育规模缩减、机构重组的重大改革。通过这些改革，英格兰与威尔士的教师职前教育办学层次得以提升，为提高教师职前教育质量创造了条件。

1979年保守党执政后，在"撒切尔主义"主导下，加强对教师职前教育的中央控制，力图通过实施全国统一的教师职前教育课程认证提高教师职前教育质量。1983年《教学品质》白皮书和1984年《教师职前培训：课程的认证》提出了教师职前教育课程专业认证标准。教育与科学部随后成立教师教育认证委员会，于1989年完成了第一轮教师职前教育课程认证工作，确保了各教师教育机构教师职前教育质量的一致性。

教师职前教育课程认证标准非常强调增加教师职前教育课程的实践性，各教师教育机构根据教师职前教育课程认证标准的要求，开展了实践导向的教师职前教育课程改革，但80年代末皇家督学团调查发现，教师职前教育课程的实践性依然不足。这预示着20世纪90年代教师职前教育政策将朝着更强调师范生实践能力培养，进一步加强教师教育机构与中小学合作的方向发展。此外，为了通过教育与科学大臣对教师职前教育课程的认证，大学教育学系已经开始接受皇家督学团的视察，这打破了大学的学术事务不受外界干涉的传统，为日后中央政府进一步加强对教师职前教育课程的控制埋下了伏笔。

第四章　教师职前教育课程认证与培养途径的革新（1988—1997）

以《1988年教育改革法》出台为标志，"撒切尔主义"即"新右派"意识形态开始对教育改革产生全面影响。政府加强对教育事业的中央控制并增强教育市场竞争的努力。在教师职前教育领域，政府对教师职前教育课程认证与培养途径进行了革新，开展了能力本位（competence-based）教师职前教育课程认证，开辟了学校本位（school-based）教师职前教育途径。这一时期，英国政府发布的第18/89号通知、第24/89号通知、第9/92号通知、第14/93号通知以及《政府对教师职前培训的改革计划》对教师职前教育发展起到了重要的推动作用。

第一节　制定中小学教师职前教育政策的背景

"新右派"意识形态由新保守主义和新自由主义构成。《1988年教育改革法》集中体现了这两种意识形态对教育领域的影响，展现出英国政府既加强对教育事业的中央控制，又着力增强教育市场竞争的努力。除了20世纪90年代初期遭遇周期性经济危机以外，英国经济在90年代其余时间保持了低速稳定增长，人口出生数量小幅下降，为教师职前教育发展提供了较为稳定的社会环境。

一　"新右派"意识形态及其影响

20世纪70年代初期英国陷入经济危机。二战后英国奉行的凯恩斯主义经济政策无法挽救经济萧条局面，主张建设福利型国家的英国工党面临严峻的执政挑战。右翼势力趁机发展起来，逐渐控制了英国的政治、经济、文化等方面。

"新右派"一词最早出现在 1968 年英国人柯拉德（David Collard）撰写的《新右派批判》（The New Right: A Critique）一书中。他在书中批判英国经济事务研究所（Institute of Economic Affairs）提倡的经济自由主义，认为这是"新右派的崛起"。[①] 此后，这一名词被学界用于指代右翼保守势力的广泛结盟。20 世纪 70 年代末，以撒切尔夫人为首的保守党重掌英国政权。"新右派"意识形态成为保守党政府实施政治、经济和社会改革的理论基础，使英国成功摆脱了经济滞胀的困扰。"新右派"意识形态也被称为"撒切尔主义"。英国"新右派"意识形态由新保守主义与新自由主义两种思想构成。

（一）新保守主义与新自由主义的含义

新保守主义源于 17 世纪英国哲学家霍布斯（Thomas Hobbes）的悲观主义社会观。[②] 他认为，人的本性肮脏、残酷，必须依靠强大的国家权威抑制罪恶。索尔兹伯里小组（Salisbury Group）是最著名、最活跃的新保守主义组织，其成员斯克拉顿（R. Scruton）对新保守主义进行了最为系统的阐述。他所著的《保守主义的含义》（The Meaning of Conservatism）是新保守主义的代表作。[③] 新保守主义者认为，社会是一个综合协调的有机体，不是一个简单的个人集合。他们强调维护作为一个整体的社会秩序，批判任何可能威胁社会稳定的活动，强调权威的必要性，并认为凝聚权威的国家是政治特性的真正体现。国家可以干预任何社会领域并拥有终极特权，法律是国家权威的表现形式。新保守主义者还认为，社会秩序的价值高于市场价值。它

[①] 王皖强：《国家与市场：撒切尔主义研究》，湖南教育出版社 1999 年版，第 84 页。
[②] 石伟平：《西方新自由主义和新保守主义对英国当前教育改革的影响》，《教育研究》1996 年第 7 期。
[③] 毛锐：《撒切尔政府经济与社会政策研究》，山东人民出版社 2014 年版，第 24 页。

们支持建立在私人所有制基础上的资本主义生产方式，但是反对自由放任资本主义，主张国家对自由市场进行一定的约束，但又不过分干预资本主义发展。

新自由主义源于 18 世纪英国古典经济学家亚当·斯密（Adam Smith）的政治经济学思想。20 世纪中后期，其主要代表人物有货币主义的创始人弗里德曼和奥地利经济学家哈耶克（Friedrich Hayek）。1947 年，哈耶克组建佩勒林山学会（Mount Pelerin Society），吸引了众多英国右翼经济学家加盟，成为批判社会主义和集体主义，维护资本主义自由秩序的阵地。哈耶克认为："'自由市场'优于'全面就业'、'福利国家'和'收入再分配'；'市场机制'优于所有的'计划调节'。"[①] 在批判凯恩斯主义的基础上，新自由主义者提出采用市场力量解决经济危机。他们认为，市场可以通过价格这一关键因素进行自我调节。新自由主义者强调扩大消费者的自由选择权，以此促进市场竞争并提高效率。但新自由主义者与古典自由主义者提倡放任自由不同，他们认为国家可以在遵从自由市场机制要求的范围内，对经济进行适度干预。在诸如国防事业这样的市场难以涉足并发挥作用的领域，仍需国家的投入和保障。

（二）新保守主义与新自由主义的共同点

新保守主义者强调国家控制与新自由主义者强调市场竞争的观点虽然存在矛盾和冲突，但二者都重视保护个人财产；反对社会主义和集体主义；批判"社会民主主义共识"。

新保守主义者认为，只有私人财产得到保障，才能维持社会稳定，维护社会秩序。新自由主义者认为，因为人们参与市场活动的动机是获得个人利益，所以只有保障私人财产，才能确保市场有效运行。市场的有效运行和个人利益的满足最终推动着整个社会向前发展。二战后英国追求社会公正反而破坏了市场自由，阻碍了社会

---

① 石伟平：《西方新自由主义和新保守主义对英国当前教育改革的影响》，《教育研究》1996 年第 7 期。

发展。

　　新保守主义建立在私有制基础上，必然反对社会主义。新保守主义的代表斯克拉顿"把社会主义看成是对同情疯狂崇拜的产物，其结果是建立一个以弱者利益为基础的畸形社会。在这个社会中，道德沦丧，富人的财富被剥夺，成功者受到惩罚，最终导致全社会无效率"。① 新自由主义者虽然赞成在法律和政治面前人人平等，但极力反对物质平等。他们认为财富平均分配会破坏市场的激励机制，导致市场运转效率低下与国民生产总值下降，使整个社会财富减少，穷人不但不会因此富裕起来，富人也会遭受迫害。

　　"新右派"批判二战以后英国保守党和工党达成的"社会民主主义共识"，及其推行的凯恩斯主义经济政策。新保守主义者认为，国有企业增加，工会权力扩大危及国家权威。新自由主义者则攻击工会控制人力资源，阻碍市场供需对企业发挥调控作用，阻止新技术的运用，最终危害市场自由。社会福利政策也遭到新保守主义者和新自由主义者的联手抵制。他们认为战后建立的社会福利制度导致个人依赖性增强，工作的创造性和效率降低。对弱者的极端同情使他们失去了前进的动力，造成整个社会的颓废堕落。总之，他们认为，战后英国政府对经济社会过多的干预实际上造成了垄断和集体主义，降低了人的自由和民主权利，导致整个社会效率低下，经济发展停滞不前，而工会权力膨胀又使国家权威衰落。

　　在综合新自由主义和新保守主义思想的基础上，"新右派"提出解决英国经济衰退的对策："自由的经济，强大的国家"，即按照货币主义的观点，反对国家对经济实施过分干预，主张恢复自由市场竞争机制，提高全社会的工作效率。要实现这种设想，就需要通过国家权威力量维护社会秩序和等级制度，而这正是新保守主义的主张。"新右派"为了实现政治目标，将这两种思想糅合在一起，不免使保

---

① 毛锐：《英国新右派思潮述评》，《探索与争鸣》2008年第5期。

守党政府推行的各项政策呈现出一种矛盾性。这种矛盾性也鲜明地体现在当时英国的教育政策和改革中。

（三）撒切尔政府的两项主要改革措施

撒切尔政府认为，英国经济衰退的主要原因是实行通胀性货币政策，公共部门工作低效，行业协会势力过大，政府开支过多。战后保守党和工党实施的以"社会民主主义共识"为基础的政策，包括建设福利型国家、实行混合经济模式以及设法确保高就业率等，都被撒切尔政府实施的一系列以"新右派"意识形态为基础的政策所取代。

1. 政府控制策略

受新保守主义的影响，撒切尔政府加强了对各行业的中央控制，消除工会对政府权力的威胁。她在第二任期中，通过实施罢工投票制、工会首领选举投票制等改革，进一步削弱工会势力。撒切尔政府还通过裁撤公务人员以减轻政府负担，使政府权力更加集中。在撒切尔夫人执政期间，公务人员数量由73.2万人减少到56.7万人。[①] 此外，她还尽力削减所谓的"教育实体"（education establishment）如教师协会、培训机构、高等教育机构等的权力。此外，撒切尔政府还进一步加强对教师职前教育、中小学课程和教师工作的控制，并通过颁布实施一系列法案，削弱地方教育当局的权力。

2. 私有化（市场化）策略

受新自由主义的影响，撒切尔政府相信市场的力量大于政府，自由市场的关键特征是市场通过供需的价格反应机制进行自我调整，无须政府的干涉和资助。政府将私有化作为政治性选择，对资产和服务进行私有化改造，将大量国有资产、行业协会和社团私有化。此外，政府还限制了公共部门的权力，废除国家对某些工业部门的垄断，降低政府自身对工商业活动的参与度，扩大股东数量，增加消费者的选择自由，以此增强市场竞争，提升市场运作效率。在教育领域，撒切

[①] Un Yong Jeong, *Teacher Policy in England：An Historical Study of Responses to Changing Ideological and Socio-economic Contexts*, PhD. dissertation, University of Bath, 2009, p. 46.

尔政府的目标是推进教育私有化，提升教育选择权，引入竞争机制，加强教育的市场化运作。梅杰（John Major）继任首相后，继续推行撒切尔政府实施的一系列改革措施。

二 经济低速稳定增长与人口出生量缓慢下降

（一）经济低速稳定增长

撒切尔夫人1987年蝉联英国首相后，继续推行货币主义经济政策。但由于受北美洲和欧洲其他国家经济不景气的影响，20世纪80年代末，英国经济出现衰退。通货膨胀再次来袭，国际收支经常项目出现巨额逆差。英国国内生产总值（GDP）从1988年起连续下滑，1991年甚至出现负增长（见图4-1）。保守党内在欧洲问题上的分歧和斗争加剧，政府征收"人头税"激起民众抗议和骚乱。[①] 撒切尔夫人被迫于1990年11月22日辞去首相职务，梅杰继任首相。

梅杰首相继续奉行撒切尔政府的经济政策，严格控制货币供应量，推进国有企业私有化，发展高科技产业，同时又注意对经济进行宏观调控，如扩大出口，降低利率，在刺激经济增长的同时抑制通货膨胀。由于措施得力，英国经济从1992年第二季度开始复苏，较其他西方国家更快地摆脱了20世纪90年代初期的周期性经济危机。此后英国经济持续低速稳定增长，1993—1996年，国内生产总值年增长率保持在2.7%，而同期其他欧盟15国的平均经济增长率仅为1.6%。财政赤字占国内生产总值的比重从1993年的7.8%下降到1996年的4.8%。[②] 失业率从1993年的10.4%下降到1997年的

---

① 1987年6月，保守党政府推出新税法，规定按人头征税，即凡18岁以上公民都要缴纳相同数额的税金。而且随着通货膨胀的加剧，税金数额变得非常高。在财富占有悬殊的情况下，规定人人缴纳相同税金显得很不公平。随着1990年4月1日人头税生效日期接近，英国各地频频发生抗议和骚乱。3月31日，英国爆发全国性示威游行，造成上百人受伤，给保守党政府和撒切尔夫人的信誉造成极大损害。

② 陈朝高：《生机勃勃的英国经济》，《世界知识》1997年第18期。

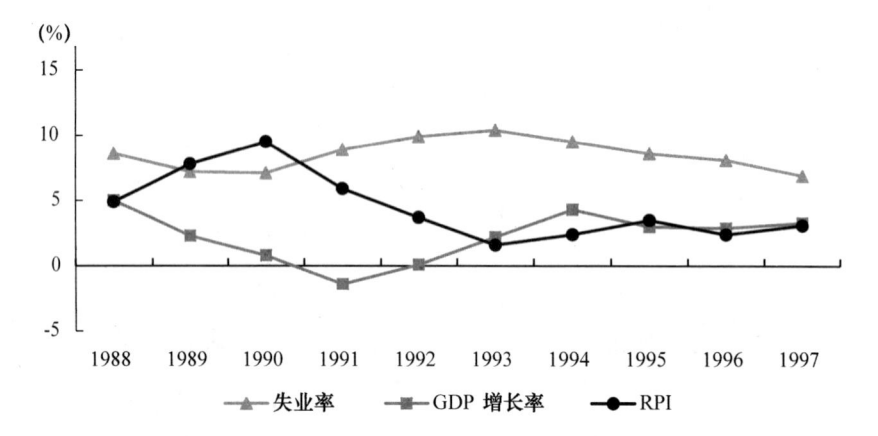

图 4-1　英国失业率、GDP 增长率、RPI 变化情况（1988—1997）

资料来源：Office for National Statistics, People Not in Work, 2020.3.1, https：//www.ons.gov.uk/employmentandlabourmarket/peoplenotinwork；Office for National Statistics, Gross Domestic Product (GDP), 2020.3.1, https：//www.ons.gov.uk/economy/grossdomesticproductgdp；Office for National Statistics, Inflation and Price Indices, 2020.3.1, https：//www.ons.gov.uk/economy/inflationandpriceindices.

6.9%。[①] 英国政府在保证经济增长的同时成功抑制了通货膨胀，使年均通货膨胀率维持在 2.8% 左右。

（二）人口出生量缓慢下降

英国 20 世纪 70 年代末出现小波生育高峰，整个 80 年代人口出生数量呈现小幅稳定增长（见图 4-2），共同导致 20 世纪 80 年代后期适龄儿童入学人数增加，教师招募出现短缺。这成为政府开辟新的教师职前教育途径，着重培养短缺科目教师的重要原因。20 世纪 90 年代，英国人口出生数量缓慢下降（见图 4-2），人口总数比较稳定，为教育发展创造了一个比较稳定的社会环境。

[①] Office for National Statistics, People Not in Work, 2020.3.1, https：//www.ons.gov.uk/employmentandlabourmarket/peoplenotinwork.

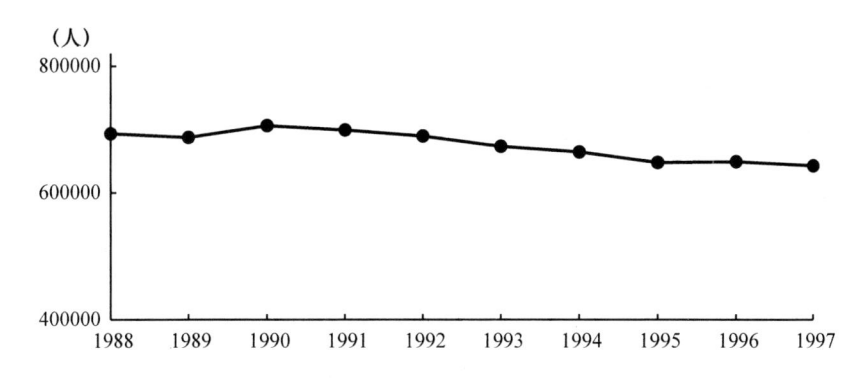

图4-2 英格兰与威尔士年人口出生数量变化情况（1988—1997）

资料来源：Office for National Statistics, Birth Summary Tables-England and Wales, 2020.3.1, https://www.ons.gov.uk/peoplepopulationandcommunity/birthsdeathsandmarriages/livebirths/datasets/birthsummarytables.

三 中央政府加强教育控制与增强教育市场竞争

"新右派"组建的三个机构成为保守党教育政策的智囊团。它们分别是：1955年成立的"经济事务研究所教育研究组"（The Education Unit of the Institute of Economic Affairs）；1974年撒切尔夫人和约瑟夫（K. Joseph）创立的"政策研究中心"（The Centre for Policy Studies）；右翼学者道格拉斯·霍姆（J. Douglas Home）、马克斯（J. Marks）、诺克罗斯（L. Norcross）、斯克拉顿（R. Scruton）等组成的海盖特组（The Hillgate Group）。[①]其中海盖特组最为活跃，发挥的作用最大。

新保守主义者认为，国家的权力来自于自身力量，并非公民授予。因此个人必须从属于国家，维护社会秩序比维护"自由市场"更重要。在教育方面，新保守主义者主张加强国家对教育的控制，通过教育活动重建以国家意识、正统的基督教教义和道德观以及家庭价值观为核心的英国传统文化。他们希望构建中小学"国家课程"，向

[①] 石伟平：《西方新自由主义和新保守主义对英国当前教育改革的影响》，《教育研究》1996年第7期。

下一代传递英国文化遗产和传统价值观。这种"国家课程"强调英国文学、艺术、历史、地理以及基督教教义的教育。

新自由主义在教育上的主要代表人物是"经济事务研究所教育研究组"主任塞克斯顿（Stuart Sexton）、"政策研究中心"的约瑟夫和顾问莱特温（Oliver Letwin）。[①] 他们认为，市场的自发协调比政府的精心计划更具优越性，"私有化"是实现国家经济繁荣的关键。他们认为，过多采用以儿童为中心的教学会导致儿童基本能力（阅读、写作、算数能力）的训练被忽视；综合中学的发展致使儿童智力测验的取消；三轨制中等教育消失导致儿童考试成绩下滑；中小学课程过于注重生活和社会技能、反种族主义等学科，忽视了儿童应该掌握的核心知识。新自由主义者主张将自由市场竞争机制引入教育、医疗等公共服务领域，降低政府对公共事业的供给和垄断，增加人们的选择权，通过市场竞争促进公共服务部门提高工作质量和效率。新自由主义者反对政府通过干预手段实施"国家课程"。他们认为，教育不平等是不可避免的，提高教育质量的最有效措施是扩大家长对教育的选择权，使学校展开竞争。

新保守主义和新自由主义的观点共同体现在保守党政府颁布的《1988年教育改革法》之中。该法案中的一些矛盾性条文反映了英国政治和文化中的折中与妥协传统。受新保守主义的影响，该法案规定加强中央政府对学校的控制权。同时，该法案还规定建立"教育市场"，使学校成为教育供应者，学生和家长可以像选择商品一样自由选择学校，将学校的收入与入学人数挂钩，以此增强学校的竞争。这又体现了新自由主义所主张的市场竞争原则。总之，《1988年教育改革法》削弱了地方政府和教师对教育的控制权，使教育权向中央和家长两端集中。伦敦大学教育学院原院长劳顿（Denis Lawton）认为，该法案的目的，"是改变英国教育制度的本质，由中央与地方政府间

---

① 石伟平：《西方新自由主义和新保守主义对英国当前教育改革的影响》，《教育研究》1996年第7期。

计划与合作的体制转向一种能保障家长和学校选择权的市场体制"。①《1988年教育改革法》的颁布标志着保守党开始对教育进行全面改革。

(一) 实施中小学"国家课程"

英国中小学历来享有自主设置课程的权利。二战后英国教育改革仍将中小学课程设置作为学校和教师的事务，虽然中小学教师并未享有完全意义上的课程自主权，但政府并不对课程细节进行规定。1976年，工党首相卡拉汉在牛津大学拉斯金学院奠基仪式上的演讲引发了1977年的教育大辩论，中小学课程成为辩论主题之一。此后政府便逐渐加强对中小学课程的干预。1979年，保守党重新执政后，受新保守主义思想的影响，开始着手颁布"国家课程"。1988年，政府正式颁布《1988年教育改革法》，以法令的形式规定对所有公立学校5—16岁儿童实施包括核心科目（Core Subjects）和基础科目（Foundation Subjects）在内的"国家课程"，并详细规定了课程内容、成绩目标、考试评价方法等。该法还提出设立国家课程委员会（National Curriculum Council, NCC）。② 1989年，"国家课程"在英格兰与威尔士的公立中小学全面推行。

新自由主义者虽然在理论上反对设置中小学"国家课程"，但在实践上予以妥协。因为中小学实施全国统一的"国家课程"后，可以对各学校开展"国家课程"评定，将评定结果编制成排行榜（League Table）。家长可以依据排行榜为儿童选择学校。这可以促进学校为争取生源而展开竞争，实现优胜劣汰。

尽管教育与科学部表示，"国家课程"只是构建了一个中小学应开设的主要科目和学习目标的基本框架，课程实施仍是中小学的自由

---

① D. 劳顿、石伟平：《1988年以来的英国"国家课程"》，《华东师范大学学报》（教育科学版）1996年第4期。

② 王承绪、徐辉：《战后英国教育研究》，江西教育出版社1992年版，第152—154页。

领地。但中小学教师享有的课程自主权还是受到了侵害,这甚至损害了传统的教师专业主义。此后,教育与科学部也将师范生对中小学"国家课程"内容和教学法的学习研究作为教师职前教育课程认证的主要指标。

(二) 设立普通中等教育证书考试

1951 年,政府设立普通教育证书普通等级和高等级考试,只面向 20% 具有所谓"学术倾向"的中学生。由于家长和雇主希望更多学生获得中学毕业证书,政府于 1965 年设立了面向普通学生的中等教育证书考试。[①]

20 世纪七八十年代,简化考试的呼声越来越高。为了确保义务教育[②]结束时实施的考试的准确性,使考试成绩全国通用,也为了促进中小学"国家课程"的实施,改变课程设置混乱,教学目标、水平参差不齐的状况,政府于 1988 年夏季开始推行普通中等教育证书 (General Certificate of Secondary Education, GCSE) 考试,取代了普通教育证书普通等级考试和中等教育证书考试,但仍保留普通教育证书高等级考试。普通中等教育证书考试对英格兰与威尔士结束义务教育的全体学生所具有的知识、技能水平进行鉴定,为高一级学校、用人单位、师生及家长提供学生学业水平的全面信息。[③] 为了保证考试顺利实施,政府设立了学校考试与评定委员会 (Schools Examinations and Assessment Council, SEAC)。[④] 《1993 年教育法》(Education Act 1993) 将该委员会与负责实施"国家课程"的国家课程委员会合并为学校课程与评估处 (School Curriculum Assessment Agency, SCAA)。[⑤] 英国

[①] D. 劳顿、石伟平:《1988 年以来的英国"国家课程"》,《华东师范大学学报》(教育科学版) 1996 年第 4 期。

[②] 英格兰与威尔士实施 5—16 岁义务教育。

[③] 韩家勋:《教育考试评价制度比较研究》,人民教育出版社 2010 年版,第 27 页。

[④] 王承绪、徐辉:《战后英国教育研究》,江西教育出版社 1992 年版,第 153 页。

[⑤] 钟启泉、张华:《世界课程改革趋势研究(中):课程改革国别研究》,北京师范大学出版社 2001 年版,第 367 页。

政府在20世纪90年代对普通中等教育证书考试进行了调查，并实施了一些改进措施，如简化考试科目、取消成绩排行等。

（三）设立直接拨款公立学校

《1944年教育法》规定，地方教育当局负责开办和维持中小学的运行，且每年度可以从教育委员会那里获得相应的经费补助。《1988年教育改革法》提出设立中央政府直接拨款学校（grant maintained school）。地方教育当局维持的中小学或私立中小学若想成为直接拨款公立学校，需首先获得学生家长的投票同意，然后向教育与科学部提出申请。申请经教育与科学大臣批准后，中小学便可脱离地方教育当局的控制，从教育与科学部直接获得办学经费，并享有办学自主权。这种根据家长的意愿来决定学校属性的做法，是新自由主义"消费者利益至上"的体现。① 随着直接拨款公立学校的增多，地方教育当局的教育经费支配权和对中小学的控制力逐渐减弱。相反，中央政府的教育经费控制权增加，它既负责直接拨款公立学校的经费分配和财务检查，又负责各地方教育当局的拨款事务。这又体现了新保守主义加强中央政府对教育控制的主张。

（四）实施"开放入学"

保守党政府要求中小学实施"开放入学"（Open Enrollment），即要求所有中小学招生名额未满之前不得拒绝任何学生申请入学。这是新自由主义者主张加强家长选择权的重要举措。新自由主义者将家长视为学校教育的"消费者"。实施"开放入学"就是为了使家长能够做出自由选择，促使学校更加重视"消费者"的需要，使学校之间为了争取消费者而展开竞争，以实现优胜劣汰，提高学校的办学质量。

（五）成立教育标准局

《1988年教育改革法》规定中小学实施"国家课程"以后，督导机

---

① 石伟平：《西方新自由主义和新保守主义对英国当前教育改革的影响》，《教育研究》1996年第7期。

构必须按照"国家课程"规定的标准进行督导，这就需要对教育督导工作进行改革。《1992年教育（学校）法》[Education (Schools) Act 1992]颁布后，皇家督学团被改组为教育标准局。教育标准局由枢密院任命的皇家主任督学（Her Majesty's Chief Inspector of School）领导，有500多名工作人员，其中保留了原来的200多名皇家督学。[1] 教育标准局为非政府部门，能够独立行使职权。

相比于皇家督学团，教育标准局加强了教育督导的科学性、公开性、全面性。第一，科学性。教育标准局制定了详细的"督导大纲"，规定督导工作的标准、内容、方法、程序。[2] "督导大纲"是督学开展教育督导工作必须遵循的准则，使督导工作更加系统化、标准化。第二，公开性。由于保守党政府增加了家长选择学校的权利，家长需要有关学校更客观、准确、全面的信息。为此，教育标准局改变过去督导制度自我封闭的状态，向社会、学校、家长公开新颁布的"督导大纲"以及督导报告。第三，全面性。教育标准局不仅要为决策者提供服务，还要为学校提升办学质量和家长选择学校提供信息。因此，教育标准局不再继续采取抽样督导的方式，而是改为对所有学校进行督导与评价。

在教师职前教育督导方面，教育标准局于1993年至1995年对几乎所有教师教育机构开设的教师职前教育课程进行了督导、评价。评价结果成为中央向教师教育机构拨款的重要依据。自1994年起，教育标准局开始倾向于采用量化评价方式，并为此制定了量化评价标准和中小学教师培训检查操作文件（Secondary Ofsted Working Papers for Inspection, Primary Ofsted Working Papers for Inspection）。[3] 教师教育机构将这些标准和文件作为调整课程的依据。

---

[1] 王璐:《英国教育督导与评价》，高等教育出版社2010年版，第50页。
[2] 王璐:《英国教育督导与评价》，第51页。
[3] 周愚文:《英国现代师资培育研究（1945—2010）》，学富文化事业有限公司2014年版，第193页。

第四章 教师职前教育课程认证与培养途径的革新（1988—1997） ＊ 155

总之，20世纪80年代末至90年代末，保守党构建了一种"市场驱动，客户主导，国家控制"①的教育运行环境，教师职前教育作为整体教育事业的一个部门也深受影响，主要体现在中央开展能力本位的教师职前教育课程认证和开辟多种学校本位教师职前教育途径方面。

四 建构主义教师教育思想与反思主义教师教育思想

20世纪80年代西方国家兴起了建构主义教师教育思想与反思主义教师教育思想。二者都非常注重实践在教师职前教育中的作用，对当时英格兰与威尔士的教师职前教育政策产生了重要影响。

（一）建构主义教师教育思想

自20世纪后半叶起，随着科学技术的迅猛发展，知识生产和知识创新成为经济社会发展的核心推动力。社会迫切需要具有创新能力的个性化人才。为此，各级教育机构需要改变以往那种注重传授知识和训练技能的教育模式，给学生更多的自由空间，使他们能够充分发挥个性潜能，主动建构知识。在此背景下，西方在20世纪80年代兴起了建构主义思想，并逐渐成为许多国家教师教育改革的理论基础。建构主义认为知识是认识主体在一定情境下自主建构的结果。建构主义教师教育思想的主要内容体现在教师知识观和教师教育观两方面。

1. 建构主义教师知识观

建构主义教师教育思想认为，教师知识具有实践性、情境性、个体性、整合性、缄默性。② 教师的知识是个体在实践中通过亲身体验以及与外界环境的互动主动建构的。为了促进知识建构，需要在实际情境中进行教学。每名教师建构的知识都是其个人对教育问题的独特

---

① Maeve Landman and Jenny Ozga, "Teacher Education Policy in England," in Mark B. Ginsburg and Beverly Lindsay, eds., *The Political Dimension in Teacher Education: Comparative Perspectives on Policy Formation, Socialization and Society*, London: The Falmer Press, 1995, p. 24.

② 朱旭东：《教师教育思想流派研究》，北京师范大学出版社2017年版，第180页。

理解与表达，体现出各自不同的经验、习惯、情感、态度、价值观。教师知识的覆盖面很广，但很多知识是教师难以言表的，体现在他们的实际教学能力中。

2. 建构主义教师教育观

建构主义教师教育思想认为，教师职前教育过程应成为使师范生充分发挥个人主体性的自我导向学习过程。教师需要通过社会性的交往与对话促进师范生实现知识的建构。任何教育理论或方法都必须经过师范生亲身体验、反思、检验才能内化为他们自己的经验。由于教师的知识是在个人与情境的互动中产生的，必须将教师职前教育置于中小学真实的教学情境中，使师范生在解决真实教育情境问题的过程中建构新知识。

（二）反思主义教师教育思想

20世纪80年代，反思主义教师教育思想逐渐兴起，并渗透到教师教育的各个方面，对教师教育的理论与实践产生了重要影响。美国麻省理工学院教师舍恩（Donald Schon）阐述了反思在专业人员学习中的价值。他认为，反思指专业人士在工作过程中从复杂的、不确定的情境中探究所遇到的问题，找出解释或解决问题的办法。反思是教师意识到自己的缄默知识，将其提升为理论知识，并在工作中不断思考和修正自己行为的重要手段。他将反思与行动相结合并非常重视实践对于反思的价值。

1. 反思与行动相结合

舍恩将反思分为行动中反思和对行动的反思。行动中反思指个体在行动过程中有意识或无意识地思考与以往经验不符或未曾预料到的问题，同时调整自己的行为。对行动的反思指个体对已经发生的行为的回顾性思考，包括对行动中反思的结果与过程的反思。[1] 对于教师来说，行动中反思与教师在教学过程中实施的直觉的、即兴的决策有

---

[1] 朱旭东：《教师教育思想流派研究》，北京师范大学出版社2017年版，第213页。

关。对行动的反思指教师对已发生过的教学行为的回溯性思考。

2. 实践对反思的价值

舍恩非常重视实践对反思的价值。他认为，实践不只是学习者将已有知识加以运用的过程，更是学习者探究问题情境和解决办法，调整自身思路和行为的过程。对教师成长而言，实践中必然蕴含着反思，否则教师只是通过亲身体验不断积累经验、重复经验，而无法得到提升。[①] 由此可见，反思性实践对教师教育非常重要，它使师范生通过对自身实践过程与结果的反思，内化外在的教育理论，建构自己的实践知识，形成自己的教育智慧。师范生还能在这一过程中不断提升自己的反思意识和能力，为未来的持续性专业发展做准备。

建构主义教师教育思想促使教师教育的理念根基由关注理论转向关注实践。反思主义教师教育思想强调教师的理论知识和实践知识需要在真实的实践过程中整合。这两种教师教育思想对促进英格兰与威尔士实施教师职前教育课程认证与培养途径的革新产生了重要影响。

第二节　开展能力本位教师职前教育课程认证

1989年教育与科学部发布第24/89号通知，设置了能力本位的教师职前教育课程认证标准，调整教师职前教育课程的认证机构和认证程序，建议高等教育机构和中小学建立伙伴合作关系，共同开展教师职前教育。随着师范生的教育实践能力越来越受到重视。教育部（Department For Education，DFE）[②] 又分别于1992年和1993年发布了第9/92号通知和第14/93号通知，继续推进能力本位教师职前教育课程认证。

[①] 朱旭东：《教师教育思想流派研究》，北京师范大学出版社2017年版，第231页。
[②] 1992年英国将教育与科学部（DES）改组为教育部（Department for Education，DFE）。1944年后英国中央教育管理机构名称更替详情见附表3。

一 能力本位教师职前教育课程认证标准与程序的制定

20世纪70年代,美国盛行能力本位教师教育(Competence-Based Teacher Education),随后传播到西方多个国家。20世纪80年代,英国人力服务委员会(Manpower Services Commission)的多项提案都将能力作为人才培养目的和评价标准的核心内容。注重人才能力培养成为一种教育发展趋势。由于有着过于注重理论学习的传统,英国教师职前教育受到越来越严重的诟病,要求更多地运用能力标准衡量新教师的水平以及使中小学更多地参与教师职前教育的呼声日渐高涨。教师教育者认为,高等教育机构与中小学建立伙伴合作关系,共同培养教师,既能保留传统教师职前教育的优势,又能发挥中小学在教师职前教育中的作用。[1]

1989年11月,教育与科学部发布第24/89号通知《教师职前培训:课程的认证》,取代此前的第3/84号通知,修订了教师职前教育课程的认证标准和认证程序,其中最值得注意的是,第24/89号通知从能力本位的角度表述了教师职前教育课程认证标准,并提出高等教育机构应与中小学建立长期伙伴合作关系。

(一)第24/89号通知内容概要

1. 教师教育认证委员会与地方小组的重组

第24/89号通知规定从1990年1月1日起重组教师教育认证委员会。[2] 教育与科学大臣从教师教育机构、大学、中小学、地方教育当局和工商业协会中任命委员会成员。该委员会负责审核教师职前教育课程,并向教育与科学大臣提出课程认证意见;持续监督已通过认证的课程;不断调整课程认证标准并向教育与科学大臣提出修改建

---

[1] Myra McCulloch, "Improving Initial Teacher Training? Policy in Action 1984–1994," in Myra McCulloch and Brian Fidler, eds., *Improving Initial Teacher Training? New Roles for Teachers, Schools and Higher Education*, Essex: Longman Information and Reference, 1994, p. 13.

[2] DES, *Initial Teacher Training: Approval of Courses*, 1989, London: HMSO, 1989, p. 2.

第四章 教师职前教育课程认证与培养途径的革新（1988—1997） ✳ 159

议；鉴别、推广教师职前教育的成功案例。

第24/89号通知要求各地方小组于1990年3月31日前完成重组。每个地方小组至少应负责三所教师教育机构。[①] 小组成员由其所负责的教师教育机构联合指定并经教师教育认证委员会确认。小组成员必须包含教师教育机构代表、地方教育当局代表、中小学教师代表、非教师教育行业的学术人员代表、工商业人士和其他对教师教育感兴趣的人士。地方小组的主要任务包括：按照课程认证标准详细审查教师教育机构新设的和修订的课程，向教师教育认证委员会提交审查报告；考察正在运行的课程以确保其符合新标准；推动中小学、地方教育当局、教师教育机构建立伙伴合作关系。

2. 教师职前教育课程认证程序的调整

调整后的教师职前教育课程认证程序为：第一步，教师教育机构向地方小组呈交认证申请。第二步，地方小组按新的课程认证标准审查课程，将认为能通过认证的课程推荐给教师教育认证委员会。第三步，教师教育认证委员会经过审核，同意该推荐意见，再将其推荐给教育与科学大臣做出认证决定。教师教育机构课程如有变动，也应提交地方小组和教师教育认证委员会确定是否重新启动认证程序。教师教育认证委员会可随时对现存课程进行抽查重审。

3. 教师职前教育课程认证标准和实施要求

第24/89号通知计划于1990年1月实施修订后的教师职前教育课程认证标准。成功修完经过认证的教师职前教育课程后，师范生将自动获得合格教师资格。第24/89号通知从师范生通过课程学习后应具备哪些能力的角度表述课程认证标准，并附带课程实施建议。

（1）教师教育机构、地方教育当局和中小学的合作

教师教育机构应在地方教育当局的协调下，与多种类型的中小学建立长期伙伴合作关系，共同实施教师职前教育课程，实现双方共

---

① DES, *Initial Teacher Training: Approval of Courses*, 1989, London: HMSO, 1989, p.2.

赢。教师教育机构应聘用中小学教师参与师范生选拔、课程设计、实施以及师范生实习指导工作。师范生应有机会与多位中小学教师一起工作，学习不同的教学方法与风格。中小学教师应掌握培养师范生的技巧，明确自己在指导、评价师范生实习中应承担的职责。教师教育机构可向中小学教师发放师范生指导、评价指南，帮助他们提高培养师范生的水平。教师教育机构学科应用（subject application）以及教育与专业研究课程的教师应拥有最新的中小学实践经验。为此，教师教育机构应使他们至少每5年到中小学工作一学期。[①]

（2）学校实习

师范生可以在正式学习课程之前先到中小学进行体验，确定自己是否选择了合适的学科专业和任教年龄段。师范生在课程学习过程中应到多所中小学实习。三年制或三年制以下的学士或研究生教育证书课程以及四年制"并进式"教育学士课程应至少安排75天实习，其他四年制教师职前教育课程应至少安排100天实习。教师教育机构应在达到此下限的基础上，尽可能给师范生提供更多的实习机会，特别是课堂教学机会，使师范生全职上课时间不少于20天。[②]

学科应用、课程研究（curriculum studies）、教育与专业研究课程的教学应尽量与学校实习相联系。教师教育机构和地方教育当局应确保将师范生安排到合适的实习学校，配备优秀指导教师，并及时对师范生的实习情况进行评价和反馈。教师教育机构应为在教育实习中遇到困难的学生提供辅导。只有具备充足的课堂教学能力的学生才能被授予学位或合格教师资格。如果学生经实习证明确实不适合教师工作，培养机构应提供机会让他们转入其他高等教育课程的学习。

（3）中小学教师分途培养

第24/89号通知规定教师教育机构应对小学教师和中学教师进行分途培养，并分别设计相应的培养课程。小学教师的任教对象为3—

[①] DES, *Initial Teacher Training: Approval of Courses*, 1989, London: HMSO, 1989, p.7.

[②] DES, *Initial Teacher Training: Approval of Courses*, 1989, London: HMSO, 1989, p.7.

第四章 教师职前教育课程认证与培养途径的革新（1988—1997）　＊　161

12 岁或 5—12 岁儿童。中学教师任教对象为 11—16 岁或 11—18 岁儿童。培养小学教师和中学教师课程的区分不必过于苛刻，因为各年龄段之间的衔接非常重要，而且各地中小学年龄段划分不尽相同，如有些地方教育当局将 16 岁以上学生的教育设定为中等后教育。[①]

（4）学科研究与学科应用课程

学科研究与学科应用课程的教学目的旨在让师范生掌握所选科目的基本知识和教学方法，了解该科目在中小学课程中的地位，掌握如何评价儿童的学习表现以及如何对他人的课程教学进行评价。

学科研究课程指师范生选择某些学科作为自己的专业课程，将来欲到中小学任教这些学科。师范生应通过学习学科研究课程牢固掌握一门或几门学科知识，以便将来更有效地组织教学。学生所选学科研究课程的内容应与其欲任教年龄阶段儿童学习的学科知识相关。欲到中学任教的学士课程学习者，至少需花两年时间学习不超过两门学科研究课程，难度达到高等教育水准。欲到小学任教的学士课程学习者，至少需花一年半时间学习除英语、数学、科学以外一到两门学科研究课程，以便将来到小学充当一门或一门以上科目的"课程领导者"（curriculum leader），向其他教师提供该课程的教学指导。[②] 师范生可以从第二年开始学习学科研究课程，以便有时间发现自己真正感兴趣的学科。学科应用课程旨在使学生学习怎样在中小学开展相关学科的教学，也称为学科教学法课程。学科应用课程内容应该与师范生欲任教儿童年龄阶段相关，与他们的学校实习特别是课堂教学实习紧密结合。

（5）开设培养小学教师的研究课程

研究课程是培养小学教师的一门课程，旨在培养师范生学习如何教授"国家课程"规定的小学核心科目——英语、数学、科学并对儿

[①] DES, *Initial Teacher Training: Approval of Courses, 1989*, London: HMSO, 1989, p. 8.

[②] DES, *Initial Teacher Training: Approval of Courses, 1989*, London: HMSO, 1989, p. 8.

童进行考核。第24/89号通知规定教师教育机构应分别针对三门小学核心科目各开设100个小时的研究课程,另安排至少60个小时的中小学实习和自修时间。[①] 教师教育机构应对研究课程和学科应用课程进行统筹安排,确保学生不遗漏任何学习要点。威尔士培养小学教师的研究课程需考虑当地实际情况,如将威尔士语作为研究课程。

(6) 教育与专业研究课程

教育与专业研究课程开设的目的是发展学生的专业能力,使学生了解学科间的联系,能够将跨课程层面的内容如机会均等、多元文化教育、个人与社会教育,将人类面临的共同主题如环境教育、经济与工业理解、健康教育,将教师基本技能如口语、读写、计算融入教学当中。

教育与专业研究课程应与师范生实习紧密联系起来。通过学习该课程,师范生应能对普通学校所有年龄阶段具有不同能力、行为、社会背景和信仰的儿童进行教学;应掌握语言结构与运用相关知识并与儿童进行有效沟通;能识别资优儿童和有特殊教育需求的儿童,理解他们的发展方式,并促进这些学生的发展;能针对不同儿童设计合适的学习方法;能采用合理的评价方式对儿童学业进行形成性和总结性评价并进行记录;能有效管理和组织课堂教学,管理儿童行为;能选择运用合适的设备进行教学;能针对自己的工作表现进行自我分析和评价;能用平衡的方式讲授有争议的问题;能帮助儿童度过不同学校之间转换的过渡阶段;能处理与家长的关系;能了解中小学内各部门职责以及学校与外部社会的关系。

(7) 师范生入学选拔

第24/89号通知规定各教师教育机构拥有自主招生权,它们根据学生在普通中等教育证书考试中所获成绩或已经获得的学位,学生以往的表现记录,学生面试情况做出录取决定。所有申请学习教育学士课程学生的英语和数学必须达到普通中等教育证书考试C级及以上水

---

① DES, *Initial Teacher Training: Approval of Courses, 1989*, London: HMSO, 1989, p. 9.

平，并具有用英语有效读写的能力。所有申请学习研究生教育证书课程的学生必须具有大学或国家学位授予委员会授予的学位，且所获学位与专业适合参加教师职前教育。① 未达到正规入学要求的成年学生必须证明其具备完成学位课程的智力水平，教师教育机构不能对他们降低课程学习要求，而应对他们加强个别辅导。第 24/89 号通知还列举了适合当教师的学生应具备的个人素质，推荐了一些文件作为确定师范生选拔程序、方法的参考。

(二) 对第 24/89 号通知的评析

第 24/89 号通知与第 3/84 号通知的不同体现在形式和内容两个方面。从形式上看，第 3/84 号通知只有 10 页，第 24/89 号通知则有 26 页，而且采用命令式的表达方式。这体现出在新保守主义主导下，中央继续加强对教师职前教育的控制。从内容上看，第 24/89 号通知调整了教师职前教育课程的认证机构和认证程序，规定教师教育机构与中小学建立伙伴合作关系，规定教师职前教育课程的首要目的是培养师范生的教育实践能力，强调教师职前教育采用能力本位取向的培养目标，更有利于满足中小学的用人需要。

为配合《1988 年教育改革法》规定的中小学"国家课程"的实施，第 24/89 号通知特别强调教师职前教育课程内容应与师范生欲任教年龄阶段儿童所学习的"国家课程"相关，并着重培养师范生教授"国家课程"，以及评价儿童学业进展的能力。这体现了为实现教育政策效能，② 政府注重构建教育政策之间的耦合状态。政策耦合状态是指社会政策群中各项政策为了实现其核心功能而有机地结合在一起，各项政策从不同角度激励和约束人们的行为，解决不同层次和领域的社会问题的一种理想状态。③ 使教师职前教育政策与中小学实施

---

① DES, *Initial Teacher Training*: *Approval of Courses*, 1989, London: HMSO, 1989, p.12.
② 教育政策效能指国家通过教育政策的实施实现教育政策确定的发展目标的程度。
③ 汪霞：《政策群视域下政策效率的理论诠释及启示》，《武汉大学学报》（哲学社会科学版）2010 年第 2 期。

"国家课程"政策实现耦合,能够杜绝政策"真空"或政策冲突现象,有利于这两项政策效能的提升。

但第24/89号通知的内容也招致了一些批判。首先,第24/89号通知提出的能力本位取向的教师职前教育认证只注重测评师范生外在行为,降低了理论学习的地位。各教师专业协会认为教学工作有其独特的复杂性,教师培养与工商业人才培养不同,不能用培训技术工人的模式培养教师。制定能力本位的课程认证标准以后,任何人都可以根据标准实施教师职前教育课程,教育专业人士对教师职前教育的控制力受到侵害。其次,第24/89号通知规定学科研究课程内容必须与中小学"国家课程"相关,这致使社会学、教育哲学等学科被取消,不利于师范生理论水平和学术素养的提升。最后,第24/89号通知赋予教师教育认证委员会与地方小组更多的权力,增加这两个机构中教育界以外的成员,明确要求教师教育机构与中小学建立紧密的伙伴合作关系,这导致高等教育机构教师教育自主权的下降。不过,因为伙伴合作关系由高等教育机构主导,高等教育机构对教师教育的核心控制力仍然存在。

二 能力本位教师职前教育课程认证标准与程序的修订

第24/89号通知发布后,对教师职前教育理论教学过多,实践过少的批评仍不绝于耳。"新右派"教师教育评论家劳勒(Sheila Lawlor)1990年曾撰文呼吁"废除当前的教师培养体制,因为教师培养机构只是叫卖一些时髦的教育理论"。[1] 她认为,中小学才是最适合培养未来教师的地方,高等教育机构对教师职前教育的控制权过大,阻碍了教师教育认证委员会和中央政府实施教师教育改革。教育与科学大臣认同了她的观点。此外,20世纪90年代早期,教育与科学部有意将师范生应达到的能力标准与授予合格教师资格相联系,激

---

[1] Anne Williams, "Setting the Scene," in Anne Williams, ed., *Perspectives on Partnership-Secondary Initial Teacher Training*, London: The Falmer Press, 1994, p. 2.

第四章 教师职前教育课程认证与培养途径的革新（1988—1997） ＊ 165

起各教师协会或组织研究如何实施能力本位取向的教师职前教育。[①] 在第24/89号通知的基础上，英国教育部于1992年和1993年分别修订了中学和小学教师职前教育课程认证标准，进一步推进能力本位取向的教师职前教育课程认证的展开。

（一）第9/92号通知《教师职前教育（中学阶段）》

1. 教育与科学大臣克拉克在北英格兰教育会议上的讲话

1992年1月4日，时任英国教育与科学大臣的克拉克在北英格兰教育会议（The North of England Education Conference，NEEC）上发表讲话，提出当时以高等教育机构为本的教师职前教育过于教条化，远离中小学教学实际，不是理想的教师职前教育。他宣布中学教师职前教育改革计划主要包括：高等教育机构教师应与中学教师建立平等的伙伴关系，共同承担指导师范生的职责；中学应承担更多的教师职前教育任务并获得经费支持；构建能力本位的合格教师评价标准；增加师范生到中学实习的时间；高等教育机构应修订教师职前教育课程以及与中学的合作计划；充分发挥教师教育认证委员会的作用，确保教师职前教育课程达到国家规定标准。[②]

根据克拉克的讲话精神，教育与科学部于1992年1月24日发布《教师职前教育改革：咨询文件》（Reform of Initial Teacher Training: A Consultation Document）。该文件提出高等教育机构与中学建立伙伴合作关系，中学教师职前教育课程认证标准和认证程序的修改草案，征求各界意见。该文件特别建议学习研究生教育证书课程的师范生，其4/5的时间应在中学度过，学习教育学士课程的师范生，其1年时间应在中学度过。[③] 在征询意见后，教育部于1992年6月发布第9/

[①] John Furlong, Len Barton, Sheila Miles, et al., *Teacher Education in Transition. Reforming Professionalism?*, Buckingham: Open University Press, 2000, p.70.

[②] 周愚文：《英国现代师资培育研究（1945—2010）》，学富文化事业有限公司2014年版，第178页。

[③] DES, *Reform of Initial Teacher Training. A Consultation Document*, 1992, London: DES, 1992, p.II.

92号通知《教师职前培训（中学阶段）》，修订了英格兰与威尔士中学教师职前教育课程认证程序与认证标准。

2. 第9/92号通知内容概要

第9/92号通知的三个核心观点是：中小学应成为高等教育机构的完全合作伙伴，在教师职前教育中最大限度地发挥作用；教师职前教育课程的认证标准应聚焦于师范生的教学能力；高等教育机构可以将其开设的所有教师职前教育课程作为一个整体加以申请认证。

（1）伙伴合作关系

第9/92号通知规定，所有类型的中等教育机构都应有机会成为高等教育机构的合作伙伴。高等教育机构应阐明自己对伙伴关系中学的要求。中学应说明它们能够为教师职前教育做出哪些贡献，特别是能指导哪些学科师范生的实习，每年能接收多少实习生。组建合作伙伴关系的中学和高等教育机构应共同开展教师职前教育课程的计划、管理以及师范生的选拔、培养和评价工作。中学主要负责对师范生进行学科教学、儿童评估、课堂教学的指导和评价；高等教育机构主要负责教师职前教育课程的学术认证、专业认证、合格教师资格授予事务。如果中学在伙伴关系中没有得到高等教育机构的公平对待，教育大臣（Secretary of State for Education）[①]有权撤销对该高等教育机构课程的认证。由于中学通过合作伙伴关系承担了越来越多的教师职前教育职责，政府计划将发放给高校的部分拨款转移给与之建立合作伙伴关系的中学，经费的具体转移数目需根据各中学实际情况决定。

（2）中学教师职前教育课程认证标准

第9/92号通知规定，中学教师职前教育课程需培养师范生任教11—16岁或11—18岁青少年的能力。第9/92号通知提出，高等教育机构和中学应在整个教师职前教育过程中时刻关注、监督师范生能力的发展。第9/92号通知将所有师范生都应达到的合格教师新能力标

[①] 随着英国中央教育管理部门名称的改变，其领导者的头衔也发生相应改变。详情见附表4。

准划分为学科知识、学科应用、课堂管理、儿童发展评价和记录以及进一步专业发展五个方面，并阐述了每个方面的详细指标。[①] 尤其值得注意的是，第9/92号通知修订了师范生实习时长（见表4-1）。

表4-1　第9/92号通知对中学教师职前教育实习时长的安排

课程类型	全日制研究生教育证书课程	部分时间制研究生教育证书课程	2年或3年制学士学位课程	4年制学士学位课程
实习时长	24周	18周	24周	32周

资料来源：DES, *Initial Teacher Training（Secondary Phase）*, 1992, London：HMSO, 1992, p. 3.

第9/92号通知允许高等教育机构开设延长制研究生教育证书课程（extended postgraduate courses）和缩短制教育学士课程（shortened undergraduate courses）。[②] 延长制研究生教育证书课程一般为两年制，针对只完成两年高等教育课程学习，但所学科目为中学紧缺教师学科的学生。这些学生可以用其中一年时间学习紧缺学科专业知识，一年时间学习传统研究生教育证书课程。缩短制教育学士课程一般为两年制或三年制，针对那些具有非学位水平高等教育经历的学生。

（3）教师职前教育课程认证程序

在第9/92号通知发布之前，教师教育机构必须为其所开设的每门教师职前教育课程单独申请认证。第9/92号通知将这一规定修改为对教师教育机构未来5年里总体教师职前教育课程方案进行认证。新的认证程序如下。第一步：高等教育机构向教师教育认证委员会提交教师职前教育课程5年发展计划。第二步：教育标准局调查高等教

[①] DES, *Initial Teacher Training（Secondary Phase）*, 1992, London：HMSO, 1992, p. Annex A1.

[②] DES, *Initial Teacher Training（Secondary Phase）*, 1992, London：HMSO, 1992, p. Annex A6-7.

育机构并做出评估报告。高等教育机构对调查中所提出的问题做出回复。第三步：教师教育认证委员会审查上述报告和回复，并派出工作小组视察高等教育机构。第四步：教师教育认证委员会向教育大臣推荐可以通过认证的课程计划。第五步：教育大臣做出认证决定。[1]

一旦某高等教育机构的教师职前教育课程计划通过认证，在计划范围内进行的课程调整和新开设的课程将被默认为符合标准，无须重新提交认证。如果课程计划未通过教师教育认证委员会的审核，高等教育机构可在一定时间内补交材料或重新制订计划。如果二次审核还未通过，教师教育认证委员会将建议教育大臣取消该机构开展教师职前教育的资格。

（4）教师职前教育课程认证机构及职责

由于课程认证对象发生改变，教师教育认证委员会需承担三项责任：向教育大臣提出各高等教育机构的教师职前教育课程计划是否能通过认证的意见；向教育大臣提出不属于教师职前教育课程计划以内的独立课程是否能通过认证的意见；向高等教育机构提供教师职前教育课程认证标准和程序的咨询服务。

教育大臣取消了地方小组在课程认证中的职责，改由教育标准局调查高等教育机构开设的教师职前教育课程。此外，教育标准局还将受教育大臣委托，监督通过认证的高等教育机构的教师职前教育课程的实施情况，如果发现未能达到课程计划所承诺的标准，则向教师教育认证委员会反馈相关信息，由其提请教育大臣取消该课程的认证，直至其做出符合要求的整改。

需要特别指出的是，获得学术认证是教师职前教育课程通过教育大臣专业认证的必要而非充分条件。新的中学教师职前教育课程认证标准于1992年9月1日开始实施。政府希望所有中学教师职前教育

---

[1] DES, *Initial Teacher Training (Secondary Phase), 1992*, London: HMSO, 1992, p. Annex B. 1.

课程在 1994 年 9 月 1 日前通过新标准认证。① 1992—1993 学年，高等教育基金委员会（Higher Education Funding Councils）将为大学拨付 600 万英镑的额外经费用于准备参加新的课程认证。②

（二）第 14/93 号通知《小学教师职前培训：课程新标准》

1. 小学课程教学改革

1989 年，英格兰与威尔士开始在中小学实施"国家课程"，强调学生对核心科目知识的掌握。1992 年政府发布《小学课程组织与课堂实践：讨论文件》（Curriculum Organization and Classroom Practice in Primary Schools: A Discussion Paper），引发人们对小学课程问题的激烈争论。此后，教育标准局和国家课程委员会 1993 年分别发布《小学课程组织与课堂实践：后续报告》（Curriculum Organization and Classroom Practice in Primary Schools: A Follow-up Report）和《第一、二关键阶段的国家课程》（The National Curriculum at Key Stages 1 and 2），提出小学阶段"国家课程"的管理、组织和教学方法建议。这两份报告发放给所有参与教师职前教育的高等教育机构和中小学，将争论进一步推向高潮，引起他们对小学教师选择和使用合适教学方法的能力，对学生学业进展进行测试、评估能力的重视，也使他们更加支持在基础教育第二关键阶段（Key Stage 2）③ 设立学科专长教师。

在英格兰与威尔士，小学教师传统上大多是全科教师。为了达到实施"国家课程"的要求，提升学科教学质量，越来越多的小学开始设立专门从事某门学科教学的学科专长教师。教育大臣也鼓励小学

---

① DES, *Initial Teacher Training (Secondary Phase), 1992*, London: HMSO, 1992, p. 3.

② DES, *Initial Teacher Training (Secondary Phase), 1992*, London: HMSO, 1992, p. 5.

③ 《1988 年教育改革法》为配合引入中小学"国家课程"，首次将基础教育划分为四个关键阶段（Key Stage），每个阶段对应不同年龄段的学生。第一关键阶段（Key Stage 1）为 5—7 岁学生；第二关键阶段（Key Stage 2）为 7—11 岁学生；第三关键阶段（Key Stage 3）为 11—14 岁学生，第四关键阶段（Key Stage 4）为 14—16 岁学生。"国家课程"规定了每个阶段各科目教学应该达到的目标。

在第二关键阶段设立学科专长教师。在英格兰与威尔士小学教育改革的推动下，综合考虑教师职前教育整体发展趋势，教育部于1993年11月发布第14/93号通知《小学教师职前培训：课程新标准》。教育大臣要求所有小学教师职前教育课程在1996年9月前按照新标准完成认证。①

2. 第14/93号通知内容概要

由于第9/92号通知规定的新中学教师职前教育课程认证程序也适用于小学教师职前教育课程认证，第14/93号通知没有重复此内容。

（1）小学教师职前教育课程认证的目的

第14/93号通知指出，修订小学教师职前教育课程认证标准的目的是使小学通过与高等教育机构建立伙伴合作关系，在教师职前教育的课程设计、实施中扮演更重要、更有影响力的角色；使教师职前教育课程聚焦于师范生学科知识与实践能力的培养；使师范生能够有效开展教学，并为他们今后的专业发展打下基础；构建多种培养小学教师的途径，既满足不同背景和素质申请者的需要，也满足小学对教师的多样化需求。

（2）小学教师职前教育课程认证标准

第14/93号通知将新的小学教师职前教育课程认证标准分为三个部分：第一，新合格教师应该具备的学科知识、学科应用能力、评价和记录学生进步的能力、运用教学策略和教学技术的能力以及进一步专业发展的能力。第二，教师职前教育课程学习时间分配。第三，高等教育机构与小学承担的师范生选拔等其他职责。所有高等教育机构开设的教师职前教育课程以及小学通过实施学校中心教师职前培训（SCITT）方案②自主开设的教师职前教育课程都需要申请通过新课程

---

① DES, *The Initial Training of Primary School Teacher: New Criteria for Courses*, 1993, London: HMSO, 1993, p.1.

② 1993年9月，教育部发布《政府对教师职前培训的改革计划》，提出了学校中心教师职前培训方案，详情见后文。

第四章 教师职前教育课程认证与培养途径的革新（1988—1997）

标准的认证。新标准对第24/89号通知的主要修订和补充内容如下：

①课程学习和实习时间

第14/93号通知调整了小学教师职前教育课程某些学科的学习时间和实习时间（见表4-2）。为满足小学实施"国家课程"的需要，新标准要求教师教育机构直接用于英语、数学、科学三门小学国家核心课程的教学时间每门不少于150小时。其中，至少有50小时用于阅读教学，50小时用于计算教学。在威尔士地区，威尔士语和英语的总教学时间不得小于200小时。[①]

表4-2　第14/93号通知对小学教师职前教育课程教学和实习时间的安排

课程类型	四年制教育学士课程	三年制教育学士课程	研究生教育证书课程	两年制教育学士课程	新的一年制教师职前教育课程
课程与学科研究类课程学习时间	1800小时	1800小时	600小时	1200小时	500小时
实习时间	32周	24周	18周	18周	18周
比原来增加的实习时间	12周	9周	3周	3周	—

资料来源：DES, *The Initial Training of Primary School Teacher: New Criteria for Courses*, 1993, London: HMSO, 1993, p. Annex A, 8.

②师范生的能力

第14/93号通知规定所有师范生都需要达到小学教师职前教育课程认证标准所规定的学科知识、专业技能和个人素质要求。为此，小学教师职前教育课程应使师范生掌握有关小学"国家课程"相关学科的知识，特别是"国家课程"中三门核心科目的知识；训练师范生的教学技能，特别是阅读、计算科目的教学技能；培养师范生对学生

[①] DES, *The Initial Training of Primary School Teacher: New Criteria for Courses*, 1993, London: HMSO, 1993, p. 7.

学业成绩进行测验、评价和记录的能力；提高师范生组织课堂教学，维持课堂秩序，尤其是实施全班教学、小组教学和个别辅导的能力。

③入学要求

第14/93号通知规定，所有1998年9月1日后入学的师范生英语、数学、科学三科需达到普通中等教育证书考试C级及以上水平。高等教育机构和小学可以对那些未达到上述资格者（如海外学生）举行单独考试。①

④小学教师职前教育课程模式

政府鼓励高等教育机构采用多种小学教师职前教育课程模式，只要这些课程模式能够达到第14/93号通知所规定的认证标准。在教育学士课程方面，第14/93号通知建议高等教育机构开设六门课程研究和学科研究课程，在满足小学教师任教学科广度的同时，确保课程达到合适的深度。教师教育认证委员会建议给六门学科安排2400小时的"直接学习时间"（direct time）。② 第14/93号通知还提议发展针对具有至少一年高等教育经历的成年学生的两年制教育学士课程。③ 在研究生教育证书课程方面，第14/93号通知建议将全日制培养小学教师的研究生教育证书课程学习时间从36周延长为38周，以提高师范生在小学从事多科目教学工作的能力。④ 此外，第14/93号通知还建议开设一年制教师职前教育课程，招收具有一定儿童工作经验和学术素养的成年学生，将他们培养为从事第一关键阶段及以下年龄段儿童教学工作的教师。

⑤小学在教师职前教育中的作用

如果小学欲通过与高等教育机构建立合作伙伴关系的方式参与教

---

① DES, *The Initial Training of Primary School Teacher: New Criteria for Courses*, 1993, London: HMSO, 1993, pp. 9 – 10.

② "直接学习时间"指师范生在高等教育机构和小学花费的学习时间，不包括自学时间。

③ DES, *The Initial Training of Primary School Teacher: New Criteria for Courses*, 1993, London: HMSO, 1993, pp. 10 – 11.

④ DES, *The Initial Training of Primary School Teacher: New Criteria for Courses*, 1993, London: HMSO, 1993, p. 12.

师职前教育，它需向高等教育机构提出申请，高等教育机构如果拒绝，需阐明理由。组建合作伙伴关系的高等教育机构与小学应在互相信任和自愿合作的基础上协商教师职前教育经费转移数额。如果小学在这个过程中受到不公平对待，教育大臣有权撤销高等教育机构教师职前教育课程的认证。教育大臣已于1993年3月宣布参加学校中心教师职前培训方案的小学可以组成联盟自主培养教师。如果小学欲自主承担教师职前教育职责，可以申请政府单独拨款。

(三) 对第9/92号通知和第14/93号通知的评析

第24/89号通知从师范生能力发展角度阐述中小学教师职前教育课程认证标准，引发教师培养机构开展能力本位取向的教师职前教育课程的理论研究和实践探索。第9/92号通知和第14/93号通知进一步要求高等教育机构与中小学在教师职前教育课程的设计、实施、评价中以培养师范生能力为核心。这两个通知重新对师范生的各项能力指标进行分类、细化，还分别列出了详细的能力清单。这体现了行为主义取向的能力本位教师教育思想对英格兰与威尔士教师职前教育政策的影响。20世纪80年代，能力本位教育思想开始影响英国教师教育领域，行为主义取向的能力本位教师教育思想率先占据主导地位，它以行为主义心理学为基础，主张提前规定师范生需达到的能力目标。能力目标的设置应立足于师范生可观察的教学行为。然后据此目标设计教师职前教育课程。师范生事先知晓他们必须达到的能力目标，通过完成课程学习任务，最终表明自己获得了这些能力。这也将成为他们最终获得合格教师资格的依据。这样做既有利于教师培养机构对照标准调整所开设的课程，也方便教师教育管理者对教师教育机构和师范生进行测评。但这些能力标准只能用来测评师范生可观察的外在行为，很难对他们的态度、情感、价值观等进行评估，容易导致教师教育向工具化、技术化方向发展。此外，这还容易导致评价者采取照单打钩的方式对师范生进行评价，不利于提升师范生的综合素质。

值得注意的是，第9/92号通知和第14/93号通知都将高等教育机构与中小学建立合作伙伴关系作为教师职前教育课程认证标准的重要内容。这两个通知都规定，中小学应与高等教育机构共同承担教师职前教育课程的设计、实施以及师范生的选拔、培养、评价工作。这两个通知还大幅延长师范生的实习时间，促进教师职前教育由高等教育机构本位向中小学本位转变。中小学对承担教师职前教育任务呈现出比较矛盾的态度。一方面，由于承担教师职前教育任务可以获得政府额外经费投资，与高等教育机构建立合作伙伴关系也有助于提升中小学的教育工作水平，因此某些中小学非常愿意承担这项任务。另一方面，承担教师职前教育任务将使中小学耗费大量人力和时间。中小学还要接受教育标准局的额外视察。这给它们带来巨大的工作负担，导致某些中小学不愿承担这项任务。20世纪90年代中期，师范生在中小学的实习时间延长，中小学教师承担了更多的实习监督、评价职责。但多数承担教师职前教育任务的中小学不愿扮演更实质性的角色。[1]

教育部强调，第9/92号通知和第14/93号通知提出的师范生应达到的能力标准只是最低要求，教师教育机构还可以培养师范生的其他能力，并能够自由选择培养方式。总之，第9/92号通知和第14/93号通知规定了师范生通过课程学习应达到的更详细的能力指标，体现了英国政府在新保守主义思想影响下，进一步加强对教师职前教育的中央控制。这两个通知还提出了教育学士课程和研究生教育证书课程的变通形式，使教师职前教育具有更强的弹性和灵活性，给申请者更多的选择机会以满足他们的不同需求。这又是新自由主义思想主张提高教育事业的竞争性、选择性和自由度的体现。

三　开展能力本位教师职前教育课程认证的作用

由于师范生只有通过学习经过教育大臣认证的教师职前教育课程，才能获得合格教师资格，被公立中小学聘用为教师。因此，各教

---

[1] John Furlong, Len Barton, Sheila Miles, et al., *Teacher Education in Transition. Reforming Professionalism?*, Buckingham: Open University Press, 2000, p. 96.

师教育机构都必须按照中央公布的一系列课程认证标准修订自己的课程计划。在此过程中,教师职前教育课程越来越注重培养师范生的教育实践能力。

(一)教师职前教育课程的内容

20世纪90年代中期,教师职前教育课程主要为教育学士课程和研究生教育证书课程。虽然各教师教育机构的课程计划千差万别,但为符合国家规定的教师职前教育课程认证标准,它们在课程内容、开设时长、开设方式方面存在很多共性。表4-3和表4-4总结了当时教育学士课程和研究生教育证书课程的开设情况。

表4-3　　　　　　　　　　教育学士课程开设情况

课程要素	课程名称(内容)	开设时间	开设方式 必修	开设方式 选修
教育理论	儿童发展、教育哲学、教育心理学、教育社会学、课程研究、教育管理等	1、2年级	占总学时的25%—40%	—
	比较教育、特殊教育、人权与教育、社区教育、多文化中的教育	3年级		另有一些选修课程
	教育研究课程	4年级		—
教学技能	学校与课堂教学中的人际关系,学生个别差异与因材施教,语言交流中的问题,学习的选择与准备,表达技巧,评估方式,学科单元教学	2、3年级	占总学时的30%左右	
主要课程	中小学"国家课程"相关学科	1、2、3年级	1—2门,占总学时的30%—50%	1门
学校教育工作体验	教育见习、教学实习	1、2、3年级	70—75天	—
		4年级	5—8周	

资料来源:瞿凯乐《英国师范教育课程的沿革、现状及特点》,《南京晓庄学院学报》1998年第3期。

表4-4　　　　　　　研究生教育证书课程开设情况

课程类型	教育专业课程（教育理论）	各科教学法	学科专业课	教育实践
课时	4—8课时/周	6课时/周	视专业而定	12—19周
课程内容	教育原理、教育史、教育哲学、教育心理学、儿童发展等。有的大学教育学系还开设心理学、社会学、试听教学、学习学、课程研究、教育制度与行政等	教学材料的准备、教科书的使用、教案的制定、评价方法、小队教学、低能儿童教学、学生的实验室作业组织、所教学科教学方法、课堂的管理组织等	未来小学教师应在"国家课程"规定的小学学科中选一门作为自己的发展领域，并被鼓励广泛学习小学课程，未来中学教师应在"国家课程"规定的中学学科中选一至两门作为自己的发展领域	未来小学教师有一半时间在小学见习及实习，中学教师将去小学实践一次，去中学实践两次

资料来源：瞿凯乐《英国师范教育课程的沿革、现状及特点》，《南京晓庄学院学报》1998年第3期。

（二）教师职前教育课程的实施方法

当时，教师职前教育中的教育理论类课程主要采用讲座、班级授课、讨论课、实验课、自习课等形式。特别值得注意的是，讨论课一般由教师选择一个中小学教育中存在的争议性问题，如种族或性别歧视、体罚等，由师范生自己搜集材料，阐述观点，组织讨论。这种教学方式可以促进学生深入思考教育热点问题，还可以使学生有机会锻炼自己的教学组织能力、表达能力、评教能力。

各教师培养机构注重将学科专业课程与中小学教学法课程教学相结合。伦敦大学教育学院将为期一年的研究生教育证书课程分设在三个学期。除了其中一个学期的教育实习时间外，其他两个学期每周也会安排两天时间开展中小学课程研究，一天在教育学院进行，一天在中小学进行。在师范生入学后，除了要对中小学课程进行一般性的全面了解外，还要选择某一学科如英语、数学、艺术、科学等作为主要

第四章　教师职前教育课程认证与培养途径的革新（1988—1997）　＊　177

研究科目，并确定未来欲任教中小学哪一年龄段的学生，以便学院开展有针对性的培训。

英格兰与威尔士开展教师职前教育的高等教育机构大多与中小学建立了合作伙伴关系，能够方便地组织师范生开展教育实践和实习活动。在入学第一个学期，诺丁汉大学（University of Nottingham）教育学院为学习研究生教育证书课程的学生安排了每周一天的中小学教育实践活动。第二学期，师范生被分配到各中小学参加实习，中小学安排有经验的教师对他们进行指导、监督和评价。教育学院的教师每周都要到中小学进行巡回视察，并与中小学指导教师共同商讨、制定师范生的实习方案。第三学期，师范生除了回到教育学院上课以外，每周仍然要到中小学实习一天。师范生在中小学的实习、实践活动是全方位的，不仅开展课堂教学，还要组织中小学生进行参观、访问、考察等。合作伙伴关系的建立不仅有利于培养师范生，也有利于教育学院的教师了解中小学的实际情况，有利于中小学教师提高自身的专业水平。

西英格兰大学（University of the West of England）在开展培养小学教师的研究生教育证书课程时，借调某小学校长布莱特（Mary Blight）每周到大学工作两天，参与师范生的面试选拔，以及课程计划的制订与实施。其所在的小学与该大学建立了合作伙伴关系，为师范生提供实习岗位，也作为大学的研究基地。布莱特校长认为，借调不仅使自己有机会分享专业知识和经验，也拓宽了专业理论视野。[1]

从上述教师职前教育课程的计划和实施情况可见，教学技能和与中小学"国家课程"相关的学科研究课程在教师职前教育课程中所占比重较大。师范生的教育实习时间长，且被分散安排在教师职前教育的整个过程中。高等教育机构与中小学开始建立伙伴合作关系，中

---

[1] Joan Whitehead, Tor Foster, et al., "The PGCE and the Training of Primary Teachers," in Myra McCulloch and Brian Fidler, eds., *Improving Initial Teacher Training? New Roles for Teachers, Schools and Higher Education*, Essex: Longman Information and Reference, 1994, pp. 47–53.

小学在教师职前教育中的作用逐渐增强。

(三) 个案分析——兰卡斯特大学以伙伴合作关系为基础培养中学教师的研究生教育证书课程

1. 在第9/92号通知发布前兰卡斯特大学研究生教育证书课程的实施情况

1989年，兰卡斯特大学学习研究生教育证书课程的师范生开始参加伙伴合作关系计划。1991年，兰卡斯特大学与48所中学建立了合作伙伴关系，所有学习研究生教育证书课程的师范生都参加了合作伙伴关系计划。200名与大学建立合作伙伴关系的中学在职教师负责指导220名师范生。[①]

兰卡斯特大学的合作伙伴关系计划刚刚起步，各方面还不够完善。例如，合作伙伴关系计划只在一年中的两个学期实施（英国一年有三个学期）。由于参加合作伙伴关系计划的科学专业师范生人数不足，他们需要和未参加合作伙伴关系计划的科学专业师范生共同组成一个实习小组。1990年，由于与大学建立合作伙伴关系的中学容量有限，兰卡斯特大学英文专业的师范生不得不暂时退出合作伙伴关系计划。

普莱斯（Mike Price）在对兰卡斯特大学合作伙伴关系计划的实施情况进行调查后提出，为实现建立合作伙伴关系的预期目标，必须注意三点。第一，大学必须制定一份文件，详细阐述参与各方在合作伙伴关系中的职责，教师职前教育课程的实施程序，以及合作伙伴关系对参与各方会带来什么益处。第二，必须建立有效的沟通机制以促进参与各方互相理解。第三，参与各方必须投入充足的时间和精力，地方教育当局还需投入一定的资金。[②]

[①] Richard Aplin, "Partnership: The Leicester Secondary Experience," in Anne Williams, ed., *Perspectives on Partnership-Secondary Initial Teacher Training*, London: The Falmer Press, 1994, p. 55.

[②] Richard Aplin, "Partnership: The Leicester Secondary Experience," in Anne Williams, ed., *Perspectives on Partnership-Secondary Initial Teacher Training*, London: The Falmer Press, 1994, p. 59.

2. 在第9/92号通知发布后兰卡斯特大学研究生教育证书课程的实施情况

在第9/92号通知发布时，该通知中的许多规定已经在兰卡斯特大学研究生教育证书课程中实施了三年。因此在该通知发布后，兰卡斯特大学只是对其研究生教育证书课程进行了细微调整，如将师范生的中学实践时间从占课程的60%提高到66%。经过两年的完善，1994年，兰卡斯特大学的研究生教育证书课程方案已经比较成熟（见图4-3和图4-4）。与该大学建立合作伙伴关系的中学有51所，分为17个组，每组包含三所中学。[①]

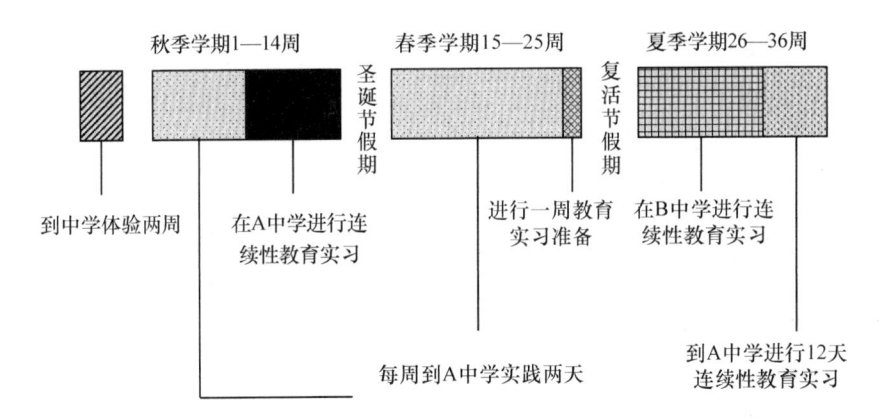

图4-3 1994年兰卡斯特大学培养中学教师的研究生教育证书课程方案

资料来源：Jenny Harrison and Cathy Gaunt, "The PGCE and the Training of Secondary Teachers," in Myra McCulloch and Brian Fidler, eds., *Improving Initial Teacher Training? New Roles for Teachers, Schools and Higher Education*, Essex: Longman Information and Reference, 1994, p.58.

由图4-3可见，师范生在开始课程学习之前，先到一所中学进

---

① Jenny Harrison and Cathy Gaunt, "The PGCE and the Training of Secondary Teachers," in Myra McCulloch and Brian Fidler, eds., *Improving Initial Teacher Training? New Roles for Teachers, Schools and Higher Education*, Essex: Longman Information and Reference, 1994, p.58.

行两周学校体验。在秋季学期前半程，师范生每周到与大学建立合作伙伴关系的中学 A 实践两天。后半程到该中学参加连续性教育实习。在圣诞节假期结束后的春季学期，除了最后一周准备夏季学期的实习之外，在其他时间师范生每周都要到中学 A 实践两天。在复活节假期结束后，师范生到与大学建立合作伙伴关系的中学 B 进行八周半连续性教育实习，体验不同的学校环境，练习前两学期获得的教学技能。随后他们再回到中学 A 进行两周半连续性教育实习，巩固学习成效。

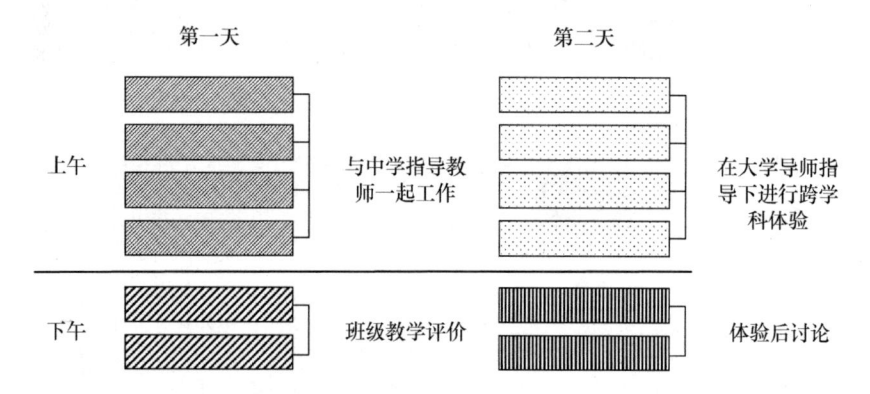

图 4-4　1994 年兰卡斯特大学师范生每周到中学实践两天的具体安排

资料来源：Jenny Harrison and Cathy Gaunt, "The PGCE and the Training of Secondary Teachers," in Myra McCulloch and Brian Fidler, eds., *Improving Initial Teacher Training? New Roles for Teachers, Schools and Higher Education*, Essex: Longman Information and Reference, 1994, p. 59.

兰卡斯特大学的研究生教育证书课程内容包括学科工作（subject work）和专业课程（professional course）。[1] 学科工作是与培养师范生掌握学科知识、发展教学技能相关的课程。专业课程是每名师范生都要学习的与学校整体工作相关的内容，它与师范生将来任教学科无

---

[1] Jenny Harrison and Cathy Gaunt, "The PGCE and the Training of Secondary Teachers," in Myra McCulloch and Brian Fidler, eds., *Improving Initial Teacher Training? New Roles for Teachers, Schools and Higher Education*, Essex: Longman Information and Reference, 1994, p. 57.

关。学科工作和专业课程是相互联系的,很多时候需要将它们作为一个整体进行学习和研究。在每周两天的中学实践中,兰卡斯特大学的师范生每两人为一组,到中学某学科部门(subject department)与一名中学指导教师组成三人团队共同工作。由图4-4可见,师范生在中学的第一天主要进行学科工作,第二天主要进行专业课程学习。第一天上午师范生在某学科部门与中学指导教师一起工作,包括听课、备课、教学等,下午在中学指导教师的参与下对班级教学进行评价。第二天上午在大学导师指导下开展一些跨学科的体验活动,下午进行相关讨论。[①]

3. 兰卡斯特大学以合作伙伴关系为基础的研究生教育证书课程的实施成效

兰卡斯特大学与中学建立合作伙伴关系的目的是使所有参与者(师范生、中学教师、大学导师)都获得专业发展。参与合作伙伴关系计划后,兰卡斯特大学的师范生需要自主制订学习目标、学习计划,记录学习成果,判断自己是否达到了合格教师要求,对自己的学习承担更多的责任。师范生在大学导师和中学教师的指导下,在伙伴关系学校参加大量的教育实践,积累了丰富的教育经验,能更快适应毕业后的工作。虽然为了指导师范生,中学教师需要付出一定时间和精力,但师范生也会带来一些新的理念,启发他们思考一些以前没有考虑过的问题,甚至生成一些研究课题。如与兰卡斯特大学建立合作伙伴关系的中学教师和师范生共同开展有关学习障碍儿童的研究课题。学校按照研究建议,向学有障碍儿童提供更灵活的学习计划,不仅使这些儿童受益,还促进了中学教师教育水平的提升。大学导师可以通过合作伙伴关系与中学建立紧密的持续性的联系,获得最新的中

---

① 这些活动和讨论主要涉及十个主题:班级纪律与良好关系;促进所有学习者拥有平等的机会;有效利用信息数据;帮助学习者并评价、记录他们的进步;培养基本技能;"国家课程"的跨学科主题;个人和社会教育;与其他学校、学院或外部世界的联系;学校和其所在的社区;教育争议问题。

学教育实践经验。

从兰卡斯特大学的经验中可见，真正的合作伙伴关系不仅需要高等教育机构与中小学签订详细的合作协议，而且需要双方互相信任、理解，互相有信心，需要双方人员在一起工作的过程中不断提升合作的默契程度。成功的合作伙伴关系不能仅是表面上的合作，而应是各方为了实现共同目标而不计代价地投入时间、精力、资源。可以说，真实的合作伙伴关系是具有生产性的，它不仅有助于培养优秀的师范生，也能促进大学和中学指导教师的专业成长以及中小学的发展。

第三节　开辟学校本位教师职前教育途径

20世纪80年代末，为了给人们提供更多参加教师职前教育的选择，也为了促进师范生教育实践能力的提升，英国政府推出合同雇佣教师计划（ATS）和特许教师计划（LTS）两种学校本位教师职前教育途径。虽然这两种计划引起了巨大的争议，且培养的教师人数很少，但它们的实施使中小学有机会承担更多的教师职前教育职责，也对传统教师专业主义提出了巨大挑战。

一　开辟学校本位教师职前教育途径的原因

20世纪80年代末，英国政府鼓励开辟多种学校本位教师职前教育途径，吸引具有不同知识、技能、经历、背景的人进入教师行业。政府做出此决定基于以下几点原因。

第一，在教师职前教育领域，维持充足的教师供应一直是政府必须解决的问题。一般来说，在经济繁荣时期，就业形势良好，愿意从事教师职业的人数下降，教师职前教育政策会重点关注教师招募问题，特别是从其他专业的毕业生或已就业的成年人中招募教师。而在经济萧条时期，就业困难，教师职业吸引力增加，教师职前教育政策就不太关注教师招募问题。此外，人口出生数量也会直接影响教师需求。20世纪80年

第四章 教师职前教育课程认证与培养途径的革新（1988—1997）　＊　183

代，英国国内生产总值逐渐回升，人口出生数量持续提高，导致80年代末中小学教师短缺，特别是数学、科学、现代语教师短缺。因此，政府需要开辟多种教师职前教育途径以保证教师供应。

第二，受新自由主义思想的影响，1987年保守党政府多次在各种文件中用"自由、选择、责任"来概括政府的教育主张。① 从这一观点出发，政府希望减少师范生的入学限制，给意欲从事教师职业的人员提供更多样化的教师职前教育途径，以此提高教师职前教育的竞争性。

第三，基于教师职前教育课程向能力本位发展的趋势，政府希望中小学在教师职前教育中承担更多的职责，以此促使师范生教学实践能力的提升。

第四，受建构主义教师教育思想与反思主义教师教育思想的影响，为了使师范生在真实的教育情境中通过亲身体验以及与外界环境互动主动建构知识，使师范生通过对自身实践过程与结果的反思形成自己的教育智慧，需要将他们更多地置于中小学教学工作环境中进行培养。

第五，《1982年教育（教师）条例》设定了五条获得合格教师资格的非标准化（non-standard）途径。② 但80年代末，合格教师资格申请者的背景已发生很大变化。例如，1983年，有1300名申请者在英格兰与威尔士以外地区获得了合格教师资格，1985年和1987年，这个数据分别增加到1500名和2200名。1945年以前开始从教，且具

---

① D'Reen Struthers, "An Alternative Route to Qualified Teacher Status-Collaborative Partnerships with the Licensed Teacher Scheme (a personal view)," in Andy Hudson and David Lambert, eds., *Exploring Futures in Initial Teacher Education*, London: Institute of Education University of London, 1997, pp. 299–300.

② 《1982年教育（教师）条例》共列出了六条获得合格教师资格的途径。其中第一条成功完成经过教育与科学大臣认证的教师职前教育课程是获得合格教师资格的标准途径。此外还有五条非标准途径，它们分别是：在英格兰与威尔士地区以外成功完成被认定为与上述课程具有同等效力的教师职前教育课程；1970—1974年在公立中学工作，被教育与科学大臣认定具有特殊教育技能；1945年4月之前开始在中小学工作，并持续工作20年以上；经地方教育当局推荐与教育与科学大臣认证，至少从事10年中小学教师工作；获得从事有智力障碍儿童教师证书并在特殊学校至少工作5年。

有20年以上教龄者可以直接申请合格教师资格，但符合要求的申请者正逐渐消失。[①] 因此，政府认为必须对获得合格教师资格的非标准化途径进行改造以满足申请者的需求。

1988年5月，教育与科学部发布《合格教师资格：咨询文件》（Qualified Teacher Status: Consultation Document），提出合格教师资格授予途径改进方案。教育与科学部将该文件发放给各地方教育当局、教师协会以及私立学校（voluntary schools）征询意见。教育与科学部于1988年10月14日之前收集到各方的反馈意见，为开辟新的学校本位教师职前教育途径做好了准备。1989年8月，教育与科学部发布第18/89号通知，即《1989年教育（教师）条例》，推出两种学校本位教师职前教育途径——合同雇佣教师计划和特许教师计划。这两种新的教师职前教育计划的推出不仅给申请者提供了更多样化的参加教师职前教育的机会，还对传统教师职前教育进行了重大改革。

二 《1989年教育（教师）条例》

《1989年教育（教师）条例》列出了可以获得合格教师资格的四种途径。第一种是完成经过教育与科学大臣认证的教育学士课程，研究生教育证书课程，或者获得英格兰与威尔士的大学或国家学位授予委员会授予的相同等级的学位。这是获得合格教师资格的标准化途径，也是主要途径。后三种分别是完成合同雇佣教师或特许教师培训；完成苏格兰或北爱尔兰中小学教师职前教育课程或已经被苏格兰或北爱尔兰认定为合格教师；在欧洲共同体法则（EC Directive）[②] 规

[①] DES, *Qualified Teacher Status: Consultation Document*, London: HMSO, 1988, p. 3.

[②] 1988年12月21日，欧洲共同体理事会（Council of the European Communities）通过了一项指令——对完成至少三年时间的专业教育和培训者授予的高等教育文凭的一般认证制度的理事会指令（Council Directive on a General System for the Recognition of Higher-Education Diplomas Awarded on Completion of Professional Education and Training of at Least Three Years' Duration），规定从1989年9月1日开始，在任何欧洲共同体成员国中经过三年的高等教育和培训，被认证为合格教师者可向英国教育与科学大臣提出申请，自动获得合格教师资格。

第四章 教师职前教育课程认证与培养途径的革新（1988—1997） ＊ 185

定互认高等教育文凭的国家获得合格教师资格。该条例详细介绍了新推出的合同雇佣教师计划和特许教师计划。

（一）两种学校本位教师职前教育途径

1. 合同雇佣教师计划

合同雇佣教师计划是一种新型学校本位研究生教育证书课程。由于参加该计划的人员通过地方教育当局培训补助金计划（Local Education Authority Training Grants Scheme，LEATGS）领取奖学金（bursary），他们被称为合同雇佣教师而非学生。合同雇佣教师第一年可以领取 5000 英镑助学金，第二年可以领取 6000 英镑助学金，如果他们参加的是数学、科学、现代语等教师短缺科目的培训，还可以获得每年 1300 英镑的额外助学金。[1] 该方案的选拔标准与普通研究生教育证书课程相同，即学生需具有与中小学课程相关科目的学士学位，英语和数学两科在普通中等教育证书考试中获得 C 级及以上成绩或其他相当水平。合同雇佣教师计划由地方教育当局和高等教育机构联合主办，培养期限为两年。合同雇佣教师 80% 的时间在中小学度过，在有经验的中小学教师指导下边工作边接受培训。中小学指导教师也可以获得酬劳。高等教育机构则主要负责对合同雇佣教师进行理论知识教学。

2. 特许教师计划

特许教师指还不具备合格教师资格，但拥有一定的教学能力，经教育与科学大臣特别许可，被中小学聘用为教师，并同时在中小学接受培训，最终经雇主推荐而被教育与科学大臣授予合格教师资格者。特许教师计划向在非欧洲共同体国家受过教师教育的申请者，以及其他具备适当知识和教育经验的申请者开放。

（1）特许教师的选拔

教育与科学大臣不接受个人申请特许教师资格，只能由雇主，即

---

[1] 周愚文：《英国现代师资培育研究（1945—2010）》，学富文化事业有限公司 2014 年版，第 167 页。

地方教育当局或中小学为其雇用的非合格教师代为申请。特许教师候选人需在 26 岁以上（在海外受过教师教育的候选人除外），英语和数学两科必须达到普通中等教育证书考试 C 级及以上水平，还需具有两年全日制高等教育学习经历。在海外接受高等教育的候选人需参照国家学术认证信息中心（National Academic Recognition Information Centre，NARIC）国际教育质量指南（International Guide to Qualifications in Education）的相关规定，确定其海外教育经历是否符合特许教师申请要求。此外，雇主还需考虑特许教师候选人是否具有最基本的教学能力。[1]

（2）特许教师的培养

获取特许教师资格者，需在其工作的中小学接受为期两年的培训。由地方教育当局和中小学决定具体如何实施培训。它们可以制定一套有关特许教师聘任、培训、监督、评价的一般政策。在此基础上，对每名特许教师的培养需求进行单独评估，并制定出个性化的培养和评价方案。中小学开展特许教师培训时，还要善于利用校外资源，如争取地方教育当局顾问、高等教育机构专家的指导，或申请地方教育当局培训补助金计划的资助。[2]《1989 年教育（教师）条例》详细列出了特许教师在申请合格教师资格时必须具备的知识和能力标准。地方教育当局和中小学负责按照此标准对特许教师进行评估，决定是否向教育与科学大臣推荐授予其合格教师资格。

（二）推荐特许教师获得合格教师资格

教育与科学大臣同样不接受特许教师个人申请合格教师资格，还需由地方教育当局或中小学负责为本单位雇用的特许教师代为申请。如果地方教育当局或中小学认为特许教师没有达到培养标准，可以向教育与科学大臣申请最多延长一年培养时间。如果认为某些特许教师表现特别优秀，也可为他们提前申请合格教师资格。但特许教师培养

---

[1] DES, *The Education (Teachers) Regulations* 1989, London: HMSO, 1989, p. 5.
[2] DES, *The Education (Teachers) Regulations* 1989, London: HMSO, 1989, p. 5.

时间不得少于一年。教育与科学大臣授予特许教师的合格教师资格证明将注明其参加了特许教师计划,以及其适合从教的年龄阶段、学科专业。

特许教师计划与合同雇佣教师计划的主要差异在于,合同雇佣教师计划只是研究生教育证书课程的一种变通形式,入学要求与传统研究生教育证书课程一致。虽然合同雇佣教师80%的时间在中小学度过,但该计划仍然由高等教育机构主导。而特许教师计划只要求申请者至少具有两年高等教育经历,且主要由地方教育当局和中小学主导。实行合同雇佣教师计划和特许教师计划,使英格兰与威尔士不具备合格教师资格的教师有机会接受变通形式的教师职前教育,使教师职前教育与中小学的教师需求联系更紧密,也更有助于提升新教师的教育实践能力。

三 关于学校本位教师职前教育途径的争辩

两种新的学校本位教师职前教育计划一经推出,便引起了社会各界的激烈争论。

(一) 反对者的声音

1988年《合格教师资格:咨询文件》发布一周内,两个主要教师协会立刻提出反对意见。英国全国教师工会谴责该文件"使所有教师都缺乏专业资格,这不可能维持更不必说提升教育标准"。全国校长联合会与女教师工会(National Association of Schoolmasters and Union of Women Teachers)将特许教师计划描述为"试图通过稀释教师专业而解决教师短缺问题,而不是对市场力量做出反应,通过增加工资吸引更好的教师"。[1] 奥德里奇(Richard Aldrich)、马奎尔(Meg Magu-

---

[1] D'Reen Struthers, "An Alternative Route to Qualified Teacher Status-Collaborative Partnerships with the Licensed Teacher Scheme (a personal view)," in Andy Hudson and David Lambert, eds., *Exploring Futures in Initial Teacher Education*, London: Institute of Education University of London, 1997, p. 300.

ire）和鲍尔（Stephen J. Ball）批判这两种教师职前教育计划是用19世纪的学徒制培养大学毕业生，是在中小学教师待遇和地位较低，教师招募困难的情况下，政府为了弥补教师不足而开辟的途径。尽管这些途径有助于补充教师，但却无法保证教师职前教育质量和中小学的教学质量。通过这些途径培养的教师，也不可能获得与通过传统途径培养的教师一样的声望和地位。[1]

（二）支持者的声音

"新右派"学者支持开辟新的学校本位教师职前教育途径。欧希尔（Anthony O'Hear）认为，优秀的教师需要精深地掌握并喜爱所教学科的知识，还需具备高超的教学技能。这需要通过学习学科知识，参加有指导的教育实习获得。教育理论的学习无助于师范生掌握这些知识和技能。因而师范生不需要到高等教育机构接受教师职前教育，只需在中小学工作的同时进行学习和锻炼即可。[2]他主张扩大学校本位教师职前教育途径，使中小学有权聘用具有良好任教学科知识的人员，并对他们进行教学技能训练，由中小学校长向教育与科学大臣推荐能被授予合格教师资格的候选人。

海盖特组的观点更为激进。他们认为特许教师计划应成为培养合格教师的主要途径。中小学可自行负责特许教师的培养和评价，不需要向教育与科学部、教师教育认证委员会和国家学位授予委员会申请审核和认证，只需由皇家督学团执行监督职责即可。[3]海盖特组还对批评特许教师计划的观点进行了激烈的辩驳。批评者提出特许教师计划降低了教师职前教育的标准和专业化水平，海盖特组辩称教师在教

---

[1] R. Aldrich, "The Evolution of Teacher Education," in Norman John Graves, ed., *Initial Teacher Education Policies and Progress*, London: Kogan Page Ltd., 1990, pp. 23 – 24. Meg Maguire and Stephen J. Ball, "Teacher Education and Education Policy in England," in Nobuo K. Shimahara and Ivan Z. Holowinsky, eds., *Teacher Education in Industrialized Nations*, London: Garland Publishing Inc., 1995, p. 237.

[2] Anthony O'Hear, *Who Teaches the Teachers*, London: Social Affairs Unit, 1988, pp. 3 – 4.

[3] The Hill Group, *Learning to Teach*, London: The Claridge Press, 1989, pp. 9 – 11.

室的熟练工作才是判断教师专业水平的标准；批评者提出特许教师计划使教师职前教育退回19世纪的学徒制，海盖特组辩称特许教师计划与学徒制虽然都是允许不具备合格教师资格者在有经验教师的指导下开展教学活动，但特许教师是具有一定知识水平的成年人，且可领取薪酬，而学徒是不可领取薪酬的未成年人；批评者质疑为何无资格教师可以作为特许教师上岗，海盖特组辩称这只是许可已经具备一定专业知识者在有经验教师的指导下工作一段时间；批评者担忧特许教师计划的实施会降低中小学教师的学位持有率，海盖特组辩称绝大多数特许教师已经具有学位；批评者质疑某些中小学无力承担特许教师的指导工作，海盖特组辩称中小学不会被强迫参加该方案。

虽然学校本位教师职前教育途径遭到了很多的批判和质疑，但保守党政府本身就以"新右派"意识形态为施政纲领，主张开辟多种教师职前教育途径，增强教师职前教育的竞争性。因此教育与科学部依然力排众议，从1990年开始实施这两种学校本位教师职前教育计划。

四 学校本位教师职前教育途径的实施与评价

（一）合同雇佣教师计划的实施与评价

合同雇佣教师计划于1990年9月开始实施。首批16个由中小学和高等教育机构组成的合作联盟共招收410名受训者（trainee），[1] 占参加研究生教育证书课程学习总人数（11956人）的3.4%。[2]

1991年，福隆等人对23个实施合同雇佣教师计划的地方教育当局的345名受训者进行了调查。调查发现，每个联盟的受训者人数都非常少，只有三个联盟的受训者超过25人。紧缺学科和少数族裔受训者的招录人数并未达到预期目标。绝大部分中小学指导教师参加了

---

[1] John Furlong, Len Barton, Sheila Miles, et al., *Teacher Education in Transition. Reforming Professionalism?*, Buckingham: Open University Press, 2000, p.50.

[2] 周愚文：《英国现代师资培育研究（1945—2010）》，学富文化事业有限公司2014年版，第167页。

用以提高指导能力的培训，他们每年还可以获得500—1000英镑的额外报酬。① 虽然中小学指导教师对受训者承担了更多的指导职责，且受训者只有20%的时间在高等教育机构度过，但高等教育和中小学仍然是平等的合作伙伴关系。高等教育机构教师在组织正式学习和讨论，以及掌控培训全局走向方面起着主导作用，中小学指导教师则主要指导受训者解决日常工作中所出现的具体问题。福隆等人调查还发现，招收合同雇佣教师的中小学往往教师比较短缺，不具备培养教师所需的条件，对教师培养质量造成了负面影响。大学和中小学教师对受训者的指导主要偏重班级管理和教学技能，缺乏学科知识的指导。②

1990年至1992年，皇家督学团调查了九个合作联盟实施的合同雇佣教师计划，并于1993年发布调查报告——《合同雇佣教师计划1990.9—1992.7》(The Articled Teacher Scheme September 1990 – July 1992)。调查发现，合同雇佣教师对中小学生活和教师角色的理解更为深刻，能够像一名真正的中小学教师一样承担工作职责。此外，合同雇佣教师计划能促进雇佣教师将理论学习与实践练习更有效地结合起来；能使雇佣教师更好地掌握中小学"国家课程"相关知识和教学技能；能更好地发挥中小学导师对雇佣教师的榜样和指导作用。但各合作联盟间以及联盟内合同雇佣教师的个体培养质量差异较大，培养过程中的监督评价缺乏连贯性，课程设计、学校安排和管理效率也存在诸多问题。

皇家督学团调查发现，合同雇佣教师计划的培养质量与传统一年制研究生教育证书课程差异不大，但合同雇佣教师计划所用经费是传统课程的两倍。教育部于1994年终止实施该方案。③ 合同雇佣教师计

---

① John Furlong, Len Barton, Sheila Miles, et al., *Teacher Education in Transition. Reforming Professionalism?*, Buckingham: Open University Press, 2000, p.50.

② John Furlong, Len Barton, Sheila Miles, et al., *Teacher Education in Transition. Reforming Professionalism?*, Buckingham: Open University Press, 2000, p.50.

③ John Furlong, Len Barton, Sheila Miles, et al., *Teacher Education in Transition. Reforming Professionalism?*, Buckingham: Open University Press, 2000, p.50.

划的实施时间虽短，但在思想层面和实践层面都有重要意义。在思想层面，合同雇佣教师计划的实施证明，中小学可以在教师职前教育过程中承担更多职责，增强了人们对开展学校本位教师职前教育的信心。正如皇家督学团所言："合同雇佣教师计划是教师职前教育进一步向学校本位方向发展的先驱。"① 在实践层面，合同雇佣教师计划的实施为教育与科学部继续推进学校本位教师职前教育改革积累了经验。例如，欲调动中小学参与教师职前教育的积极性，就必须给予它们足够的经费补助；欲使中小学教师起到有效的示范、指导、监督作用，就必须对他们进行适当的培训；欲降低教师职前教育质量的个体差异，就要构建一套有效的质量控制机制。

（二）特许教师计划的实施与评价

特许教师计划一经推出，就得到地方教育当局的大力支持，它们将其作为缓解教师紧缺的重要手段。教育与科学大臣于1990年春季开始核准首批特许教师资格，至1991年，已经核准了700多位特许教师，其中大多数是在非欧洲共同体国家接受过教师职前教育的申请者，只有少数是本国具有一定中小学工作经验的申请者。② 因为在海外接受过教师职前教育的申请者所占比例很高，教育与科学部于1991年发布《1991年教育（教师）条例（修订）》（The Education [Teachers] [Amendment] Regulations 1991），对具有英国居留资格的"海外受训教师"通过特许教师计划获得合格教师资格的相关问题进行了单独说明。至1992年，教育与科学大臣共核准了约1500个特许教师资格，其中一半以上是"海外受训教师"，59%在中学任教，68%是大学毕业生，71%为女性，1/3最终取得了合格教师资格。③

---

① Ofsted, *The Articled Teacher Scheme September 1990 – July 1992*, 1993, London: HMSO, 1993, p. 23.

② HMI, *School Based Initial Teacher Training in England and Wales: A Report by H. M. Inspectorate*, 1991, London: HMSO, 1991, p. 30.

③ Ofsted, *The Licensed Teacher Scheme September 1990 – July 1992*, 1993, London: HMSO, 1993, pp. 3 – 5.

1996—1997学年，有525人参加特许教师计划，占教师职前教育总人数的1.7%。[①]

特许教师计划在执行中存在两种情况。第一种是由地方教育当局发起实施并管理的特许教师计划。这种情况一般出现在大城市，且每个区域的特许教师人数较多，最多的有41人。第二种是由单个中小学发起实施，但由地方教育当局负责管理的特许教师计划。这种情况一般存在于郡县地区，规模比较小，有时一个区域仅有一名特许教师。特许教师计划的实施规模是影响培养质量的重要因素。在地方教育当局发起实施的规模较大的特许教师计划中，地方教育当局官员对特许教师的选拔、监督、要求更加严格，中小学指导教师一般需参加有针对性的培训。而个别中小学发起实施的特许教师计划规模较小，特许教师招录、培养的随意性比较大，中小学指导教师很难有机会参加相关培训，教师培养质量难以保证。

1990年至1992年，皇家督学团调查了20个地方教育当局实施的特许教师计划，1993年发布《特许教师计划1990.9—1992.7》（*The Licensed Teacher Scheme September* 1990 – *July* 1992），对特许教师计划实施效果进行了总结。皇家督学团对特许教师培养质量表示满意，认为严格审核特许教师资格是确保培养质量的关键因素。但特许教师计划在实践中存在以下一些问题：因为实施特许教师计划的一个重要原因是解决教师短缺问题，所以很多特许教师被分配到招聘教师困难的中小学，这些中小学很可能不具备培养教师的条件，不利于特许教师的发展。特许教师所接受的培训往往拘泥于其从事的实际工作，缺乏系统性和针对性。中小学导师的指导水平有待提升，地方教育当局给予特许教师计划的支持力度也有待提高。[②]

---

① TTA, *The Annual Report of Teacher Training Agency 1995/96*, 1996, London: HMSO, 1996, p. 11.

② Ofsted, *The Licensed Teacher Scheme September 1990 – July 1992*, 1993, London: HMSO, 1993, pp. 3 – 4.

传统教师职前教育强调间接经验，而特许教师则通过开展实际教学工作获得直接经验。为了使这些直接经验有效地促进特许教师教育能力的提升，必须给特许教师提供必要的资源和支持。中小学指导教师的水平是特许教师计划实施成败的关键因素。因此，应为中小学指导教师提供更多的培训和发展机会，使他们提升自身专业水平，拥有更开阔的视野。

特许教师计划的实施拓宽了教师职前教育途径，使许多原本没有机会进入教师行业的人获得了接受教师教育的机会，吸引了不同年龄、民族、性别和经历的申请者。在特许教师计划中，中小学可以完全承担教师职前教育职责。特许教师可以在没有学士学位，不到高等教育机构学习的情况下获得合格教师资格。这对高等教育机构在教师教育中的地位造成很大冲击。

合同雇佣教师计划和特许教师计划的实施，使申请参加教师职前教育者有了更多选择，减少了高等教育机构对教师职前教育的控制，体现了新自由主义者增强教育市场竞争机制的主张。当时，合同雇佣教师计划和特许教师计划培养教师的质量与传统教师职前教育途径差异不大，且培养的中小学教师人数很少，并未撼动高等教育机构在教师职前教育中的主导地位。

第四节 促进中小学承担更多教师职前教育任务

为了促使中小学承担更多教师职前教育任务，使它们获得充足的教师培养经费，1993年9月，英国政府发布《政府对教师职前培训的改革计划》。该计划提出实施学校中心教师职前培训方案，设立教师培训处。教师培训处负责教师职前教育经费的分配管理，师范生名额分配，教师职前教育课程认证等事务。

一 《政府对教师职前培训的改革计划》的形成背景

20世纪80年代末90年代初，英国政府制定了能力本位的中小学教师职前教育课程认证标准和认证程序，促使高等教育机构与中小学建立合作伙伴关系。政府还推出合同雇佣教师计划和特许教师计划。政府希望中小学能承担更多教师职前教育职责，甚至能摆脱高等教育机构，独立开展教师职前教育。

当时英格兰与威尔士开展教师职前教育的高等教育机构和中小学所获投资来源不同。高等教育机构从负责向高等教育部门拨款的英格兰高等教育基金委员会（Higher Education Funding Council for England，HEFCE）或威尔士高等教育基金委员会（Higher Education Funding Council for Wales，HEFCW）获得拨款。它们需将一部分经费分给与之建立合作伙伴关系的中小学。承担教师职前教育任务的中小学需要大量经费用于教师指导、师范生住宿、图书购买、学习设施建设、师范生管理等。随着中小学承担的教师职前教育职责增多，它们所需经费也逐渐增加。仅仅依靠高等教育机构转让给中小学的经费不足以支撑它们培养教师的开支。政府希望继续大力推动学校本位教师职前教育发展，甚至使中小学自主承担教师职前教育任务。但在当时体制下，中小学却被排斥在教师教育拨款体制之外。为了促使中小学承担更多的教师职前教育任务，必须给开展教师职前教育的中小学划拨稳定的教师培养经费。政府需要建立一个新的部门，专门负责教师培养经费分配与管理以及师范生名额分配等事务。

二 学校中心教师职前培训方案与教师培训处的政策规定

（一）学校中心教师职前培训方案

《政府对教师职前培训的改革计划》提出，新教师必须掌握维持课堂教学秩序的技巧；能够引导儿童学习"国家课程"；能够通过测验和评价改进自己的教学；能够使儿童和家长知晓儿童所获得的进步。教师行业应向所有优秀的申请者开放，教师职前教育课程必须使受训者接受真正必要的培训。教师教育机构应该开设广泛的教师职前教育课程，使新教师不仅成为某门学科教学的专家，还能拥有广泛的知识与技能以满足多样化的学校教育需求。中小学不能只是高等教育机构的合作伙伴，还应在教师职前教育课程的设计和实施中扮演领导角色。

为此，《政府对教师职前培训的改革计划》首次提出，开展学校中心教师职前培训方案，由中小学组成联盟（consortia），脱离高等教育机构，自主决定如何培养它们所需要的教师，自主开设研究生教育证书课程，直接获得政府资助。学校联盟在认为有必要的情况下，可以选择邀请高等教育机构提供指导或开设课程，但需向高等教育机构支付相关费用。学校联盟始终是学校中心教师职前培训方案的主导，它们只是购买高等教育机构的服务。首批学校联盟计划于1993年9月开始招生。①

（二）教师培训处

为使开展教师职前教育工作的中小学获得长期稳定的投资，对高等教育机构和中小学的教师职前教育名额分配等事务进行统筹安排，促使中小学承担更多教师职前教育任务，《政府对教师职前培训的改革计划》提出建立教师培训处，主要负责英格兰所有类型教师职前教育的经费分配事务。

教师培训处的成员全部由教育大臣任命，包括8—10名教育界内外人士。教育大臣还负责从中指定一位主席和一位首席主任执行委员（first chief executive）。教师培训处自行从中确定若干副主任执行委员（subsequent chief executives）。② 教育大臣每年对教师培训处的预算和成员调整进行审核。遵照必要的立法程序，该计划预计教师培训处将于1994—1995学年建立，并从1995—1996学年开始执掌教师职前教育经费分配工作。教师培训处的主要职责包括以下几个方面。

---

① DFE, *The Government's Proposals for the Reform of Initial Teacher Training*, 1993, London: HMSO, 1993, p. 2.

② DFE, *The Government's Proposals for the Reform of Initial Teacher Training*, 1993, London: HMSO, 1993, p. 8.

1. 教师职前教育经费分配与管理

对教师职前教育经费进行分配和管理是教师培训处的主要职责。它负责将国家的教师职前教育拨款分配给各个开设教师职前教育课程的高等教育机构和中小学；对不同地区、类型的教师职前教育课程的拨款进行总体协调平衡；给各教师教育机构分配师范生名额；从英格兰高等教育基金委员会接管教师教育研究经费分配和管理工作。教师培训处在履行上述职责时，必须确保教师职前教育的数量和类型符合国家对教师供需的预期，还必须考虑影响教师职前教育的其他因素，包括师范生人数的变动、教育学士课程的缩短和开设教师职前教育课程的中小学数量的增加等。教师培训处应特别注意利用经费分配手段促进中小学承担更多的教师职前教育任务以及促进教师职前教育质量的提升。

2. 教师职前教育信息咨询

教师培训处掌握最新、最权威的教师教育相关信息。因此，教育大臣计划使其接替教学生涯小组（Teaching as a Career Unit）[1] 的工作，为师范生、中小学、高等教育机构以及希望从事教师工作的人员提供官方信息咨询。随着教师职前教育途径日益多样化，这种咨询工作显得尤为重要。

3. 师范生的选拔

当时高等教育机构的师范生选拔工作由毕业生教师培训注册处（Graduate Teacher Training Registry）和大学与学院招生服务处（Universities and Colleges Admissions）承担。[2] 由于越来越多的中小学开始开设教师职前教育课程，这就需要构建一种新的招生管理体制，满足各种教师培养机构和各类申请者的需求。教师培训处应在新机制的构

---

[1] 教学生涯小组是一个属于非政府部门的公共机构，为准备将教学作为职业的人提供信息咨询，包括欲重新回到教学岗位的人员。该小组的工作非常有效并得到了政府的赞许。

[2] DFE, *The Government's Proposals for the Reform of Initial Teacher Training*, 1993, London: HMSO, 1993, p. 8.

第四章　教师职前教育课程认证与培养途径的革新（1988—1997）　＊　197

建和运行中起辅助作用。

4. 教师职前教育质量评价

教育标准局对教师职前教育课程质量所做出的评价，既会影响教师教育认证委员会和教育大臣对课程的认证，也会影响高等教育基金委员会（后来的教师培训处）的经费分配决定。教育大臣计划将课程认证和经费分配工作结合起来，取消教师教育认证委员会，由教师培训处和教育标准局分担其原有职责。这样既可以确保教师职前教育质量，也能对各机构职责进行清晰划分，节约经费。教育大臣希望各方尽快提出可供实施的具体改革建议。

由于威尔士教师职前教育规模较小，无须单独建立专门负责教师职前教育经费分配的机构，可以由威尔士高等教育基金委员会继续负责该工作，只需通过立法扩大高等教育基金委员会的职权即可。

三　学校中心教师职前培训方案的实施与评价

选择开展学校中心教师职前培训的中小学并不多。1993年的一项调查显示，仅有15.6%的中小学校长支持中小学脱离高等教育机构自己开办教师职前教育。[①] 1993年9月，六个中学联盟开始实施学校中心教师职前培训方案，共招收11个学科的150名学生。其中五个中学联盟与高等教育机构开展合作，高等教育机构负责在培训结束后授予师范生研究生教育证书，一个中学联盟独立开展只能够授予学生合格教师资格的教师培训。[②] 1994年，小学也开始组建学校联盟，开展学校中心教师职前教育。1994—1995学年，共有14个学校联盟，1995—1996学年学校联盟数量增加到19个。[③] 1995年，共有

---

① Geoffrey Partington, *Teacher Education in England and Wales*, London: IEA Education and Training Unit, 1999, p. 113.
② Ofsted, *School-Centred Initial Teacher Training 1993 – 1994*, 1995, London: Ofsted, 1995, p. 1.
③ 周愚文：《英国现代师资培育研究（1945—2010）》，学富文化事业有限公司2014年版，第173页。

600人参加学校中心教师职前教育。1996—1997学年，共有655人参加学校中心教师职前教育，占修读研究生教育证书课程总人数的3.53%，占参加教师职前教育总人数的2.13%，占参加非传统教师职前教育人数的23.01%。[1]

教育标准局对第一批六个实施学校中心教师职前培训方案的中学联盟进行了调查，并于1995年发布调查评估报告：《学校中心的教师培训1993—1994》（School-Centered Initial Teacher Training 1993 - 1994）。其中一个联盟的教师职前教育质量良好，三个合格，两个不合格。两个不合格的联盟通过整改，第二年达到了合格标准。[2] 1994年9月，有84%的学生完成培训后被聘为正式教师。[3] 该报告指出，参加学校中心教师职前培训方案的学生的学科知识、课堂管理能力和教学能力均低于参加其他研究生教育证书课程的学生。教育标准局认为，从初期实施成效来看，学校中心教师职前培训是一种有价值的、值得继续推广的方案，但是将其发展为培养中小学教师的主要途径并不明智。

与在高等教育机构学习的师范生相比，参加学校中心教师职前培训的师范生能够利用的资源较少。相比于中小学指导教师，高等教育机构的教师不仅拥有更高的理论水平，而且更加见多识广。综合比较来看，高等教育机构在教师职前教育中明显占据着优势地位。虽然学校中心教师职前培训方案的实施并未取得很大成功，但是，它对教师职前教育的发展具有重大意义。它使中小学可以完全脱离高等教育机构，自主选拔、培养教师，直接获得政府资助。师范生也可以不通过高等教育机构而获得合格教师资格。这打破了高等教育机构对教师职

---

[1] TTA, *The Annual Report of Teacher Training Agency 1995/96, 1996*, London: HMSO, 1996, p. 11.

[2] Geoffrey Partington, *Teacher Education in England and Wales*, London: IEA Education and Training Unit, 1999, p. 114.

[3] Ofsted, *School-Centred Initial Teacher Training 1993 - 1994, 1995*, London: Ofsted, 1995, p. 43.

前教育的垄断局面，增强了中小学承担更多教师职前教育任务的信心。政府非常支持学校中心教师职前培训方案，提供充足的资金以确保其继续运转。学校中心教师职前培训方案也可以作为一个有力的竞争者，鞭策高等教育机构提高教师职前教育质量。

四　教师培训处的成立、运行与评价

保守党政府将中小学承担更多教师职前教育任务作为未来的发展方向。传统的教师职前教育经费资助机制并没有将中小学纳入其中。因此政府必须建立一个新机构，以解决中小学的教师职前教育经费来源问题。1993年，教育大臣帕藤（John Patten）曾说："高等教育机构在教师教育中的角色依然非常重要，但会有所变化。教师教育必须有中小学的参与。中小学可以自主开设教师职前教育课程，可以选择以自己的方式与高等教育机构合作。政府应建立一个机构管理所有教师教育投资，促进不同教师培养机构的均衡发展。"[1]

（一）教师培训处的成立

《政府对教师职前培训的改革计划》提出建立教师培训处主要是为了将高等教育机构的教师职前教育投资转移一部分至承担教师职前教育任务的中小学，这必然导致作为既得利益者的高等教育机构的强烈反对。为了保证该政策的顺利实施，保守党梅杰政府将成立教师培训处写入新起草的教育法案中。1994年7月，英国国会通过《1994年教育法》（Education Act 1994）。该法案的第一部分详细规定教师培训处的成立及相关事宜，特别强调由教师培训处接管教师教育认证委员会的主要职责，并负责英格兰所有教师教育机构的经费分配事务。1994年9月21日，教师培训处成立，拥有12名成员，包括著名的

---

[1] John Furlong, Len Barton, Sheila Miles, et al., *Teacher Education in Transition. Reforming Professionalism?*, Buckingham: Open University Press, 2000, p. 73.

"新右派"活动家欧希尔教授和考克斯（Baroness Caroline Cox）。① 教师培训处从教育部独立出来，是一种半官方性质的机构（quangos），② 能够比较独立地行使自己的管理职权。

（二）教师培训处的运行

教师培训处一经成立，教育大臣就授权其承担多种职责，其中两项职责十分重要：一是推动学校中心教师职前培训方案的发展。二是根据教师教育机构的教师职前教育质量决定其经费分配数额。

教师培训处从英格兰高等教育基金委员会接管了教师职前教育资金分配的职责，高等教育机构在申请获得教师职前教育投资时，将会被教师培训处作为服务提供者，而非专业自治组织对待。1995年1—2月，教师培训处宣布了教师教育机构的师范生名额分配和经费分配数额。教育标准局与教师培训处一起承担教师教育机构的教师职前教育质量评估任务。1993年至1995年，教育标准局对所有教师培养机构进行了视察，并对它们的教师职前教育质量进行等级评定。这些视察不仅有效地促使各种培养机构开设的教师职前教育课程达到第9/92号和第14/93号通知规定的标准，还为教师培训处向各培养机构分配经费提供了依据。以往较为混乱的教师教育经费分配机制逐渐趋于简化和合理化。更重要的是，教师培训处通过经费分配手段，与教育标准局配合，逐渐掌握了教师职前教育课程的控制权。③ 教师教育认证委员会对教师职前教育课程的认证工作则失去意义。1994年政府撤销了教师教育认证委员会，由教师培训处和教育标准局接替其教师职前教育课程认证工作。

此后，教师培训处接管了教学生涯小组的信息咨询职责，还负责

---

① John Furlong, Len Barton, Sheila Miles, et al., *Teacher Education in Transition. Reforming Professionalism?*, Buckingham: Open University Press, 2000, p. 73.

② 半官方机构（quangos）是 quasi-autonomous non-government organisation 的缩写。这种机构由政府委任成立，受政府资助和控制，但它不是政府部门，具有一定的独立性。

③ DFE, *The Education (Teachers) (Amendment) Regulations 1995*, London: HMSO, 1995, p. 1.

分配教师教育研究经费。1995年，经教育部《1995年教育（教师）条例（修订）》（The Education [Teachers] [Amendment] Regulations 1995）授权，教师培训处甚至接管了教育大臣颁授合格教师资格的权力。

（三）对教师培训处的评价

成立教师培训处，可以被视为新公共管理理论（New Public Management，NPM）在教育领域的应用。1979年撒切尔执政后，为了有效利用公共财政资源，以最少的花费实现最大的效益，开始对公共服务进行改革。在新自由主义思想主导下，撒切尔政府强调自由市场的价值，使公共服务市场化，促使公共部门之间，公共部门和私人部门之间展开竞争以提升公共服务质量和效率。此后其他西方国家也纷纷开展类似的改革。20世纪80年代欧美国家形成了一种将公共服务视为商业活动，采用私营部门的管理模式管理公共部门，提升公共部门运作效率的新公共管理理论。

英国政府组建教师培训处这一半官方机构，负责处理教师教育事务，是新公共管理理论主张打破政府对公共服务的垄断，采用分权管理，将政府从具体执行者转变为管理者的体现。教师培训处负责给开展教师职前教育的各个机构分配经费，使承担教师职前教育任务的中小学也可以直接获得拨款，激发了它们参与教师职前教育事业的热情。这体现了新公共管理理论将市场竞争机制引入公共服务领域，通过竞争提升公共服务质量和效率的主张。教师培训处根据各教师教育机构的教师职前教育质量确定它们可以获得的拨款数额，这是新公共管理理论主张实施绩效管理的体现。

由教师培训处负责教师教育经费分配等事务，使承担教师职前教育任务的中小学可以直接获得教师培养经费，有利于激励中小学承担更多的教师职前教育任务。此外，由教育大臣任命的教师培训处接手多项教师职前教育管理职责，使教师职前教育受到政府更严格的控制，高等教育机构拥有的教师职前教育自主权更少了。教师培训处的成立，也标志着大学自主开展教师职前教育时代的结束，以及政府将更多的教师职前教育任务转移到中小学的决心。

本章小结

《1988年教育改革法》的颁布是"新右派"意识形态全面影响英国教育改革的开端。在"新右派"意识形态主导下，英国政府在加强对教育事业中央控制的同时，增强教育市场竞争。在教师职前教育领域，政府进行了教师职前教育课程认证与培养途径的革新，开展能力本位教师职前教育课程认证并开辟学校本位教师职前教育途径。建构主义教师教育思想与反思主义教师教育思想对这一时期英格兰与威尔士教师职前教育政策的发展也产生了重要影响。

英国政府通过发布第24/89号通知、第9/92号通知和第14/93号通知，逐渐构建出完整而详细的能力本位中小学教师职前教育课程认证标准和认证程序，要求高等教育机构和中小学建立合作伙伴关系，共同承担教师职前教育任务。英国政府发布了《1989年教育（教师）条例》，推出新的学校本位教师职前教育途径——合同雇佣教师计划和特许教师计划。这两种计划成为政府推动学校本位教师职前教育发展的重要尝试，为进一步开展学校中心教师职前培训方案积累了经验。

为提升中小学在教师职前教育中的地位，促进它们承担更多教师职前教育任务，1993年英国政府发布《政府对教师职前培训的改革计划》，提出开展学校中心教师职前培训方案，成立教师培训处。教师培训处负责教师教育经费分配、师范生名额分配、教师职前教育课程认证等工作。教师培训处的成立体现出政府对教师职前教育中央控制力的加强，以及将更多的教师职前教育任务转移到中小学的决心。

英格兰与威尔士开展的能力本位教师职前教育课程认证与开辟学

校本位教师职前教育途径的政策主张一直延续到 1997 年新工党执政之后。新工党执政后，延续和加强了保守党执政时期制定的教师职前教育政策。虽然教师职前教育政策主要关注合格教师资格标准的制定与修订，但这些标准依然以师范生的教育实践能力为基础。此外，政府继续拓展各种非传统教师职前教育途径。

第五章　教师职前教育合格教师资格标准的制定与实施（1997—2010）

1997年新工党赢得大选后，以"第三条道路"（The Third Way）为治国思想，将发展教育作为政府"第一核心要务"（number one priority），将提高教育标准作为实现教育现代化的主要手段。新工党政府在执政伊始就制定了合格教师资格标准，并经过不断修订形成了涵盖教师生涯发展五个阶段的教师专业标准体系。为促进更多的师范生达到合格教师资格标准，新工党政府通过实施一系列政策措施来提高教师职前教育的严格性并吸引优秀人才参加教师职前教育。政府还对教师培训处与教育标准局进行改组，使它们更好地执行教师职前教育的管理与督导职能。

第一节　制定中小学教师职前教育政策的背景

超越政治"左右对立"的"第三条道路"助力新工党赢得了1997年大选，也成为新工党此后连续执政13年期间制定各项政策的主导思想。为促进国家经济发展，实现社会公平，新工党将发展教育作为政府"第一核心要务"，致力于制定并提高教育标准。在新工党执政期间，经济的稳健发展为教师职前教育改革提供了有利条件，但人口结构的多样化也对教师职前教育提出了巨大挑战。

第五章　教师职前教育合格教师资格标准的制定与实施（1997—2010）　＊　205

一　"第三条道路"的产生

1994年托尼·布莱尔（Tony Blair）出任工党党魁后，将党章第四条中被视为工党灵魂的公有制内容，改为工党承诺建立一个权利、财富、机会属于多数人的，公正、开放的民主社会，使工党浓厚的意识形态色彩得以淡化。[①] 此外，布莱尔还削弱了工会对工党事务的干涉，吸收"新右派"的某些主张，将工党政策从"左"转向"中左"。这些改革举措扭转了工党在中产阶级选民中的形象。在当年英国工党大会上，布莱尔提出"新工党，新英国"的口号，工党以全新的面貌出现在公众面前。经过充分细致地准备和积极有效地实施竞选策略，在1997年大选中，新工党赢得了659个国会下议院席位中的419个，获得了自二战结束以来从未有过的压倒性胜利。由于英国经济发展取得了令人满意的成就，新工党又连续赢得了2001年和2005年两次大选。然而，布莱尔因决定参与阿富汗战争和伊拉克战争而遭到民众的强烈反对，被迫于2007年6月27日将首相职位交于财政大臣布朗（Gordon Brown）。布朗上任后即遭遇2008年全球金融危机，虽然2010年英国经济基本上得以恢复，但新工党还是在大选中失败，由保守党和自由民主党组成联合政府接管英国执政权。新工党在执政的13年期间一直以"第三条道路"为指导思想。

（一）"第三条道路"产生的背景

20世纪90年代以后，全球化进程加速。英国虽然从中受益匪浅，但也因此面临着许多难以解决的跨国问题，如环境恶化、人权保护、国际犯罪以及一些国内问题，如移民与国内居民的矛盾等。此外，英国还面临着诸多挑战，如既要维护社会稳定，又要增强经济活力；既要充分利用自由贸易，又要限制移民；既要通过生产线外移降低成本，又要解决失业率长期居高不下的问题。20世纪90年代进入知识

[①] 孙茹：《新工党的新首相——托尼·布莱尔》，《21世纪》1997年第5期。

经济时代,第三产业从业人数和影响力不断增加,而从事第二产业的工人大量失业。完全依靠传统福利国家的救济政策或完全依靠市场调节,都不足以解决知识经济时代的失业问题。

为缓和社会矛盾,维护劳工阶层的利益,政府需对福利制度进行改革,以确保国家在实现基本社会保障的同时维持生产率和就业率增长。"冷战"的结束使资本主义和社会主义两大意识形态的对立格局趋于消解,为其他意识形态的发展提供了更为广阔的空间。英国中产阶级队伍不断壮大。为了赢得大选,政党必须构建能引起公众兴趣的施政理论和策略,必须获得中产阶级的支持。二战后在"婴儿潮"中出生的一代成为20世纪90年代英国政坛的主导力量,① 布莱尔就属于其中的一员。他们具有一种与传统主流政治不同的反叛精神,更能提出吸引选民、振奋人心的竞选口号。以布莱尔为首的新工党上台执政,必然带来执政理念的巨大变化。

(二)"第三条道路"的含义

"第三条道路"在很大程度上来自于布莱尔的顾问,伦敦经济政治学院(The London School of Economics and Political Science)院长安东尼·吉登斯(Anthony Giddens)的观点。吉登斯在其《第三条道路》一书中提出,对新挑战,只有超越"左右对立",兼顾"发展与正义",均衡"权利与义务"的"第三条道路"才能适应新的时代。② 布莱尔将"第三条道路"定义为"一种现代化的社会民主,致力于实现社会公正和中间偏左的目标,具有灵活性、创新性和前瞻性"。之所以说它是"第三条道路",是因为它与"老左派"主张的国家控制、高税收和生产者利益不同;与"新右派"将公共投资、社会、

---

① 杨雪冬、薛晓源:《"第三条道路"与新的理论》,社会科学文献出版社2000年版,第5页。

② 区冰梅:《当前欧美"第三条道路"刍议》,《现代国际关系》1998年第12期。

集体努力视为应该被铲除的邪恶之物也不同。① 布莱尔的"第三条道路"是一种"中间偏左"的民主社会主义政治哲学。它超越了传统右翼政党信守的自由竞争思想和传统左翼政党主张的国家干预主义,主张建立既强调市场功能又强调政府作用的混合型经济模式,试图在国家与市场、个人与政府、竞争与合作、权利与义务、公平与效率、人类与自然之间寻求新的平衡点,以适应现代社会的挑战,建设一个强大和充满活力的新英国,建立符合西方国家利益的新的国际秩序。②

"第三条道路"主要强调四个平衡。③ 第一,政府调控与市场机制的平衡。政府应减少对经济和社会的直接干预,增强宏观调控能力和服务职能。通过开放资本和加大企业私营化力度,进一步调动企业的积极性与创新性。第二,经济发展与社会公正的平衡。提高最富有人群的纳税额。增加教育投资、提高学校教育质量、开展终身教育并以此作为促进就业和维护社会公正的根本途径。构建机会平等的"参与制社会",杜绝歧视与偏见。第三,权利和责任的平衡。改变传统"老左派""从摇篮到坟墓"的福利政策,强调"不承担责任就没有权利"。制定使人们放弃依赖,积极主动参与劳动的政策,同时给人们创造更大的经济活动空间,使每个人都有发展的机会。第四,国家利益与国际合作的平衡。在全球化和知识经济时代,放弃国家保护主义,积极开展国际合作,在促进全球协调发展的同时满足国家利益。总之,"第三条道路"以实用主义为出发点,在选择施政策略时,将促进经济和社会发展作为首要考虑因素。

鲍威尔(Martin Powell)将"第三条道路"与"老左派"以及"新右派"的政治主张进行了区分(见表5-1)。

---

① Un Yong Jeong, *Teacher Policy in England: An Historical Study of Responses to Changing Ideological and Socio-economic Contexts*, PhD. dissertation, University of Bath, 2009, p. 48.
② 张迎红:《试述布莱尔的"第三条道路"》,王振华、陈志瑞:《挑战与选择:中外学者论"第三条道路"》,中国社会科学出版社2001年版,第190页。
③ 区冰梅:《当前欧美"第三条道路"刍议》,《现代国际关系》1998年第12期。

表5-1 "第三条道路"与"老左派"和"新右派"政治主张维度区分

维度	"老左派"	"第三条道路"	"新右派"
方式	水平测量者	投资者	解除管制者
结果	平等	包容	不平等
公民	权利	兼而有之	责任
混合经济福利	国家	公众/个人,民间团体	个人
模式	命令与控制	合作	竞争
问责	中央/向上的/国家的	兼而有之	市场/向下的/地方的
社会支出	高	实用主义的	低

资料来源：M. Powell, "New Labour and The Third Way in the British Welfare State: A New and Distinctive Approach?" *Critical Social Policy*, Vol. 20, No. 1, January 2000, p. 42.

在"第三条道路"指引下，新工党政府主要扮演投资者的角色。它强调社会支出的实用性，社会包容，社会与个人的合作关系，以及个人权利与机会平等。为适应全球化和知识经济时代发展的需要，新工党政府执政期间，几乎将所有改革都冠以现代化（modernization）的名义。1997—1999年，新工党发布的许多关键文件的标题中都出现了"现代化"一词。这些文件虽然没给出现代化的明确定义，但政府已然将现代化作为公共机构、政府、政党以及政治进程本身改革的标签。[1] 教育事业是新工党政府实施现代化改革的重要领域。在《政府现代化》（*Modernizing Government*）的序言中，布莱尔曾说："政府肩负现代化的使命——使我们的国家全面革新以迎接新千年。我们要使学校、医院、经济、刑事司法体系等现代化。但是现代化必须走得更远，政府自身的工作也必须现代化。政府现代化是我们革新整个英国计划的关键部分。"[2]

---

[1] Janet Newman, *Modernizing Governance: New Labour, Policy and Society*, London: Sage, 2001, p. 40.

[2] The Cabinet Office, *Modernizing Government*, Cm. 4310, 1999, London: The Stationery Office, 1999, p. 4.

二　经济稳健发展与人口结构多样化

(一) 经济稳健发展

保守党执政时期虽然扭转了英国的经济衰弱趋势，增强了企业的竞争力，但是经济发展仍有较大波动，贫富悬殊拉大。在1997年的竞选宣言中，新工党强调促进经济长期稳定发展。当选后，新工党施行了新的宏观和微观经济政策。在"第三条道路"的指引下，新工党将其经济政策形容为多种经济观念的"折中混合体"（an eclectic blend）。[①]

新工党的宏观经济政策主要包括货币政策和财政政策。新工党执政后，宣布英格兰银行独立。政府负责制定通货膨胀率目标，隶属于英格兰银行的主要由金融专家组成的货币政策委员会（Monetary Policy Committee，MPC）根据政府确定的通胀率目标变更日常利率。虽然货币政策委员会在利率调整方面享有自主权，但是它必须定期公开运行状况，避免出现对利率调整的暗箱操作，还必须保证通胀率的浮动不能超过政府预定目标的1%。此举有效降低了政治的不确定性对货币政策以及经济稳定增长的负面作用。此外，新工党为财政政策的实施确立制度保证和法律制约，确保宏观经济环境稳定，长期资本投资增加。

新工党微观经济政策的主要目标是提高生产率。过去保守党政府对市场采取自由放任政策，这虽然有利于提高企业的竞争力，但也常面临市场调节失灵的危险。新工党政府对市场实施积极干预，包括改善市场竞争环境；支持企业研发创新；鼓励企业增加投资；加强对劳动力的技能培训等。《1998年竞争法》（Competition Act 1998）鼓励企业开展商业竞争。在知识经济时代，新工党出台的一系列文件将知

[①] C. Annesley and A. Gamble, "Economic and Welfare Policy," in Steve Ludlam and Martin J. Smith, eds., *Governing as New Labour: Policy and Politics under Blair*, Hampshire: Palgrave Macmillan, 2004, p.149.

识、技能和创造性作为提高企业竞争力和生产力的关键因素。新工党对市场的积极干预在提高生产率,实现经济长期稳定增长和社会公平方面发挥了十分重要的作用。

1997年新工党执政后,英国经济形势持续好转。2000年英国GDP增幅达3.9%。进入21世纪后,虽然英国经济增长出现小幅震荡,但经济增速依然高于其他欧元区国家。英国失业率在布莱尔第一任期中持续下降,在其第二任期中的2004年达到了4.8%(见图5-1)。此外,新工党执政时期的通货膨胀率一直比较稳定,失业率与通货膨胀率并没有呈现出保守党执政时期的"菲利普斯曲线"(Phillips Curve)。[①] 可以说,在新工党执政时期,英国总体上处于经济稳定增长、低通胀、高就业、福利改善的状态。但2008年英国遭遇全球性金融危机,2010年才恢复到原有的经济增长水平(见图5-1)。

(二)人口结构多样化

进入21世纪以后,英格兰与威尔士人口增长率持续走高。这是英格兰与威尔士人口出生数量逐年增长(见图5-2)和移民数量增加共同作用的结果。移民数量占英国总人口的比例越来越高(见表5-2)。20世纪末期英国的移民主要来自印度、澳大利亚等国。2004年后东欧国家开始加入欧盟,大批东欧移民涌入英国寻找工作机会。2006—2007年度,英格兰与威尔士流入的外国移民达到607703人。[②] 总人口的增加使中小学教师在21世纪初出现了一定程度的短缺。而越来越多的来自世界各地的移民使英国人口结构更加多元化。这需要

---

① 新西兰经济学家菲利普斯(Alban William Phillips,1914—1975)于1958年最先提出失业率和货币工资变动率之间的交替关系。此后经过经济学家的大量理论解释,菲利普斯曲线成为表示失业率与通货膨胀率之间交替反方向变动关系的曲线。也就是说,失业率高时,经济处于萧条阶段,工资与物价水平都较低,通货膨胀率也低;相反失业率低时,经济处于繁荣阶段,工资与物价水平都较高,通货膨胀率也较高。失业率和通货膨胀率之间存在着反方向变动关系。

② Office for National Statistics, Local Area Migration Indicators, UK, 2020.3.1, https://www.ons.gov.uk/peoplepopulationandcommunity/populationandmigration/migrationwithintheuk/datasets/localareamigrationindicatorsunitedkingdom.

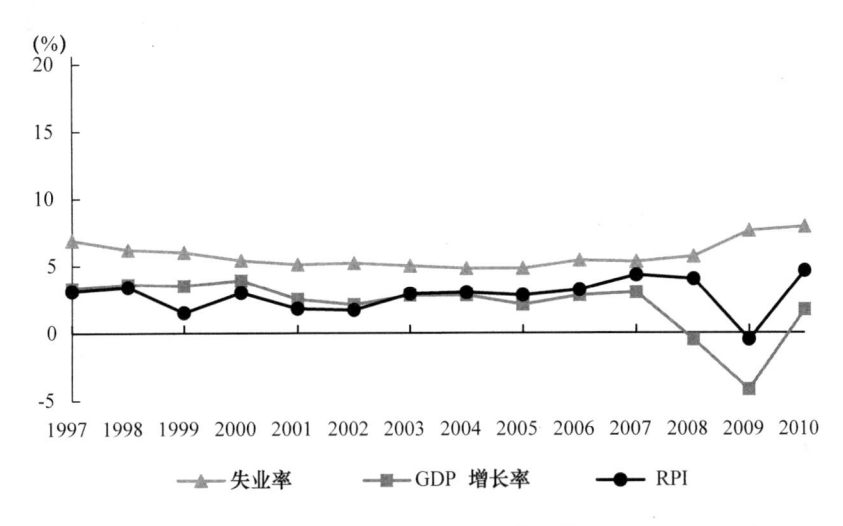

第五章 教师职前教育合格教师资格标准的制定与实施（1997—2010） ✽ 211

图 5-1 英国失业率、GDP 增长率、RPI 变化情况（1997—2010）

资料来源：Office for National Statistics, People Not in Work, 2020.3.1, https://www.ons.gov.uk/employmentandlabourmarket/peoplenotinwork；Office for National Statistics, Gross Domestic Product（GDP）, 2020.3.1, https://www.ons.gov.uk/economy/grossdomesticproductgdp；Office for National Statistics, Inflation and Price Indices, 2020.3.1, https://www.ons.gov.uk/economy/inflationandpriceindices.

中小学教育具有更大的包容性，使那些少数族裔、母语非英语以及具有特殊教育需求的儿童不受排斥，使他们在英国教育体制中获得公平的机会，这为中小学教师职前教育提出了更高的要求。

表 5-2　　　　　英格兰与威尔士非英国出生的人口
占总人口的比例（2000—2010）　　　（千人）

时间	总人数	非英国出生人数	非英国出生人数占总人数比例（%）
2000.3—2001.2	51267	4216	8.22

续表

时间	总人数	非英国出生人数	非英国出生人数占总人数比例（%）
2001.3－2002.2	51443	4444	8.64
2002.3－2003.2	51597	4633	8.98
2003.3－2004.2	51753	4754	9.19
2004	52468	4938	9.41
2005	52882	5298	10.02
2006	53253	5729	10.76
2007	53687	6059	11.29
2008	54138	6382	11.79
2009	54534	6601	12.10
2010	54991	6811	12.39

资料来源：Office for National Statistics, Population of the UK by Country of Birth and Nationality, 2020.5.1, https://www.ons.gov.uk/peoplepopulationandcommunity/populationandmigration/internationalmigration/datasets/populationoftheunitedkingdombycountryofbirthandnationality.

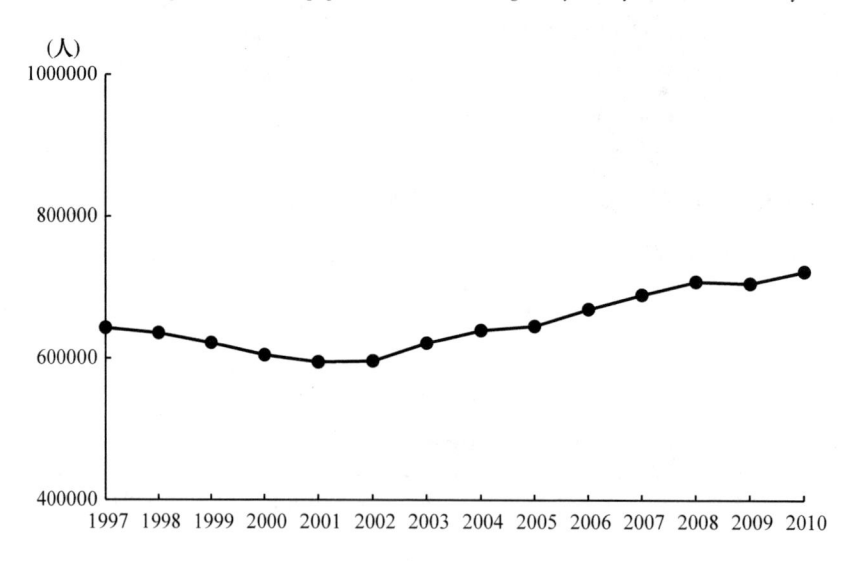

图5-2 英格兰与威尔士年人口出生数量变化情况（1997—2010）

资料来源：Birth Summary Tables-England and Wales, [2018-03-01], https://www.ons.gov.uk/peoplepopulationandcommunity/birthsdeathsandmarriages/livebirths/datasets/bir-thsummarytables.

三 教育优先发展及具体措施

虽然战后英国历届政府都非常重视教育事务，但只有新工党将其作为政府"第一核心要务"。这是出于以下几点原因：第一，在全球化和知识经济时代背景下，必须大力发展教育事业以培养人才，这样才能促进科技革新并推动国家经济和社会发展。第二，"第三条道路"强调社会包容，注重社会公平。教育机会的均等是社会公平的一种体现，教育也是实现社会公平的最重要手段。第三，要解决当时存在的人际关系冷漠，犯罪率上升，婚姻家庭危机等问题，需要通过教育提升公民素质。第四，"第三条道路"提倡实施积极的福利政策，建设"社会投资国家"（social investment state），[1] 使个人通过就业获得权利和福利。为促进就业，需要通过教育提升个人的学识和能力。

新工党执政后发表的第一份白皮书就是探讨教育问题的《学校的卓越》（Excellence in Schools）。它成为新工党制定其他教育政策的主要依据。《学校的卓越》提出要为所有人提供均等的教育机会，提高教育标准是实现教育现代化最主要的手段。

（一）提升教育标准

英国基础教育质量两极分化严重，虽然一流学校学生的学业成绩完全可以达到世界顶级水平，但是一般学生的学业成绩堪忧。中小学生英语、数学、科学三门核心科目的测试达标率偏低。为此，新工党政府将提升基础教育标准作为教育改革的重点内容。政府大规模增加教育投资，加强教育质量监测评估，要求所有英格兰与威尔士的中小学必须在1998年秋季确定教育质量的提升目标。政府提高了核心课程的教学要求，推行小班化教学，加强课外辅导。此外，新工党还注重提高教师职前教育质量，改善教学条件。

---

[1] "社会投资国家"的概念最早由吉登斯提出。"社会投资国家"将福利支出作为一种积极的人力资本投资，用于各级各类教育培训事业，用于给弱势群体提供更多的机会，使他们通过工作获得财富，以此实现社会经济效益提升与社会公平。

（二）增加教育投资

新工党认为，在建立开放的、真正实现个人机会平等的社会过程中，教育起着至关重要的作用。增加教育投资是建设"社会投资国家"的重要表现形式。新工党发展教育事业的目的之一是促使所有学校都获得成功，而非使学校通过竞争实现优胜劣汰。要达到这一目的，就必须增加教育经费开支。因此，新工党改变过去撒切尔政府紧缩公共开支，减少教育投资的政策，加大对教育事业的投资力度，用于改善办学条件，培养师资力量等。1998年新工党政府公布开支计划，宣布将在1999—2001年度额外拨付190亿英镑用于教育事业。1999—2003年，新工党的教育支出年均增长率为6%，2004—2005年度的教育支出达630亿英镑，占GDP的5.4%，成为仅次于医疗保障的第二大公共支出。[1]

（三）设立教育行动区

在某些学生学业成绩较差的教育薄弱地区，地方教育当局无力改善该地区学校的教育质量。新工党政府将这些地区的15—25所学校组成一个合作体，称之为教育行动区（Education Action Zone）。政府通过管理权招标的形式，吸引社会力量，特别是私营工商企业接管这些学校，使这些学校获得充足的经费支持和新的办学思路。此外，政府还给予教育行动区一些特权，如教育行动区内的学校可以自主设计课程；可以自行设定优厚待遇吸引优秀人才担任校长或教师；可以实施教育行动区内学校资源共享等。政府每年还给每个教育行动区提供25万英镑的额外拨款。至1999年底，政府在英格兰全境设立了66个教育行动区。[2]

教育行动区是新工党政府以"第三条道路"为指导实施的重要教

---

[1] P. Johnson, "Education Policy in England," *Oxford Review of Economic Policy*, Vol. 20, No. 2, February 2004, p. 173.

[2] 汪利兵：《公立学校私营化：英国"教育行动区"案例研究》，《比较教育研究》2001年第1期。

育改革。将薄弱学校交给社会力量，特别是私营企业管理是扭转学校办学质量的一种创造性尝试。由此可见，新工党政府与撒切尔政府教育改革的出发点不同。撒切尔政府主张通过学校竞争实现优胜劣汰，以此提高教育质量。这种方式虽然有助于教育质量的提升，但也必然以牺牲薄弱学校为代价。新工党政府则注重通过改善薄弱学校和处境不利儿童的教育状况以提高整体教育质量。

（四）提倡终身教育

1998年2月，教育与就业部（Department for Education and Employment，DfEE）①发布《学习的时代》（*The Learning Age*）绿皮书，提出未来是"学习的时代"，学习的机会应超越学校教育，在人生的各个阶段以多种方式向所有人开放。该绿皮书还提出充分利用现代信息技术，建立基于网络的虚拟大学，提供更多终身学习的机会，建立个人学习账户（individual learning accounts），由政府、雇主和个人共同注入资金，用于员工的在职培训，为终身学习提供资金保障等。

1999年6月，教育与就业部又发布《学会成功：16岁后学习的新框架》（*Learning to Succeed: A New Framework for Post-16 Learning*）白皮书，提出为促进个人发展，增强国家竞争力，构建有凝聚力的社会，需营造新的学习文化。其主要措施是简化终身教育的管理体制，成立学习与技能委员会（Learning and Skills Council），取代当时的继续教育基金委员会（Further Education Funding Council）、全国教育培训目标咨询委员会（National Advisory Council for Education and Training Targets）和培训与企业委员会（Training and Enterprise Council）。②学习与技能委员会负责所有16岁以上人员（除高等教育以外）教育培训的管理、信息咨询、项目开发和经费资助等事务。

---

① 1995年教育部（DFE）被改组为教育与就业部（DfEE）。1944年后英国中央教育管理部门更替详情见附表3。

② 马忠虎：《"第三条道路"对当前英国教育改革的影响》，《比较教育研究》2001年第7期。

新工党在开展终身教育过程中特别强调教育机会的均等，尤其是为那些在就业市场上处于不利地位的人群提供学习机会。

(五) 构建合作伙伴关系

教育被新工党视为一种建立在个人、组织和政府合作伙伴关系基础上的公共服务。新工党在《学校的卓越》白皮书中提出在教育领域建立新的合作伙伴关系——"新的明确的框架，所有位于其中的合作者都要明确自己的角色，能够一起有效工作而达到共同的目的，那就是提高标准"。[①] 新的合作伙伴关系是"第三条道路"在教育领域的鲜明体现，它既区别于老工党对教育的中央集权管理方式，也区别于保守党将教育市场化的政策。在新的伙伴关系框架下，新工党政府计划一方面在一定程度上继续执行撒切尔政府教育市场化的政策，维持教育的竞争和选择性；另一方面使撒切尔政府时期被极度边缘化的地方教育当局扮演更积极的角色。1998年，新工党颁布的《学校标准与框架法案》(School Standards and Framework Act) 规定，地方教育当局是中小学的合作伙伴，而不是上级管理机构。地方教育当局可以通过制定教育目标，分配资源等方式支持中小学的工作。中小学仍享有一定程度的自治权利，但相比于保守党执政时期有所弱化。

除了建立地方教育当局与中小学的合作伙伴关系以外，新工党政府还强调个人、公私企业、志愿组织、社区、政府等建立更广泛的合作伙伴关系以推动教育事业的发展。教育行动区计划就是公私企业或社会团体与中小学建立合作伙伴关系的一种体现。个人学习账户是合作伙伴关系在终身教育领域中的体现。

新工党政府力图在传统左派教育改革和"新右派"教育改革之间寻求平衡。它一方面继续推行保守党政府施行的"国家课程"、国家测试，追求教育的优异和多样性，另一方面致力于实现教育机会均等，促使所有学校和所有学生都能获得成功。在全球化与知识经济发

[①] DfEE, *Excellence in Schools*, London: HMSO, 1997, p. 66.

展的背景下，新工党的教育改革具有平衡性和包容性，这正是"第三条道路"思想的体现。

第二节 合格教师资格标准

为提高教师职前教育质量，新工党执政后相继颁布第 10/97 号通知和第 4/98 号通知，设定了详细的合格教师资格标准。为促进师范毕业生达到合格教师资格标准，这两项通知还规定开设教师职前教育"国家课程"，提出了教师职前教育要求。此后新工党政府分别于 2002 年、2006 年和 2007 年对合格教师资格标准进行了修订，形成了涵盖教师整个职业生涯发展各个阶段的标准体系。

一 制定合格教师资格标准的动因

（一）新工党政府发布《学校的卓越》白皮书

新工党在竞选宣言中表示要将教育置于优先发展的战略地位，致力于提高教育质量。1997 年 7 月，新工党执政后发布的第一份白皮书——《学校的卓越》提出了政府提高教育质量的改革举措。

《学校的卓越》白皮书字里行间充满了进取心与鼓动性。教育与就业大臣（Secretary of State for Education and Employment）[①] 布朗奇（David Blunkett）明确指出，发布这本白皮书，是为了实现"政府给每个人提供平等的机会和高标准的承诺，使每个英国人都能够迎接未来的挑战"。[②] 该白皮书提出，政府将继续推行保守党实施的中小学"国家课程"，继续致力于建立有效的教育管理机制、督导机制，实施教育质量信息公开。该白皮书提出了若干教育改革问题征询民众意见，教育与就业大臣希望大家积极回应，并呼吁民众参与教育改革事

[①] 随着英国中央教育管理部门名称的改变，其领导者的头衔也发生相应改变。详情见附表 4。

[②] DfEE, *Excellence in Schools*, London: HMSO, 1997, p. 3.

业，使英国每间教室，每个家庭的教育都达到最高标准。

为了促进教育质量的提升，白皮书提出政府将会在对各教育机构施加压力与提供支持之间寻求平衡，这也是政府制定今后教育政策的基本出发点：既提高教育标准，又增加教育投资。具体体现为以下六个原则：第一，教育将成为政府的核心事务；第二，教育政策将惠及大多数学生；第三，教育政策的核心是教育标准而不是教育结构；第四，干涉将会对获得成功起到相反作用；第五，对不佳表现零容忍；第六，政府将与所有承诺提升教育标准的伙伴共同努力。[1]

该白皮书指出，为了英国的经济繁荣和社会和谐，本届政府希望构建一个人人都能接受良好教育并能够终身学习的社会。为了实现这个目标，政府非常重视教师的作用。该白皮书第五章——"教学：高地位，高标准"（Teaching: High status, high standards）提出，教师是提升教育标准的核心力量，好的教学是达成高标准的关键。为了提升整体教育质量，必须提升教师教育标准。基础教育的首要任务是培养学生的读写技能。为此，该白皮书认为，政府应详细规定师范生对数学、英语两科知识的掌握应达到什么水平。此外，还应对教师职前教育课程提出更严格的要求，并重新界定合格教师资格标准。1998年夏季毕业的师范生必须达到合格教师新资格标准。所有教师培养机构必须在1998年9月以前实施新的教师职前教育"国家课程"。[2] 教育标准局将继续对所有教师培养机构进行严格检查。

该白皮书还提出，本届政府将继续强化中小学与高等教育机构之间的合作伙伴关系，以确保教师职前教育植根于课堂教学实践。一些中小学将发展为实验学校（Laboratory School），为师范生提供观摩示范课（demonstration lesson），并通过远程学习手段，如视频会议（video-conference）等，将高质量的示范课分享给其他中小学。某些实验学校还可以被建成教育技术改革实验中心。

---

[1] DfEE, *Excellence in Schools*, London: HMSO, 1997, p. 5.
[2] DfEE, *Excellence in Schools*, London: HMSO, 1997, p. 47.

（二）"新专业主义"的出现

20世纪70年代及以前，英国人一直维持着传统的专业主义观念，即认为专业人员掌握专门知识和专门技能，他们应该在自己的专业领域具有自主权，政府和公众无权干涉他们的专业活动。因此，中小学教师在教学工作中享有较大的自主权。他们决定教什么、怎么教以及如何评价学生学习成效。在传统教师专业主义中，教师是学生学习机会的组织者，学习过程的引导者，学习成果的评判者。[①]

1979年，奉行"新右派"意识形态的撒切尔政府执政后，采取一系列措施加强对教育事业的中央控制，导致教师的课程控制权不断被削弱。《1988年教育改革法》规定中小学实施"国家课程"，则几乎完全剥夺了中小学教师的课程控制权。政府详细规定了中小学的课程计划、教学过程和评价程序，教师只需执行规定即可。

与此同时，政府还加强了对教师职前教育的干涉和控制，推动高等教育机构与中小学构建合作伙伴关系，实施学校本位教师职前教育计划。这些举措都削减了高等教育机构以及高等教育机构教师对教师职前教育课程的控制权。学界将20世纪90年代末期以来英国政府秉持的教师专业发展理念称为"新专业主义"（New Professionalism）。"新专业主义"包括三个核心要素：由国家确定教师的专业标准；根据教师行为和学生学习效果评价教师的专业水平；教师应通过终身学习来实现持续性专业发展。[②] "新专业主义"成为此后教师专业发展政策的核心指导思想。

1998年，新工党政府发布《教师：面临变革的挑战》绿皮书，提出现代化的专业主义不再基于教师对课程领域的控制。该绿皮书还指出："孤立的、缺乏问责的专业人员独自决定课程和教学方法，不

[①] John Trushell, " New Professionalism—New Accountability?," in Jim Graham, ed., *Teacher Professionalism and The Challenge of Change*, Staffordshire: Trentham Books, 1999, p. 67.

[②] 吕杰昕：《"新专业主义"背景下的英国教师专业发展》，《全球教育展望》2016年第8期。

考虑外部世界的需要。这种时代已经一去不复返了。"① 这是"新专业主义"在教育政策中的首次体现。

新教师专业主义成为促进新工党制定详细的合格教师资格标准，构建涵盖教师职业生涯发展各个阶段的标准体系的重要推动力量。为了促使师范生达到合格教师资格标准，新工党甚至计划直接规定实施教师职前教育英语、数学、科学等"国家课程"。

二 合格教师资格标准的制定与修订

（一）合格教师资格标准的制定

1. 合格教师资格标准的制定过程

依据第9/92号通知和第14/93号通知的相关规定，能力本位的中小学教师职前教育课程认证标准主要从师范生可观察的外在行为判断师范生的能力，进而确定教师职前教育课程的质量。但能力不仅体现在行为维度上，还体现在智慧、认知、态度等维度上。因此，虽然这两个通知所规定的能力要求为教师职前教育设定了明确的目标和行为评价框架，但没有提及发展师范生的专业理解力和判断力，也未涉及培养师范生批判性地审视教育目的和意义，理解儿童的发展，研究中小学教学的社会文化、道德尺度等问题。1995年，福隆和梅纳德（T. Maynard）在《指导实习教师》（*Mentoring Student Teacher*）一书中指出，这两项通知所提出的教师培养方式是"狭窄的、功能性的、技术性的"。② 在这种能力本位框架下，国家仅关注师范生的外在行为表现，而忽略了行为的驱动力量，即师范生的专业判断力与智慧。20世纪90年代后期，教师培训处试图对这两个通知所规定的能力列表进行改造，增加教育理解力和态度方面的

---

① DfEE, *Teachers: Meeting the Challenge of Change*, 1998, London: HMSO, 1998, p. 14.

② Colin Richards, *A Key Stage 6 Core Curriculum? A Critique of the National Curriculum for Initial Teacher Training*, London: ATL, 1998, p. 2.

第五章　教师职前教育合格教师资格标准的制定与实施（1997—2010）

要求。

1996年以前，国家对教师职前教育内容的规定比较宽松。第9/92和第14/93号通知只规定师范生英语、数学、科学三门科目的学习时间，没有规定具体的学习内容。由于师范生在中小学实践的时间越来越多，不同的实习学校和指导教师关于师范生的学习内容差异较大。尽管1995年2月至1996年7月教育标准局调查发现，绝大部分教师职前教育课程质量已达到较高水平，但政府依然对教师职前教育质量不满。为了促进师范生达到合格教师资格标准，1996年，教师培训处决定设置教师职前教育"国家课程"。[①]

1997年2月，教师培训处发布征询意见文件，推出了新的授予合格教师资格的更为详细的标准体系，规定开设培养小学教师的英语和数学"国家课程"，并征询各界意见。1997年新工党执政后，以征询意见稿为基础发布第10/97号通知，即《教学：高地位，高标准——教师职前培训课程要求》，取代了此前教育部发布的第9/92号通知和第14/93号通知。随后，教育与就业部又于1998年发布第4/98号通知，对第10/97号通知进行补充。这两个通知规定了详细的合格教师资格标准。为了促进师范生达到合格教师资格标准，这两个通知还设置了培养中小学教师的七门"国家课程"，并提出了教师职前教育课程总体要求。

2. 第10/97号通知与第4/98号通知

（1）合格教师资格标准的内容

第10/97号通知与第4/98号通知将教育与就业大臣授予师范生合格教师资格的标准分为四大项以及若干小项（见表5-3）。第4/98号通知规定，自2000年5月起，只有达到合格教师资格标准的师范生才能被教育与就业大臣授予合格教师资格。

[①] Colin Richards, *A Key Stage 6 Core Curriculum? A Critique of the National Curriculum for Initial Teacher Training*, London: ATL, 1998, p. 4.

表5-3　　第10/97号通知中授予合格教师资格标准的分类

知识与理解标准	中学教师的知识与理解标准 小学教师的知识与理解标准 幼儿园或学前班低龄儿童教师附加的知识与理解标准
规划、教学与班级管理标准	小学教师英语、数学、科学课程的规划、教学与班级管理标准 中小学教师专业学科课程的规划、教学与班级管理标准 中学教师英语、数学、科学课程的规划、教学与班级管理标准 中小学教师所有学科课程的规划、教学与班级管理标准 幼儿园或学前班低龄儿童教师的规划、教学与班级管理附加标准
监督、评估、记录、报告与问责（accountability）标准	
其他专业要求标准	

资料来源：DfEE，*Teaching：High Status，High Standards，Requirements for Course of Initial Teacher Training*，1997，London：HMSO，1997，p. 6.

从表5-3可见，合格教师资格标准的分类与第9/92号通知中的能力要求分类大体一致。但是每个类目下的标准条目更加详细。在第9/92号通知中每个类目下只有4—5条简短的能力要求，但是在合格教师资格标准的每个类目下有15—20条标准，而且合格教师资格标准表述更加精确、规范。例如在评价方面，第9/92号通知规定新合格教师应能够系统地评价和记录每个学生的进步。[1]而合格教师资格标准规定：新合格教师必须证明他们能够系统地评价和记录每个学生的进步，包括通过观察、提问、测试的方法，并利用这些记录结果核对儿童理解和完成的学习任务；监控儿童的优势和弱点并利用获得的信息作为有目的地介入儿童学习的依据；进行规划；核查儿童在获得学科知识、技能和理解力方面所取得的明显进步。教师培训处主任执行委员（Chief Executive）米利特（Anthea Millett）1997年曾说："授予合格教师资格标准比以往更加详细地规定了师范生在核心知识、理

---

[1] DES，*Initial Teacher Training（Secondary Phase）*，1992，London：HMSO，1992，p. 8.

第五章　教师职前教育合格教师资格标准的制定与实施（1997—2010）　＊　223

解力、技能这些有效教学所依靠的素质方面应达到的要求。"①

第4/98号通知提出，从教师专业角度来看，达到一系列孤立的标准并不能证明师范生可以成为合格教师。应将所有标准作为一个整体，用来鉴别出那些既有从事教学所需的智慧和技能，又富有创造性、责任感、活力、热忱的师范生。所以，教师培养机构不能机械地对照标准、采取照单打勾的方式对师范生进行评价，而应对师范生的各项表现进行汇总以做出总体评价。② 此外，教师培养机构还可以依照合格教师资格标准对教师职前教育课程内容进行查漏补缺。

（2）教师职前教育"国家课程"

第10/97号通知与第4/98号通知规定开设七门教师职前教育"国家课程"，即培养小学、中学的英语、数学、科学教师的"国家课程"以及信息通信技术（Information and Communications Technology，ICT）在学科教学中的运用。③ 所有参加小学教师职前教育的师范生都必须学习培养小学英语、数学、科学教师的"国家课程"。所有参加中学教师职前教育的师范生都必须学习与他们所选专业学科一致的培养中学英语、数学或科学教师的"国家课程"。所有师范生都必须学习信息通信技术在学科教学中的运用。第4/98号通知规定，1999年9月所有教师培养机构开设的英语、数学、科学、信息通信技术应用课程必须达到"国家课程"要求。

开设培养中小学英语、数学、科学教师的"国家课程"的目的是促使师范生提高自身的学科知识水平，掌握开展有效教学和评价的方法。开设信息通信技术在学科教学中的运用这门课程的目的是培养师范生运用信息通信技术进行有效教学的能力。因此，教师培养机构不

---

① John Furlong, Len Barton, Sheila Miles, et al., *Teacher Education in Transition. Reforming Professionalism?*, Buckingham: Open University Press, 2000, p. 150.

② DfEE, *Teaching: High Status, High Standards, Requirements for Course of Initial Teacher Training*, 1998, London: HMSO, 1998, p. 8.

③ DfEE, *Teaching: High Status, High Standards, Requirements for Course of Initial Teacher Training*, 1998, London: HMSO, 1998, p. 2.

能只传授信息通信技术本身,而应让师范生学习如何使用信息通信技术从事欲任教学科和年龄段学生的教学,如何对教学效果进行评价。第4/98号通知还分别列举了师范生应掌握的七门学科的详细知识清单。

教师职前教育"国家课程"只对师范生能够在中小学有效实施教学所必须掌握的英语、数学、科学、信息通信技术方面的知识与技能进行了说明,并没有涵盖师范生应学习的所有内容,也没有对课程的具体实施方法提出要求,为教师培养机构预留了一定的自由发挥的空间。

(3) 教师职前教育课程总体要求

为确保师范生达到合格教师资格标准,第10/97号通知和第4/98号通知提出了各教师培养机构实施教师职前教育课程时应达到的总体要求。

①师范生选拔要求

所有申请者需参加由中小学教师参与评审的面试,能用清晰的、符合语法规范的英语进行交流与写作;英语、数学两科至少达到普通中等教育证书考试C级及以上水平;身心健康,具有适合从事教学活动的人格、智力水平;没有犯罪记录。研究生教育证书课程的申请者还需获得学士学位且此前所学内容与其欲申请的任教学科相关。两年制教育学士课程申请者应至少完成一年全日制高等教育课程的学习。

②课程质量要求

第10/97号通知和第4/98号通知规定,培养小学教师的研究生教育证书课程应为38周,培养中学教师的研究生教育证书课程应为36周。师范生学习的教师职前教育课程应由其欲任教的学科和学生年龄阶段所决定。课程的内容、结构、实施、评价应有助于增进师范生的知识,发展他们的技能和理解力,确保他们达到合格教师资格标准。为此,教师培养机构应该经常对课程实施质量进行检查,对师范生的能力发展进行严格、精确的评价,并依据这些评价结果制定课程

第五章 教师职前教育合格教师资格标准的制定与实施（1997—2010） ＊ 225

改进计划。

③伙伴合作关系的要求

第 10/97 号通知规定，高等教育机构必须与中小学建立伙伴合作关系，以确保中小学充分而能动地参与到教师职前教育工作的计划和实施中，确保师范生有充足的机会与中小学优秀教师一起工作。教师职前教育资金需根据各培养机构承担的任务量进行分配。高校应严格甄选与其建立合作伙伴关系的中小学。确立合作伙伴关系的高等教育机构和中小学必须建立充分、有效的沟通机制。第 10/97 号通知还规定了师范生在中小学实习的最低时间标准（见表 5-4）。

表 5-4　　　第 10/97 号通知规定的师范生最低实习时间标准

学制	在中小学实习的时间
四年制学士学位课程	32 周
三年制学士学位课程	24 周
两年全日制培养中学教师和关键阶段 2 或 3（Key Stage 2/3）教师的学士学位课程	24 周
全日制培养中学和关键阶段 2 或 3（Key Stage 2/3）教师的研究生教育证书课程	24 周
全日制培养小学教师的研究生教育证书课程或两年制学士学位课程	18 周
部分时间制研究生教育证书课程	18 周

资料来源：DfEE, *Teaching: High Status, High Standards, Requirements for Course of Initial Teacher Training*, 1997, London: HMSO, 1997, pp.44-45.

3. 对第 10/97 号通知和第 4/98 号通知的评价

（1）对合格教师资格标准的评价

相对于此前教育部发布的第 9/92 号通知与第 14/93 号通知，第 10/97 号通知与第 4/98 号通知最大的改变在于将授予合格教师资格的判断依据确定为更详细的标准。这显示出国家对教师职前教育以及合格教师资格的要求更加精准。教师培训处主任执行委员米利特指出："这是我们第一次在教育领域制定如此清晰、明确的标准，制定出我们希望新教师应达到的标准，规定他们必须知道、理解和能够做什么。"① 第10/97号通知指出："标准是明确、详细、可评价的，而且为可靠地、始终一致地授予合格教师资格提供了清楚的依据。"②

这两个通知对授予合格教师资格标准的规定多达849条。新的合格教师资格标准的可操作性更强，受到教师教育机构的普遍欢迎。它们可以依据标准更方便地制定培养方案，对师范生的表现进行评价，设定改进目标等。此外，在用语上，"标准"一词更容易与政府着力提升教育整体标准的目标保持一致。

尽管这两个通知强调将合格教师资格标准作为一个整体，用来鉴别师范生的培养质量。但由于标准是由一些离散性的条目组成的，缺乏连贯性和凝聚力，且这两个通知并没有阐明制定这些标准的理论依据，因此很容易造成培养机构依然对照标准列表采取照单打钩的方式对师范生进行评价。

（2）对教师职前教育"国家课程"的评价

在这两个通知设置教师职前教育"国家课程"后，容易导致教师培养机构忽略非"国家课程"的教学，阻碍通才与专长培养的结合。这两个通知只规定了教师职前教育"国家课程"的内容，并未给出设置教师职前教育"国家课程"的目的和原因，也没有阐明教师职前教育"国家课程"与师范生此前所学课程的关系，以及在师范生

---

① Colin Richards, Paul Harling, David Webb, "A Key Stage 6 Core Curriculum? A Critique of the National Curriculum for Initial Teacher Training," in Colin Richards, Neil Simco, Sam Twiselton, eds., *Primary Teacher Education: High Status? High Standards?*, London: Falmer Press, 1998, p.47.

② DfEE, *Teaching: High Status, High Standards, Requirements for Course of Initial Teacher Training*, 1997, London: HMSO, 1997, p.6.

第五章 教师职前教育合格教师资格标准的制定与实施(1997—2010) ＊ 227

日后持续性专业发展中的地位。英国皇家学会（The Royal Society）①认为，新的教师职前教育"国家课程"要求的教学内容过多。在有限的学制时间内，教师培养机构很难达到"国家课程"的要求。② 教师教育者普遍担忧合格教师资格授予标准和教师职前教育"国家课程"的实施时间表安排得过于紧张。③ 教师培训处之所以制定如此紧张的时间表，或许主要因为其急于证明自己与新工党政府的立场一致，寻求巩固自己在新工党政府中的位置。④

（3）第10/97号通知和第4/98号通知对教师专业发展的影响

新工党通过发布第10/97和第4/98号通知，规定了合格教师资格标准，设置了教师职前教育"国家课程"，加强了中央对教师职前教育内容的控制，降低了教师教育机构和教师教育者对教学内容的控制力。这两个通知在制定合格教师资格标准后，教师培训处希望继续设立针对教师专业发展各个阶段的标准，加强对教师专业发展的整体控制。正如教师培训处主任执行委员米利特所言："设立合格教师资格标准和'国家课程'的益处远超出教师职前教育领域以外。我毫不怀疑，设立合格教师资格标准对在职教师明确自己所从事的这种要求很高又极有价值的职业的未来发展预期具有划时代的意义。我相信这些标准将为推进公众接受教学是一种专业做出巨大贡献。它们可以成为制定首个教师国家专业资格（National Professional Qualification）的基础。"⑤

---

① 英国皇家学会成立于1660年，它是一个独立、自治的社团，是世界上历史最长并且从未中断过的科学研究学会。它目前在英国起着国家科学院的作用，为世界上许多杰出的科学家提供研究资助。

② The Royal Society, *The Teaching Profession Ref*: 4/99, 1999, London: The Royal Society, 1999, p. 1.

③ Kate Jacques, "The Teacher Training Agency, Higher Education and the Professionalism of Initial Teacher Educators," in Colin Richards, Neil Simco, Sam Twiselton, eds., *Primary Teacher Education: High Status? High Standards?*, London: Falmer Press, 1998, p. 20.

④ Colin Richards, A Key Stage 6 Core Curriculum? A Critique of the National Curriculum for Initial Teacher Training, London: ATL, 1998, p. 26.

⑤ John Furlong, Len Barton, Sheila Miles, et al., *Teacher Education in Transition. Reforming Professionalism?*, Buckingham: Open University Press, 2000, p. 156.

(二) 合格教师资格标准的修订

1. 修订合格教师资格标准的动因

1999年12月，教育与就业大臣宣布，教师培训处将重审合格教师资格标准和教师职前教育"国家课程"。教师培训处开展了大范围的调查，全面了解教师职前教育相关各方对第10/97通知和第4/98号通知的看法。[1] 教师培养机构普遍认为，合格教师资格标准没有充分体现出对师范生个人价值观、态度和品质的要求，仍然主要是对师范生外在教学行为上的一些要求，[2] 而且未阐述如何评判师范生是否达到了标准。他们还认为在实践中，教师职前教育"国家课程"的实施占用时间过多，严重制约了其他课程和教师职前教育工作的开展。[3]

随着移民人数的增加，英格兰与威尔士中小学生来源更为多样化。1999年教育与就业部第10/99号通知《社会包容：学生支持》（Social Inclusion: Pupil Support），2000年教育标准局的《评价教育包容：督学和中小学指南》（Evaluating Educational Inclusion: Guidance for Inspectors and Schools）均表示，中小学教育应更具包容性，此前，某些学生由于残疾、有特殊教育需求（special educational needs, SEN）、性别、民族、英语是第二语言（English is and Additional Language, EAL）和社会阶层等原因在中小学受到排斥，不能获得公平的机会。2000年基尔本（D. Gillborn）和米尔扎（H. S. Mirza）研究发现，虽然在过去10年里学生整体学业水平有所提升，但不同种族和社会阶层学生所受教育仍然极不公平。白人和印度裔学生，非手工业

---

[1] Emma Westcott, "Toward Professional Standards: A Small Step or A Giant Leap?," in Neil Simco and Tatiana Wilson, eds., *Primary Initial Teacher Training and Education: Revised Standards, Bright Future?* Exeter: Learning Matters, 2002, p. 11.

[2] John Furlong, Len Barton, Sheila Miles, et al., *Teacher Education in Transition. Reforming Professionalism?*, Buckingham: Open University Press, 2000, p. 152.

[3] Kate Jacques, "The Teacher Training Agency, Higher Education and the Professionalism of Initial Teacher Educators," in Colin Richards, Neil Simco, Sam Twiselton, eds., *Primary Teacher Education: High Status? High Standards?*, London: Falmer Press, 1998, p. 21.

第五章 教师职前教育合格教师资格标准的制定与实施（1997—2010）

者家庭学生的普通中等教育证书考试成绩提升很多，而加勒比非裔（Afro-Caribbean）、孟加拉裔（Bangladeshi）和巴基斯坦裔（Pakistani）学生的成绩提升很少。[①] 2000年英国教育与就业部发布《国家课程》（The National Curriculum），明确表示，鼓励中小学通过制定适当的教学目标、采用合适的教学方法，充分利用各种资源，以确保所有学生都能有效学习课程。此举引发了2000年后英格兰与威尔士融合教育（inclusive education）的发展。融合教育指教师在进行学科课程教学时，考虑不同个体或群体学生的特殊背景和需求，确保所有学生都能充分融入课程教学活动。这对教师教学能力提出了更高的要求。教师必须具有鉴别学生的教育需要并满足其需要的知识和策略。

2. 合格教师资格标准修订进程

2001年7月，教师培训处根据各方对第10/97和第4/98号通知的反馈意见，以及融合教育发展对教师素质的要求，发布咨询文件《合格教师资格授予标准与教师职前教育要求》（Standards for the Award of Qualified Teacher Status and Requirement for Initial Teacher Training）。该咨询文件主张简化合格教师资格授予标准，更加强调教师专业价值观的培养。该咨询文件提议另制定一份指导手册，详细解读合格教师资格授予标准与评判方法，供教师培养机构和教育标准局参考。该咨询文件发布后，教师培训处根据收集的反馈意见对合格教师资格标准进行修改，于2002年8月发布《合格任教：合格教师资格专业标准与教师职前培训要求》（以下简称《合格任教》）。此后，新成立的学校培训与发展处（Training and Development Agency for Schools，TDA）[②] 又根据教师教育发展需要对合格教师资格标准进行了多次修订。

[①] Andrew Waterson, "The Challenge of Inclusion in Developing Initial Teacher Training and Education Programmes," in Neil Simco and Tatiana Wilson, eds., *Primary Initial Teacher Training and Education: Revised Standards, Bright Future?*, Exeter: Learning Matters, 2002, p. 36.

[②] 2005年9月，教师培训处（TTA）被改组为学校培训与发展处（TDA）。详情见本章第四节。

(1)《合格任教》

2002年8月，教师培训处发布《合格任教》，取代第4/98号通知。《合格任教》对合格教师资格标准进行了修订，取消了教师职前教育"国家课程"，将教师职前教育课程总要求改为教师职前教育要求。新的标准和要求于2002年9月1日开始实施。

①《合格任教》的内容

《合格任教》提出，教育活动的顺利展开不仅需要乐观的教师和良好的师生关系，还需要教师掌握适当的知识与技能，具有建立在广泛知识面基础之上的判断能力，能应对压力与挑战，对教育活动充满兴趣，愿意努力付出，了解学生学习和发展的内在机制，能认识学校、家庭、社区人员在学生学习中的作用。教学是一项具有创造性的工作，它需要教师运用智慧，也能增进教师的智慧。因此，必须设立高水平的教师准入标准。基于此，《合格任教》对合格教师资格标准进行了修订，将其分为三个一级标准（专业价值观与实践标准、知识与理解标准、教学能力标准）和若干二、三级标准。为促进师范生达到合格教师资格标准，《合格任教》将教师教育机构应如何培养师范生，以及中小学和其他部门可为教师职前教育做出哪些贡献设定为教师职前教育要求，并将其分为四个一级标准和若干二级标准。

其中，合格教师资格第一个一级标准"专业价值观与实践"是对第4/98号通知中合格教师资格标准的增补。该标准以英格兰教学总会（General Teaching Council for England，GTCE）[①]制定的教师专业守则（professional code）为基础，规定了合格教师应有的专业态度和责任感，包括如下八项二级标准：第一，合格教师应对每个学生充满高期许；尊重他们的社群、文化、语言、宗教和民族背景；承诺提升儿

---

① 英格兰教学总会成立于2000年9月，它是教师管理自己事务的专业机构，代表教师的立场。教学总会的具体职责为：起草教师执业守则和注册教师专业行为标准；取消不能胜任专业工作教师的注册资格；接受未能通过入职期考核的新教师的申诉；就师范生招募、教师供给、教师职前教育和入职期，以及教师专业发展等问题向教育与技能部或其他人士提供咨询。

第五章 教师职前教育合格教师资格标准的制定与实施（1997—2010） ※ 231

童的学业成就。第二，合格教师应始终如一地以尊重和关心的态度对待学生，关注学生作为学习者的发展。第三，合格教师应向学生展现并促使学生养成正向的价值观念、态度和行为。第四，合格教师能够与家长或监护人进行有效的沟通，认识他们在学生学习中的作用，认识他们对学生教育活动的权利、责任和兴趣。第五，合格教师能够为整个学校的教育工作承担一份责任。第六，合格教师能够理解教学辅助人员和其他专业人员对教学所做的贡献。第七，合格教师能够通过自我评价、从其他同事那里学习来提升自己的教学能力。他们应对自己的专业发展充满积极性并承担越来越多的责任。第八，合格教师应清楚教师职责的法定架构（statutory frameworks），并遵循这个架构开展工作。[①]

关于合格教师资格的理解类标准要求合格教师充分掌握所教学科的知识，清楚学生如何学习这些知识以及教师应该给他们定什么学习目标。教学能力标准包括三个二级标准（教师对教学活动的规划、预期和目标；监督和评价；教学和班级管理能力），以及若干三级标准。

教师培训处同时发布了一份指导手册（Handbook of Guidance），对《合格任教》中规定的合格教师资格标准进行了详细解读。该手册内容并不具有强制效力，但具有很强的实践指导意义，其内容会持续更新。该手册是教师培养机构制定课程方案的重要参考，也是教育标准局对教师职前教育进行督导的重要依据。

《合格任教》规定，无论参加何种类型的教师职前教育，师范生都必须达到合格教师资格标准。教师培养机构应根据这些标准决定如何组织教学以满足师范生的个体需求。合格教师资格标准只是对合格教师的最低要求。教师培养机构可以根据实际情况增加教学内容，如特殊学生教育知识与技能，非中小学"国家课程"的学科知识，多语言班级教学技能等。

---

① TTA, *Qualifying to Teach: Professional Standards for Qualified Teacher Status and Requirements for Initial Teacher Training*, 2003, London: TTA, 2003, p.7.

②对《合格任教》的评价

《合格任教》为此后新工党执政时期教师职前教育的发展提供了基本框架。它将授予合格教师资格的标准由第 4/98 号通知的 849 条简化为 42 条，使合格教师资格标准结构更清晰，内容更精炼。

《合格任教》中的合格教师资格标准除了包含教师的知识、技能标准以外，还增加了教师专业价值观与实践标准，使其涵盖的能力标准呈现出明显的整体性特征。这体现出能力本位教师教育思想由行为主义取向向整体主义取向的转变。20 世纪 90 年代以后，整体取向（holistic approach）的能力本位教育思想出现并开始影响教师教育领域。整体取向的能力本位教育除了重视知识、技能教学以外，还特别注重培养人的思考能力、社会交际能力、适应复杂环境的能力和知识的创造能力；强调知识与个人理解力、价值观和技能的结合；注重培养学生的团队精神以及参与共同工作的意识和能力。① 荷兰学者提吉拉（D. Tigelaar）认为，能力本位教师教育中的能力是"个人特征、知识、技能和态度的一整套结合，它们被用来满足在不同教学情境中有效教学的要求"。② 整体主义取向的能力本位合格教师资格标准的运用有助于提升师范生的整体素质，但师范生的价值观、态度和品质往往不能直接体现在其外部行为中，因此很难进行测评。

在第 4/98 号通知中，师范生融合教育能力要求只是偶尔隐含在授予合格教师资格的标准中。例如："确保每名学生有机会发挥他们的潜能并达到给他们设定的高期许。"③ 而在 2002 年的《合格任教》中，对师范生的融合教育能力的规定贯穿于其三类合格教师资格标准之中。在 42 条标准中，有 11 条与融合教育直接相关，包括处理不同宗教、民族群体学生教育问题的标准（S1.1，S3.1.2，S3.3.6）；处

---

① 朱旭东：《教师教育思想流派研究》，北京师范大学出版社 2017 年版，第 98 页。
② 朱旭东：《教师教育思想流派研究》，第 98 页。
③ DfEE, *Teaching: High Status, High Standards, Requirements for Course of Initial Teacher Training*, 1998, London: HMSO, 1998, p. 19.

理学习成绩不良学生教育问题的标准（S3.2.4）；处理不同兴趣、经历、成就、需要学生教育问题的标准（S3.1.3，S3.3.1，S3.3.4，S3.3.6）；处理不同语言或文化背景学生教育问题的标准（S2.4，S3.1.3，S3.2.5，S3.3.1，S3.3.5，S3.3.6）；咨询特殊教育专家的标准（S2.6）。这对提升教师的融合教育能力具有重要意义。

《合格任教》由政府制定，并由教师培训处和教育标准局监督实施。这显示出政府对教师职前教育的控制并未放松，也是新教师专业主义在教师职前教育中的体现。教育标准局根据《合格任教》及其指导手册对教师教育机构进行督导。教师培训处根据督导评级结果确定经费和师范生名额分配。这样做虽然有助于保证教师职前教育质量，但极大地限制了教师教育机构培养教师的自主权。

（2）2006年发布《合格教师资格专业标准与教师职前培训要求》

2006年，学校培训与发展处对《合格任教》进行了修订，发布《合格教师资格专业标准与教师职前培训要求》。

①《合格教师资格专业标准与教师职前培训要求》的内容

新修订的合格教师资格标准包括专业素质（professional attributes）、专业知识与理解、专业技能三个一级标准和若干二级标准（见表5-5）。新修订的教师职前教育要求包括入门要求（entry requirements）、培训要求、管理与质量保证三部分（见表5-5）。

表5-5　2006年合格教师资格专业标准与教师职前教育要求

合格教师资格专业标准		教师职前教育要求	
专业素质	与学生和年轻人的关系；架构；与他人交流与工作；个人专业发展	入门要求	普通中等教育证书要求；学位要求；合适性要求
专业知识与理解	教与学；评价与监督；学科与课程；读写、计算与信息通信技术；成就与多样化；健康与幸福	培训要求	学程设计要求；培训质量要求；资源要求；个体培训需求要求；平等进入要求；入职期要求；年龄段要求；中小学或特定环境培训时间要求；两所学校要求

续表

合格教师资格专业标准		教师职前教育要求	
专业技能	规划；教学；评价、监督与反馈；反思教与学；学习环境；团队工作与合作	管理与质量保证	合作伙伴要求；服从与安全保障要求；行为不当要求；调节要求；监督和评价要求；大学毕业生教师、注册教师、海外受训教师和"教学优先"计划

资料来源：TDA, *Professional Standards for Qualified Teacher Status and Requirements for Initial Teacher Training*, 2006, London：TDA, 2006, pp. 1 – 8.

2006年的合格教师资格标准将原"专业价值观与实践"一级标准改为"专业素质"。其下设二级、三级标准（见表5－6）。

表5－6　　　　　2006年合格教师资格的专业素质标准

与学生的关系	对学生充满高期望，承诺完全开发他们的教育潜能，与他们建立公平、尊敬、信赖、支持和建设性的关系 向学生展现正向的价值观念、态度和行为
架构	清楚教师的专业职责，以及教师工作需遵循的法定架构；明确工作的策略和管理，并承担自己的一份责任
交流和与他人一起工作	能与学生、同事、家长和监护人有效沟通交流 能认识并尊重同事、家长、监护人为学生的发展和幸福以及为提升他们的学业水平所做的贡献 能够与他人合作开展工作
个人专业发展	能够反思并改进自己的工作，能明确并达到教师专业发展要求；能够确定入职期专业发展的优先项目；能用创造性、批判性的方法进行创新；能接受建议和反馈以改进自己的行动并乐于接受训练和辅导

资料来源：TDA, *Professional Standards for Qualified Teacher Status and Requirements for Initial Teacher Training*, 2006, London：TDA, 2006, pp. 1 – 2.

②2002年与2006年合格教师资格标准与教师职前教育要求的对比

2006年合格教师资格标准进一步简化为33条，比2002年标准的条理更清晰。2006年的教师职前教育要求再次提出教师职前教育要考虑师范生欲任教年龄段的问题。新要求将学生年龄段分为3—5岁、5—7岁、7—9岁、9—11岁、11—14岁、14—16岁和16—19岁七个阶段，规定教师职前教育必须培养师范生能够任教两个及以上连续年龄段。① 2002年与2006年的合格教师资格专业标准与教师职前教育要求对比见表5-7。

表5-7　　　　2002年与2006年合格教师资格专业标准与
教师职前教育要求对比

发布时间	合格教师资格专业标准	教师职前教育要求
2002年	专业价值观与实践（8条） 知识与理解（8条） 教学能力（26条） 规划、期望与目标（5条） 监督与评价（7条） 教学与班级管理（14条）	师范生选拔要求（8条） 培训和评价（6条） 教师职前教育伙伴合作关系管理（3条） 质量保障（6条）
2006年	专业素质（9条） 专业知识与理解（12条） 专业技能（12条）	入门要求（6条） 培训要求（9条） 管理与质量保证（7条）

资料来源：TTA, *Qualifying to Teach: Professional Standards for Qualified Teacher Status and Requirements for Initial Teacher Training*, 2003, London：TTA, 2003, pp.7-18; TDA, *Professional Standards for Qualified Teacher Status and Requirements for Initial Teacher Training*, 2006, London：TDA, 2006, pp.3-8.

(3) 2007年确立教师标准框架

2007年，学校培训与发展处根据国家职业标准（National Occupational Standards）相关内容，在广泛征询各界意见的基础上颁布了《英格兰教师专业标准》，自2007年9月起实施。这套教师专业标准

---

① TDA, *Professional Standards for Qualified Teacher Status and Requirements for Initial Teacher Training*, 2006, London：TDA, 2006, p.6.

在原来合格教师资格标准的基础上,又增加了其他四个等级的教师专业标准(见表5-8)。

表5-8　　　　　　　　2007年英格兰教师专业标准分类

名称	简称
合格教师资格(Qualified Teacher Status)标准	Q
普通教师核心(Teachers on the Main scale[Core])标准	C
获得更高级别薪水的教师(资深教师)(Teachers on the Upper Pay Scale(Post Threshold Teachers))标准	P
卓越教师(Excellent Teachers)标准	E
高级技能教师(Advanced Skills Teachers)标准	A

资料来源:TDA, *Professional Standards for Teachers in England*, London: TDA, 2007, p.1.

所有参加教师职前教育者必须在英格兰教学总会注册,经培训达到合格教师资格标准后,方可以新合格教师(Newly Qualified Teacher, NQT)身份到中小学参加为期一年的入职期试用。入职期结束后,达到普通教师核心标准的新合格教师方能成为正式教师。后三种教师专业标准参照《学校教师薪酬与待遇文件》(School Teachers' Pay and Conditions Document)的规定,与教师工资等级考核相挂钩。2007年《英格兰教师专业标准》中后三种教师专业标准也适用于威尔士地区。

2007年《英格兰教师专业标准》依然从专业素质、专业知识与理解、专业技能三个维度展开。其中,合格教师资格标准与2006年制定的标准一致。其他四种等级的教师专业标准要求逐级提高,形成了具有阶梯性质的五级教师专业标准框架,每级教师专业标准的具体条目数量都不同(见表5-9)。

第五章　教师职前教育合格教师资格标准的制定与实施（1997—2010）　＊　237

表5-9　　　　2007年《英格兰教师专业标准》条目数量

等级	专业素质	专业知识与理解	专业技能	合计
Q	9	12	12	33
C	9	16	16	41
P	1	5	4	10
E	2	4	9	15
A	1	2	—	3

资料来源：TDA, *Professional Standards for Teachers in England*, London: TDA, 2007, pp. 5-22.

从表5-9可见，Q、C两级即合格教师和入职教师的标准条目较多，P、E、A级教师的标准条目较少。这一方面是由于Q、C两级标准属于从业资格标准，要求比较详细；另一方面是因为高一级教师必须达到其等级以下教师的所有标准。2007年的教师专业标准框架具有层次性和递进性，更明确地展现出以获得合格教师资格为目的的教师职前教育是教师专业发展的起点。欲从事教师职业和已经从事教师职业者，都需将各等级教师专业标准作为自我专业发展的对照指标，为自己设立专业发展计划并为之努力。这对促进教师专业发展具有重大意义。

合格教师资格标准的制定与修订体现了教育政策制定中渐进模式（incremental model）的运用。林德布洛姆（Charls Lindblom）提出了教育政策制定的渐进模式，即政策制定是根据过去的经验，在已有政策基础上逐渐变革的结果。渐进模式强调政策制定不是一劳永逸的，而是被不断地制定和再制定的循序渐进的过程。这样有利于确保政策的稳定性、连续性。[1] 在使用渐进模式时，政策制定者只需要考虑与现行政策差异微小的方案及其可能产生的结果，大大减小了政策方案探索的工作量。此外，渐进模式可以减少决策失误，使政策易于被接

---

[1]　范国睿：《教育政策的理论与实践》，上海教育出版社2011年版，第82—83页。

受和实施。通过实施渐进模式对合格教师资格标准进行修订,使合格教师资格标准在不断调适中更好地为教师培养机构所用,有助于维持教师职前教育质量的稳定性,减少教师职前教育政策制定者的工作负担。但在教师职前教育需要大规模变化创新的时候,就不适合采取这种模式。

三 合格教师资格标准的应用——以两所大学开展的教师职前教育为例

新工党政府推行合格教师资格标准时,主要采用命令(mandate)性教育政策工具。命令性教育政策工具指政府依靠其统治权威使目标群体服从规则。如果目标群体不遵守规则,将会受到惩罚。[1] 命令性教育政策工具的实施效率较高,它适用于希望群体成员行为一致,又具有坚定的政府支持的情况。新工党政府要求教师培养机构开展教师职前教育时必须以培养师范生达到合格教师资格标准为目标,由教师培训处和教育标准局进行监督,未能达到标准的师范生将不能获得合格教师资格。各教师教育机构为确保培养的师范生达到合格教师资格标准,纷纷对各自的入学要求、课程方案进行改革。

以下以英国东北部泰恩威尔郡(Tyne and Wear)的桑德兰大学(University of Sunderland)和英国西南部德文郡(Devonshire)的埃克赛特大学(University of Exeter)的教师职前教育课程分类、入学要求和课程设置为例,介绍合格教师资格标准的实施情况。桑德兰大学始建于1901年,最初为桑德兰技术学院(Sunderland Technical College),1992年转型成为具有独立学位授予权的新大学,是一所应用型本科院校。埃克赛特大学起源于19世纪中叶,1955年获皇家特许

---

[1] 黄忠敬:《教育政策导论》,北京大学出版社2011年版,第93页。

正式建立大学，为英国罗素大学集团（The Russell Group）[①]成员，是一所具有国际领先水平的研究型大学。这里所选择的这两所大学可以较好地代表英格兰与威尔士的教师职前教育情况。

（一）两所大学教师职前教育课程分类

桑德兰大学开设了学士层次的教师职前教育课程和研究生教育证书课程。其中，学士层次的教师职前教育课程包括培养小学全科教师的文学士课程；培养中学（11—16岁年龄段）物理与数学教师的理学士（BSc）课程；培养中学（11—16岁年龄段）数学教师的理学士课程；培养11—18岁年龄段法语与西班牙语教师的文学士课程。研究生教育证书课程包括培养小学全科教师的课程；培养中学（11—16岁年龄段）物理、英语、地理、生物、计算机、化学、数学学科教师的课程。此外，还包括培养14—19岁年龄段商业学科教师的课程；培养中小学教师的学校中心教师职前教育课程。

埃克赛特大学只提供研究生教育证书课程，具体包括三种类型：培养小学（5—11岁）英语、人文学科、数学、现代外语、科学、艺术以及全科教师的课程；培养中学（11—16岁）英语、历史、数学、现代外语、体育、宗教、科学教师的课程；培养中小学教师的学校中心教师职前教育课程（包括需要付学费的课程和可获得薪水的课程）。

从这两所大学开办的教师职前教育课程门类可见，各教师职前教育课程都非常注重将学生年龄分期和中小学教学学科作为划分课程种类的标准。这两所大学都开设了以中小学为主导的研究生教育证书课程，表明中小学在教师职前教育中占有重要地位。从教师职前教育课程层次来看，研究生教育证书课程成为培养中小学教师的主要途径。

（二）两所大学教师职前教育课程入学要求

桑德兰大学和埃克赛特大学各学科教师职前教育课程入学要求见表5-10、表5-11和表5-12。

---

① 英国顶尖的17所研究型大学于1994年成立罗素大学集团，后扩展到24所。这24所大学每年的科研经费占英国大学科研经费总额的65%以上。

表 5 – 10　桑德兰大学培养中小学教师的学士课程和
研究生教育证书课程入学要求

课程分类		学业水平要求	其他要求	非强制性要求
学士课程	小学全科教师	普通教育证书高等级考试三门科目成绩总和达到 UCAS 标准分① 120 分，且每门科目不能低于 B 等级，或至少有三门大学预科课程成绩总和达到 UCAS 标准分 120 分，且每门达到卓越（distinction）水平。五门科目达到普通中等教育证书考试 C 级及以上水平，且五门科目中必须包括数学、科学、英语	无犯罪记录；完成医疗检查；英语为非母语者雅思考试成绩 6.5 分以上且单科成绩 6 分以上。申请材料审核通过者需参加面试	通过国家组织的计算与读写技能测试 具有参与中小学工作的经历
	中学物理与数学教师	申请从预科课程开始就读者，补充级普通教育证书考试（GCE AS-level）②与科学和数学相关的三门科目总分达到 UCAS 标准分 80 分以上		
		申请从第一年课程开始就读者，普通教育证书高等级考试三门科目成绩总和必须达到 UCAS 标准分 120 分，且必须包含数学和物理科目成绩	所有申请者数学、科学、英语三科必须达到普通中等教育证书考试 C 级及以上水平（或达到其他相同水平）	
		申请从第二年课程开始就读者，必须修读过物理和数学科目的高等教育课程，且获得至少 120 个学分		

---

①　所有欲学习英国大学本科课程的申请者都必须通过大学与学院招生服务中心（Universities and Colleges Admissions Service）网站提交申请。该网站将申请者提交的大学入学可参考的各种考试成绩换算成标准分值。例如普通教育证书高等级考试成绩各等级对应的分值分别是 A + = 56 分、A = 48 分、B = 40 分、C = 32 分、D = 24 分、E = 16 分。通过标准分值转换，可以使各大学对参加不同考试的申请者的学业成绩进行比较。

②　1989 年，英国在普通教育证书高等级考试的基础上增加了补充级普通教育证书考试，它的考试内容更宽泛，考试难度更低，以补充普通教育证书高等水平考试的不足。

续表

课程分类		学业水平要求	其他要求	非强制要求
学士课程	中学数学教师	申请从第一年课程开始就读者,普通教育证书高等级考试三门科目成绩总和必须达到UCAS标准分120分,其中数学达到普通教育证书高等级考试B级及以上水平		通过国家组织的计算与读写技能测试 具有参与中小学工作的经历
		申请从第二年开始就读者,必须至少在高等教育机构修读了一年数学相关的课程,或在开放大学修读数学相关课程,并至少修得120个学分		
	11—18岁年龄段法语与西班牙语教师	普通教育证书高等级考试三门科目成绩总和至少达到UCAS标准分120分。数学、英语、法语或西班牙语达到普通中等教育证书考试C级及以上水平		
研究生教育证书课程	小学全科教师	获得2:1或1级荣誉学士学位。数学、科学、英语三科达到普通中等教育证书考试C级及以上水平	无犯罪记录;完成医疗检查;英语为非母语者雅思考试成绩6.5分以上且单科成绩6分以上。申请材料审核通过者需参加面试	两周小学工作经历
	中学(物理、英语、地理、生物、计算机、化学、数学)教师;14—19岁年龄段商科教师	至少获得(物理学、英国文学或英语语言学、地理学、生物学、计算或计算机科学、化学、数学、商学)2:2级荣誉学士学位(或获其他同等资格)。数学和英语两科达到普通中等教育证书考试C级及以上水平		
	培养中小学教师的学校中心教师职前教育课程	申请参加小学教师职前教育者需至少具有2:2及以上荣誉学士学位。数学、科学、英语及其他与小学"国家课程"相关科目达到普通中等教育证书考试C级及以上水平(或达到其他相同资格)	至少有三年工作经验(无须与教育有关);有最近到中小学参观的经历;准备一份个人陈述,总结中小学参观后的反思和收获,并陈述自己的教学和学术潜质。其他个人学术或专业能力支持性材料	
		申请参加中学教师职前教育者需至少达到2:2及以上荣誉学士学位。其中至少一半学位课程与欲任教学科相关。数学、英语、科学以及欲任教中学科目达到普通中等教育证书考试C级及以上水平		

资料来源:University of Sunderland,Teacher Training and Education,2020.2.1,https://www.sunderland.ac.uk/study/education/.

表 5 – 11　　　　埃克赛特大学培养小学教师的研究生
教育证书课程入学要求

教师分类	统一要求	学科知识水平要求	教学工作体验或个人素质要求	其他要求
英语教师	数学、英语两科至少达到普通中等教育证书考试 B 级，科学至少达到 C 级	具有 2∶1 及以上学士学位。英语至少达到普通教育证书高等级考试 B 级（如果没有获得此等级，可以提供能够证明英语语言学或英国文学水平的材料）	学士学习阶段最后一年至少在公立小学参加过两周实习	所有申请者需参加面试；需通过国家组织的计算与读写技能测试；具有医学健康证明；无犯罪记录
历史教师		获得历史学或考古学、国际关系、政治学 2∶1 及以上学士学位		
人文学科教师		获得 2∶1 及以上学士学位。具有比较全面的学术背景。具有历史或地理学科的普通教育证书高等级考试成绩	具有从事与小学学生相关工作经验	
数学教师		具有数学或心理学、商学、统计学、工程学 2∶2 及以上学位。如果没有上述学位，数学需通过普通教育证书高等级考试	展现出对学生数学学习的浓厚兴趣	
现代外语教师		具有 2∶1 及以上学士学位。法语或西班牙语、德语在普通教育证书高等级考试中达到较高等级，最好获得法语、西班牙语或德语学士学位，或在法语、西班牙语、德语国家生活过	过去两年内至少到小学参观或实习一周。会第二外语（不强制）	
科学教师		科学或相关学科获得 2∶1 及以上学位。至少有一门科学或相关科目通过普通教育证书高等级考试	至少有两周在学校或博物馆等地从事与学生相关的志愿者工作经历	
全科教师		具有 2∶1 及以上学士学位。对小学教育工作感兴趣，有动力成为具有批判性思维的教师	最好上一年具有两周到公立小学见习的经历	

资料来源：University of Exeter, Teacher Training, 2020.2.1, https://www.exeter.ac.uk/teachertraining/.

表 5 - 12 埃克赛特大学培养中学教师的研究生教育证书课程入学要求

教师分类	专业要求	教学工作体验或个人素质要求	其他要求
英语教师	具有英国文学或英语语言学、戏剧、文化或传媒研究、电影或新闻学 2∶1 及以上学位。具有其他人文学科或社会学科 2∶1 及以上学位且学科课程与英国文学或英语语言学相关	具有观察中学教师工作或海外教学经历（非强制）	所有申请者需参加面试；需通过国家组织的计算与读写技能测试；具有医学健康证明；无犯罪记录
历史教师	具有历史或历史相关学科如考古学、国际关系、政治学 2∶1 及以上学位	—	
数学教师	具有 2∶2 及以上学士学位。学士课程中有 50% 为数学科目。数学在普通教育证书高级水平考试中获得较高等级。如不满足上述条件，具有其他相当资格水平者也可申请。需要提升数学知识水平的学生可以先修一些学科知识强化（Subject Knowledge Enhancement, SKE）课程	具有到公立中学观察数学教学的经历（非强制）	
现代外语教师	具有法语、德语或西班牙语 2∶2 及以上学位，或具有其他相同语言等级水平。具有第二外语能力（水平不限），如不具备者需先修读学科知识强化课程	有至少一周到英国公立中学见习的经历	
体育教师	具有体育学 2∶1 及以上学位。体育科目在普通中等教育证书考试中达到 C 级及以上水平	具有急救证书或联合救护证书。至少在中学做过十天体育助教或观察者。具有以下个人素质：知识渊博、经验丰富、理解力强、有组织性、诚实、努力、可靠、恢复能力强、独立、坚定、有悟性、热情、积极、有反思性、真诚、有创新性	
宗教教师	具有神学或宗教学 2∶1 及以上学位。具有哲学或社会学学士学位的申请者需先修一些神学或宗教学高等教育程度的课程	—	
科学教师	具有生物（化学、物理）或 50% 课程与上述三门学科相关的 2∶1 及以上学位，或获得其他同等资格。这三门学科在普通中等教育证书考试和普通教育证书高级考试中获得较高等级。如果需要，申请者需先修一些学科强化课程	具有中学科学课程教学工作体验（非强制）	

资料来源：University of Exeter, Teacher Training, 2020. 2. 1, https://www.exeter.ac.uk/teachertraining/.

从这两所大学各类教师职前教育课程入学要求可以发现如下特点：其一，教师职前教育课程入学要求都遵守国家相关政策，如都要求申请者英语、数学、科学三科至少达到普通中等教育证书考试 C 级水平，都对申请者进行面试。其二，入学要求在遵守国家政策的同时具有较大弹性。如桑德兰大学允许培养中学物理、数学教师的学士课程招收预科生和插班生，这两所大学均给没有达到一般要求但具有其他同等资格水平的申请者开放申请机会，并提供一些预科课程。其三，埃克赛特大学各教师职前教育课程的入学要求普遍比桑德兰大学高，如埃克赛特大学培养小学教师的研究生教育证书课程要求申请者数学、英语两科至少达到普通中等教育证书考试 B 级，且基本都要求申请者具有 2∶1 及以上学士学位，而桑德兰大学研究生教育证书课程大多只要求申请者具有 2∶2 及以上学位。这充分体现了大学之间招生层次的差异，给申请者更多的自由选择空间。其四，这两所大学培养中学数学教师的研究生教育证书课程的入学要求都比其他研究生教育证书课程低，体现出数学教师生源缺乏。其五，这两所大学在选拔申请者时，除了衡量专业水平以外，都参考中小学实践经历、个人素质等因素，且都要求身体健康，无犯罪记录。

（三）两所大学教师职前教育课程方案

桑德兰大学和埃克赛特大学培养中小学教师的具体课程方案内容过多。笔者在此仅选取桑德兰大学培养中学数学教师的理学学士课程方案、埃克赛特大学培养小学英语教师的研究生教育证书课程方案，以及与埃克赛特大学建立合作伙伴关系的中小学开设的学校中心教师职前教育课程方案为例进行说明。

1. 桑德兰大学培养中学数学教师的理学学士课程方案[1]

该课程开设总时长为三年，每年开设具体科目情况见表 5-13 所

---

[1] University of Sunderland, Mathematics Education (11 - 16 years) with QTS BSc (Hons), 2019.4.30, http://www.opportunitiesonline.sunderland.ac.uk/modcatnoflash/detail.jsp? myMOD_ CODE = EDP363；桑德兰大学 EDP363 课程学习指导手册汇总。

示。前两年主要开设数学知识相关科目,最后一年对学生进行教师专业素质与专业技能培训。课程教学采用讲座、习明纳、个别辅导、自主学习、实习等形式。对学生的评定采用提交报告、考试、自我展示、计算机在线测验等方式。该课程给每位学生全程配备一对一学术导师。

表 5-13　桑德兰大学培养中学数学教师的理学学士课程方案

第一学年	第二学年	第三学年
高等微积分（20 学分） 分析和数字系统（20 学分） 中学数学资源发展（20 学分） 数学模式（20 学分） 应用数学（20 学分） 当代教育问题（20 学分）	结构与模式 1、2（20 学分） 信息技术在数学中的应用 1、2（20 学分） 数学中的错误与误差（20 学分） 应用力学（10 学分） 应用统计（10 学分） 数学的本质（20 学分） 几何思维的发展（10 学分） 数学发展（10 学分）	专业研究 1、2、3（90 学分） 教学实习 1、2（30 学分） 发展性学习：个案研究（30 学分） (到两所中学参加至少 120 天教育实习)

资料来源：University of Sunderland, Mathematics Education (11 - 16 years) with QTS BSc (Hons), 2019.4.30, http://www.opportunitiesonline.sunderland.ac.uk/modcatnoflash/detail.jsp?myMOD_CODE = EDP363.

第三学年的专业研究 2（professional studies 2）课程具体实施方案如下：

课程学时安排：总共 300 小时，其中 56 小时用于讲座、习明纳（Seminar）或工作坊，118 小时用于自主学习，126 小时用于中学实习。

课程目标：

知识目标：1. 理解学生发展与学生个体需要之间的关系，明白它们如何影响教学活动以及学生的学习动机；2. 提升对课程发展的理论与实践的认识水平；3. 反思并强化自己的专业知识，提升教学技能。

技能目标：1. 批判性地分析课程的连续性与发展性，批判性地分析学科教学的评价技术与评价策略；2. 反思教育机构如何提升课程教学的平等性与包容性；3. 对所教学科的各种教学方法进行评价，选出最能激发学生学习热情的教学方法；4. 寻找合适的教学资源；5. 确定儿童在学习中可能产生的错误，找到纠正错误的方法；6. 分析儿童学习的心理机制，并在教学中加以利用。

课程教学方法：讲座、习明纳、工作坊、教学实习、独立学习、个别辅导。

课程内容：课程开设7周，每周学习一个主题。周一上午开展主题讲座，下午讨论如何将上午所学理论运用于中学实际工作。周二至周四带着与本周主题相关的任务到中小学实习，周五研讨实习收获。每周的主题为：启动周——检查以往所学学科知识并确定个人学习目标；学校文化建设；教育的平等与多样化；个性化学习；教育的连续性；利用数据促进教学工作；课外学习。

下面以"教育的平等与多样化"为例介绍一周课程安排：

教学目标：认识全球化的意义以及它如何影响学校教学；认识歧视可能给教学带来的挑战，文化多样性对课堂教学的影响；思考如何让所有学生获得更公平的学习机会，更具支持性的学习环境。

教学安排：

周一上午9：00—10：30，大学教师讲座，主题为全球化如何使英国变为一个多民族社会？这对学校教育有何影响？教师如何促进课堂教学平等？阻碍儿童学习能力提升的障碍有哪些？怎

第五章 教师职前教育合格教师资格标准的制定与实施（1997—2010） * 247

样克服这些障碍？

周一上午11：00—12：00，中学特约教师讲座，主题为班级的平等与多样化——当前的问题（如对伊斯兰民族的恐惧）；即将到来的挑战（如脱欧、右翼极端主义分子活动）；怎样促进班级的平等，维护班级的多样性。

周一下午：就上午所讲议题进行分组讨论。

周二至周四：到中学实习。

实习任务：

获取一份实习学校的机会平等政策，研读并找出谁起草了此政策，这是学校所有人员共同合作起草的吗？此政策已经沿用了多久？学校最近是否根据政府的文件对政策进行了修订？此政策涵盖了学校生活的哪些方面？

思考这一政策如何影响你对某些学生（英语是第二语言的学生，有学习困难的学生，有肢体缺陷的学生，有同性恋倾向或性别认识偏差的学生，来自单亲家庭或来自双亲为同性别家庭的学生）进行的教学工作。

整理好自己的想法，约见实习学校负责教育平等和多样性的工作人员，向他阐述你认为哪些策略可以满足学校各群体的多样化需求，以及如何实施这些策略。将你的想法和你的谈话进行记录并提交。提交文本将放入你的学习评价档案袋。

周五：对实习任务完成情况进行分组讨论。

课程参考资料：（略）

课程评价（包括三个部分）：

第一部分，学生对此前的学科知识学习进行总结，包括自己在学科知识、技能以及理解方面存在的缺陷。为弥补缺陷，达到合格教师资格标准，制定今后的学习目标，以及实现目标的具体行动计划（评价等级为通过或不通过）。

第二部分，学生每周完成学习和实习任务的汇报报告。报告将被放入评价档案袋（评价等级为通过或不通过）。

第三部分，就形成性评价在你所实习学校的使用情况以及你准备如何利用形成性评价促进自己的教学活动写一篇文章（评价定级为百分制）。

课程方案还列出了每周教学活动能够有助于学生达到哪些合格教师资格标准。

2. 埃克赛特大学培养小学英语教师的研究生教育证书课程方案

埃克赛特大学培养小学英语教师的研究生教育证书课程为期一学年（三个学期）。第一学期主要采用讲座、习明纳、自主学习的方法对师范生进行理论知识教学。师范生至少要到两所小学参加实习。在实习中，学生可以获得两名小学教师的指导：一名教师与学生一起工作，另一名教师引导学生思考教学中存在的问题，以促进学生教学能力的提升。大学和与之建立合作伙伴关系的小学可随时对学生每项专业技能的发展情况进行检查，制定个性化的培养方案，弥补学生的薄弱技能。学生通过学习该研究生教育证书课程，可获得部分教育学硕士学位学分。学生获得合格教师资格后，可以在工作的同时，继续学习其他教育学硕士课程并获得教育学硕士学位。

该课程方案包括四个模块：小学教育与专业研究（Primary Educational and Professional Studies）；小学课程研究（Primary Curriculum Studies）；小学专业学习（Primary Professional Learning）；半专业英语（小学）（Semi Specialist English［Primary］）。以下以小学专业学习课程模块为例，介绍课程具体实施方案。

课程时间分配：

在教师指导下的独立学习（300小时）：包括与课堂教学实践有关的自主阅读；对专业学习的批判性反思。

实习（600小时）：包括课堂观察与教学；个别辅导；记录

参加研究生教育证书课程学习过程的批判性反思；制定未来发展的行动计划。

课程目的：

让学生对自己的专业发展进行反思，并证明自己获得的知识、技能和经验达到了合格教师资格标准。具体包括：认识学生的学习需要，并从满足学生学习需要的角度开展计划、教学、评价工作；具有能在小学开展教学工作的学科知识和教育学知识；了解小学"国家课程"的要求；能对自己的专业学习进行批判性评价；能够对自己未来的专业发展进行规划；能够处理自我发展相关事务；能够有效学习并明确自己的学习策略；能够在不同的团队中卓有成效地开展工作；能够对某一问题进行创造性的思考并找到解决策略。

课程参考资料：（略）

课程评价方式：

采用成长档案袋的评价方式，将学生在一学年的研究生教育证书课程学习中，能够证明其达到合格教师资格的材料，以及将学生专业学习反思的书面报告放入档案袋，作为综合评价依据。评价等级为合格或不合格。如果呈交的档案袋不合格，学生会获得一次延长实习时间的机会。学生可以利用这次机会进行改进，待实习结束后再次提交档案袋。

从上述桑德兰大学和埃克赛特大学培养中小学教师的学士和研究生教育证书的课程方案中可以发现一些共同特点：第一，课程内容紧扣合格教师资格标准，使课程学习为学生获得合格教师资格服务。第二，课程开设注重理论联系实际，教学方法灵活多样。这两所大学都给师范生安排了大量的教育实习，并为他们提供至少到两所中小学实习的机会，且分散实习与集中实习相结合。桑德兰大学开展"三明治"式的专业研究课程，周一和周五在大学学习、研讨理论知识，周二到周四带着任务到中小学实习。这可以促进师范生更好地将理论学习与实践相结合。埃克赛特大学为每名师范生配备两位小学指导教师,分别从实践和理论层面对师范生的教学实习进行指导。第三,课程评价采用形成性评价方式,注重师范生在整个课程学习过程中的表现,为尚未达到标准的学生提供延长培训时间和再次考核的机会。第四,大学与中小学建立了紧密的合作伙伴关系,充分利用中小学资源开展教师职前教育课程,使中小学在教师职前教育中发挥不可替代的作用。

3. 学校中心教师职前教育课程方案

埃克赛特联盟(Exeter Consortium)是英格兰西南部埃克赛特地区的40多所中小学、一所特殊学校和埃克赛特学院组成的学校联盟。该联盟与埃克赛特大学、巴斯泉大学(Bath Spa University)建立了合作伙伴关系,提供学校中心研究生教育证书课程。

培养小学教师的研究生教育证书课程从秋季学期[①]开始,师范生绝大部分时间在小学度过。其中,秋季学期和夏季学期在主要驻守学校(Home School)有经验的现任教师指导下从事教学工作。春季学期转移到另一所联盟内的小学,在该校富有经验教师的指导下,从事另一不同年龄段儿童的教学工作。与此同时,师范生每周将获得最少一天的时间学习由巴斯泉大学提供的具有硕士学位学分的理论课程。

培养中学教师的研究生教育证书课程采取与埃克赛特大学合作的方式进行,培养艺术与设计、宗教教育、历史、音乐、戏剧学科的中学教师。师范生秋季学期前两周先到主要驻守中学熟悉工作,此后到埃克赛特大学圣卢克斯校区(St. Lukes campus)学习理论课程,并定期到主要驻守中学参加分散型教育实习。秋季学期结束前的最后两周,师范生回到主要驻守中学为春季学期的全职工作做准备。整个春季学期和夏季学期,师范生在主要驻守中学和另一所中学(一般在春季学期花至少6周时间),在有经验的中学教师指导下开展教学工作,同时定期到

---

① 英国中小学一学年分三个学期,秋季学期从9月初到12月中旬,春季学期从1月初到3月底,夏季学期从4月底到7月初。

埃克赛特大学圣卢克斯校区参加研讨日（Seminar day）活动。

参加学校中心教师职前教育的师范生如通过学校联盟和大学的考核，将获得合格教师资格。相比于学习传统研究生教育证书课程的学生，这些师范生将更多的时间用于中小学实际工作。因此，他们能更直接、更深刻地了解中小学的组织、运作情况，以及中小学面临的压力和挑战。

第三节　促使更多师范生达到合格教师资格标准

为确保师范生的培养质量，使更多师范生达到合格教师资格标准，1998年9月教育与就业部向国会提交《教师：面临变革的挑战》绿皮书，以新教师专业主义为基础，提出了多项教师职前教育发展建议。

一　《教师：面临变革的挑战》提出的教师职前教育改革建议

《教师：面临变革的挑战》提出，政府希望为每位学生提供世界一流的教育服务。为此，政府已经开始着手提高教育标准，教师是提高教育标准的关键力量。该绿皮书共分为六章，其中第四章阐述了如何对教师职前教育进行改革以招收、培养更多的优秀师范生，促使更多的师范生达到合格教师资格标准。

（一）提升教师职前教育的严格性

当时各教师教育机构培养师范生的质量存在较大差异。该绿皮书提出，虽然第4/98号通知已经制定了合格教师资格标准，有助于促进教师职前教育质量的提升，但为保证新教师具有扎实的读写（literacy）、计算（numeracy）、信息通信技术应用能力，还需开发一种针对这三门科目的全国统一测试，其难度介于普通中等教育证书考试与普通教育证书高等级考试之间。将通过三门科目测试作为师范生获得合格教师资格的必要条件。该绿皮书建议从1999年夏季开始实施计算能力测试，从2000年夏季开始实施读写和信息通信技术应用能力测试。①

为提升师范生的学科知识水平，某些教师培养机构在正式课程开始前，为师范生开设额外的先修课程。该绿皮书对这种做法予以肯定，并提议在对先修课程开设情况进行调查的基础上，发布全国统一的先修课程计划。

当时，教育标准局负责教师职前教育督导工作。如果督导结果显示某教师培养机构没有达到国家要求，教师培训处有权取消它开展教师职前教育的资质。该绿皮书认为，这种以教师培养机构为单位实施的质量监督，并不能保证每名师范生都实至名归地获得合格教师资格。该绿皮书希望由教师培训处委派校外考官对每名师范生进行评价，以此保证教师职前教育的质量。

（二）增强教师职前教育的灵活性

《教师：面临变革的挑战》绿皮书认为，教师职前教育的方式应更加灵活多样，以吸引具有不同背景的申请者，使教学活动充满生机。该绿皮书建议发展模块化（modular）研究生教育证书课程，即将课程分为若干短期课程模块，使课程的开始和结束时间具有较大弹性。该绿皮书认为，模块化课程对具有职业转换意向的成年人很有吸引力，他们可以边工作边学习。高等教育机构也可以将教师职前教育课程模块与学士课程进行整合，使本科生可以在学习学士课程期间再选择学习一些教师职前教育课程模块，经评价合格后获得研究生教育证书。这一举措将逐渐打破教育学士和研究生教育证书课程的界限。

该绿皮书提议，学校本位教师职前教育应向那些不能通过传统教师职前教育途径进入教师行业的人敞开。此外，政府不能只通过对中小学增加投资的方式激励它们参与教师职前教育。该绿皮书建议国家可以直接将经费发放给师范生，使他们选择最适合自己的教师职前教育途径或将多种途径组合起来。该绿皮书认为，大学毕业

---

① DfEE, *Teachers: Meeting the Challenge of Change*, 1998, London: HMSO, 1998, p. 45.

第五章 教师职前教育合格教师资格标准的制定与实施（1997—2010） ※ 253

生教师计划（Graduate Teacher Programme，GTP）是实施雇佣本位教师职前教育[①]的一种有效方式。它允许中小学任命具备其他行业从业经验，并已经大学毕业的成年人承担教师工作，在工作中接受教师培训，最终达到与其他师范生一样的标准。该绿皮书希望继续改进学校本位教师职前教育方式。如将教师职前教育质量较高的中小学建成学校网，使这些学校利用信息通信技术为师范生提供直接在线指导，并发布优秀案例。

该绿皮书鼓励所有大学毕业和非大学毕业生到中小学承担助理教师（teaching assistants）工作。这既可以使中小学教师获得更多的支援和辅助，也可以为学生提供宝贵的实践经验，并使他们考虑自己是否适合当教师。该绿皮书计划1999年在教育行动区启用大学毕业或非大学毕业生担任中小学助理教师。[②]

（三）增加师范生经费补贴

《教师：面临变革的挑战》绿皮书在附录中提出了促进教师招募的若干措施。其中，吸引师范生特别是紧缺学科师范生的措施是为他们增加经费补贴。1998年10月27日，政府宣布，在教师培训处提供的正常经费外，再投入1.3亿英镑以尽快促进教师招募。具体措施包括：1999年9月，为每位参加紧缺学科——数学、科学学科教师职前教育的本科毕业生提供5000英镑的额外补贴。其中2500英镑用于资助研究生教育证书课程学习。如果毕业生获得合格教师资格并从事教师工作，将获得另外2500英镑补贴。此外，政府还将为600名希望通过参加雇佣本位教师职前教育成为数学和科学教师的学生提供每人2000英镑的额外津贴（他们每人已获得4000英镑的资助），这笔经

[①] 雇佣本位教师职前教育是指受训者在中小学工作的同时接受教师培训，学校给受训者支付工资，成功完成培训的人员可以获得合格教师资格。这种教师培养方式适合于那些素质较高，能很快承担教师工作的人。

[②] DfEE, *Teachers: Meeting the Challenge of Change*, 1998, London: HMSO, 1998, p.46.

费将直接拨给承担这些学生培养任务的中小学。[①]

该绿皮书建议从1999年开始推行国家快速通道计划（national fast-track scheme），选拔出具有丰富的学科知识和很强的学术能力，极具沟通天赋和鼓舞启发能力的新教师，为他们提供额外的培训与支持，使他们更快地达到资深（performance threshold）[②] 教师等级。[③]

二 关于《教师：面临变革的挑战》的反馈意见

谢菲尔德大学教授吉尔罗伊（Peter Gilroy）反对《教师：面临变革的挑战》绿皮书提出的实施模块化教师职前教育课程的建议。他指出，该绿皮书希望通过模块化课程吸引更多的成年大学毕业生参加教师职前教育，但是并没有解释如何安排这些成年学生到中小学实习。该绿皮书提出将教师职前教育课程模块融入学士课程学习，这似乎又变成了教育学士课程。吉尔罗伊怀疑大学各科系是否允许学生额外学习教师职前教育课程模块，因为这样做将导致它们不得不与中小学建立合作伙伴关系。[④]

该绿皮书提出所有师范生在获得合格教师资格前必须通过全国统一的读写、计算和信息通信技能测试。吉尔罗伊认为，要求英语或数学专业的大学毕业生为获得合格教师资格也必须参加读写或计算能力全国统一测试非常荒谬。[⑤] 皇家学会指出，从长远来看，应提高全体

[①] DfEE, Teachers: Meeting the Challenge of Change, 1998, London: HMSO, 1998, p. 72.

[②] 《教师：面临变革的挑战》提议将教室教师（classroom teachers）的薪水分为两个档次，以资深（performance threshold）教师为划分界限。从入职期开始，新教师每年的表现都会被评估并记录下来。具有持续性表现优异记录的新教师将被评定为达到资深教师等级，获得更高工资。

[③] DfEE, Teachers: Meeting the Challenge of Change, 1998, London: HMSO, 1998, pp. 47 – 48.

[④] Peter Gilroy, "The Threat to University-Based Teacher Education," in Jim Graham, ed., Teacher Professionalism and the Challenge of Change, Staffordshire: Trentham Books, 1999, p. 16.

[⑤] Peter Gilroy, "The Threat to University-Based Teacher Education," in Jim Graham, ed., Teacher Professionalism and the Challenge of Change, Staffordshire: Trentham Books, 1999, p. 17.

第五章 教师职前教育合格教师资格标准的制定与实施（1997—2010） ✳ 255

公民的读写、计算和信息通信技术应用能力，这样就没有必要将针对这三种能力的国家测试作为授予合格教师资格的必要条件。

皇家学会虽然同意建立严格、统一的合格教师资格标准，但认为应该通过其他途径加强对师范生的监督，而不是采用该绿皮书中提出的由教师培训处委派外部考官的方式。吉尔罗伊则认为委派外部考官将严重侵害大学的自治权利。

1999年4月，英国皇家学会发布《教学专业》（The Teaching Profession），对《教师：面临变革的挑战》进行评价。皇家学会认为，在本科毕业生大多背负学费贷款，希望利用开始学习研究生教育证书课程之前的时间做些有偿工作的情况下，统一开设教师职前教育先修课程无疑会削减学生参加教师职前教育的热情。① 皇家学会支持雇佣本位教师职前教育的发展，但它反对采用将拨款直接发放给师范生，让他们自己选择并组合适合自己的教师职前教育课程的方式。皇家学会认为，这样做将可能导致教师职前教育计划缺乏连贯性、系统性，是对增强教师职前教育灵活性的一种曲解。

《教师：面临变革的挑战》提出用发放补贴的方式吸引学生参加教师职前教育。皇家学会对此持支持态度，敦促政府尽快重新考虑给师范生经费补贴的数额。皇家学会认为，大多数师范生开始学习研究生教育证书课程时已经背负学士课程学习期间积累的贷款，因此最好给他们提供全额补贴，这样才能鼓励更多学生参加研究生教育证书课程的学习。反对者认为，这种做法倾向于资助参加研究生教育证书课程学习的师范生，忽视了学士课程的学习者。还有人认为，额外补贴并无助于吸引更多人员参加教师职前教育，真正影响人们选择是否参加教师职前教育的因素是教师职业本身的工作量、地位和待遇。

---

① The Royal Society, *The Teaching Profession Ref*：4/99，1999，London：The Royal Society，1999，p.6.

三 《教师：面临变革的挑战》所提教师职前教育改革建议的实施

（一）开展教师职业技能测试

2000年6月，英国首次举办针对师范生计算能力的书面测试，当年所有即将毕业的22900名师范生参加了测试。2001年2月，国家开始对师范生实施读写、计算能力计算机化测试。2001年9月，又开启了信息通信技术应用能力测试。[①] 此后，通过这三门科目的国家测试成为师范生获得合格教师资格的必要条件。读写与计算能力测试的不是中小学任教学科知识，而是所有教师在工作中所必须具备的读写与计算能力。考试题目都是教师在工作中可能遇到的问题。学生可以在全英150个考点参加计算机在线考试。计算能力测试包括心算、解释和使用数据、解决算术问题；读写能力测试包括拼写、标点符号、语法和理解力；信息通信技术应用能力测试包括使用电子邮件、文字编辑软件、电子表格、浏览器等。

教师职业技能测试自开展以来通过率一直较高。未通过者可以重复多次参加测试。这使教师职业技能测试的难度受到质疑。2011—2012学年，教师职业技能测试的总通过率为98.2%。其中，计算能力测试的通过率为98.1%，平均通过次数为1.51；读写技能的通过率为99.2%，平均通过次数为1.24。[②] 英国政府逐步对教师职业技能测试进行改革，提高了测试通过分数标准；规定每科只能补考两次，三次考试都未通过者两年内不准补考；首次考试免费，补考需缴纳费用；将通过教师职业技能测试作为获得合格教师资格的必要条件，改为参加教师职前教育的必要条件。

[①] 英国2012年4月取消了信息通信技术应用能力测试。（唐春明、廖运章、谢文亮：《英国教师数学素养职业技能测试述评》，《高等职业教育探索》2015年第6期。）

[②] 唐春明、廖运章、谢文亮：《英国教师数学素养职业技能测试述评》，《高等职业教育探索》2015年第6期。

(二) 教师职前教育课程模块化

英国各教师培养机构的教师职前教育课程都实现了模块化，即将各种教师职前教育课程分解为几个模块，每个模块内再设立若干学习单元。每个模块和每个学习单元都设有教学目标、教学方法、教学内容、参考资料、教学评价等。各教师培养机构的课程模块设置灵活多样（如前述桑德兰大学培养中学数学教师的课程设置和埃克赛特大学培养小学英语教师的课程设置），但一般来说，培养中小学教师的学士课程一般包括学科研究、核心课程研究、专业研究、学校实践四大模块。学科研究指师范生选择一到两门欲任教年龄阶段学生所学学科作为主修科目；核心课程研究指每名师范生都要学习英语、数学、科学三门中小学国家核心课程的知识及教学法；专业研究指师范生要学习的教育理论和教学技能；学校实践指师范生到中小学参加的各种实习活动。培养中小学教师的研究生教育证书课程一般包括课程研究、专业研究和学校实践三大模块。[①] 课程研究旨在使师范生了解自己主修学科在中小学课程中的内容安排，学习该学科的教学方法，锻炼教学技能。专业研究使师范生学习教育理论并结合学校体验对教育理论进行反思，提出自己的见解。课程模块内的学习单元可以根据实际情况随时进行调整。不同的课程模块可以灵活组合以满足师范生的个人需要。

(三) 发展雇佣本位教师职前教育

这一阶段，雇佣本位教师职前教育途径主要有大学毕业生教师计划、注册教师计划（Registered Teacher Programme）、"教学优先"计划（Teach First Programme）。这三种计划的具体培养目标、学制、入学要求见表5-14所示。

[①] 王艳玲、苟顺明：《试析英国教师职前教育课程与教学的特征》，《教育科学》2007年第1期。

表 5 – 14　　　　　雇佣本位教师职前教育计划分类

类别	大学毕业生教师计划	注册教师计划	"教学优先"计划
学制	1 年	2 年	2 年
培养目标	大学毕业生以非合格教师身份在中小学工作并同时接受培训,成功完成培训后可获得合格教师资格	非大学毕业但具有一定高等教育经历者以非合格教师身份在中小学工作并同时接受教师培训与完成学士学位课程。成功完成者可获得合格教师资格	大学优秀毕业生在"具有挑战性的中学"工作两年,第一年工作合格后获得合格教师资格,第二年以新合格教师身份继续在该校工作,以成为教学骨干
入学条件	具有学士学位或同等资格,英语、数学、科学三科达到普通中等教育证书考试 C 级及以上水平	已经完成两年高等教育课程（240 个学分）学习,英语、数学、科学三科达到普通中等教育证书考试 C 级及以上水平	具有文学或理学学士学位（300 学分以上）,英语、数学两科达到普通中等教育证书 C 级及以上水平,在领导才能、团队精神、批判思维、沟通技巧、创新能力、尊重他人、谦虚和同情心方面表现出高水平

资料来源：王晓宇、刘亮《基于多元模式与课程的英国教师专业化发展探析》,《河北师范大学学报》（教育科学版）2011 年第 8 期。

截止到 2001 年春季,大学毕业生教师计划共招募到 3447 名受训者,其中 1480 人完成培训,获得了合格教师资格。2000—2001 学年,该计划有 1600 个招募名额,共招募到 1258 名受训者。2000 年 9 月以前,大学毕业生教师的薪水由其雇用学校支付。此后,教师培训处给予每名受训者每年 13000 英镑薪水补贴。国家提供经费补贴对于招募紧缺学科教师、小学男性教师、少数族裔教师具有明显的推动作用。[①] 2006—2007 学年,大学毕业生教师计划的招募名额增加到 5000 人。此外,除了维持每名受训者每年 13000 英镑的薪水补贴以外,学

---

① Ofsted, *The Graduate Teacher Programme*, 2002, London: Ofsted, 2002, pp. 5, 2.

第五章 教师职前教育合格教师资格标准的制定与实施（1997—2010）

校培训与发展处还给每名受训者每年发放4120英镑的训练补贴。[1]

教育标准局从2000年起对大学毕业生教师计划的实施情况进行了多次督导，发现存在以下一些问题：培训提供者对受训者的个体需求评估不足，培训计划未能很好地满足受训者的个体需要；提供培训的中小学指导教师缺乏足够的时间和适当的能力承担受训者的指导工作；培训计划的实施缺乏严格的监督与考核；不同中小学中受训者的培养质量差异过大；没有适当运用外部机构或人员对培养质量进行监督、评价；培训提供者未能充分利用档案袋记录受训者的进步过程；指导教师对受训者的期望值过低；受训者的教学规划、评价能力较弱等。[2] 针对上述问题，教育标准局提出了改进意见供各教师教育机构参考。

英国政府对教育加强中央控制的同时，还注意调动社会力量参与教育事业。"教学优先"计划即是由民间团体推动产生的。2002年，伦敦工商界人士注册了"教学优先"慈善机构，主要致力于提高薄弱学校的教学质量。该慈善机构模仿美国1990年开始实施的"为美国而教"（Teach for America）[3] 计划，招募具有杰出学业成就和优良品质的高素质大学毕业生到那些超过半数学生来自最穷困的30%家庭的中学从事两年教学工作。[4] 这既有助于解决薄弱学校的师资短缺问题，提高薄弱学校的教学质量，也可以使这些大学毕业生获得合格

---

[1] TDA, *Professional Standards for Qualified Teacher Status and Requirements for Initial Teacher Training*, 2006, London: TDA, 2006, pp. 10 – 11.

[2] Ofsted, *The Graduate Teacher Programme*, 2002, London: Ofsted, 2002, p. 4. Ofsted, *An Employment-based Route into Teaching 2003 – 2006*, 2007, London: Ofsted, 2007, pp. 1 – 4.

[3] 1989年，美国人温迪·科普（Wendy Kopp）在其毕业论文中提出建立"为美国而教"计划，以推进美国的教育平等。1990年，温迪在大学毕业后筹集到250万美元捐款，创立了"为美国而教"这一非营利性组织，其使命是招募、发展、组织美国最有前途的未来领袖人物参与推进美国教育公平和卓越的事业。为了达到这一目标，该组织从全美顶尖大学招募优秀毕业生，到该组织选出的美国52个低收入社区的中小学从事至少两年教师工作。

[4] 王有升、陆宗智：《促进教师专业发展的英国经验：体制架构与运作》，《教师发展研究》2017年第9期。

教师资格，甚至成为教育领域的领袖式人物。"教学优先"计划从2003年开始实施，最初只在伦敦地区推行。"教学优先"组织与提供教师教育的大学结成伙伴关系，使受训者在承担临时教职之前先到大学（最初是伦敦的坎特伯雷基督教大学（Canterbury Christ Church University）参加6周集中住校学习，学习教育基本理论知识。[①] 2006年，"教学优先"计划扩展到大曼彻斯特（Great Manchester）地区，2007年扩展到米德兰兹（Midlands）地区。"教学优先"计划还给每位受训者提供领导力发展项目（Leadership Development Programme，LDP），全额资助受训者学习教育学硕士学位课程以及参加职业生涯发展专业训练。受训者完成"教学优先"计划后，有半数选择继续留任，其中2/3成为学校中层及以上领导。因此，该计划吸引了许多优秀大学毕业生。政府为"教学优先"计划提供了60%以上的经费辅助。[②]

教育标准局的督导结果显示，"教学优先"计划使受训者达到了较高水准，也促进了薄弱学校的发展。但是该计划仍然存在一些问题，如中小学指导教师没能为受训者设定具有挑战性的目标，没有满足受训者广泛的学科需求等。教育标准局认为，应该为中小学指导教师提供相应的培训以使他们更好地指导受训者。

（四）增加师范生的经济资助

《教师：面临变革的挑战》绿皮书的一个重要观点就是以物质奖励的方式促进教师专业发展。该绿皮书发布之后，英国政府采取多种形式对师范生进行资助，包括学费贷款、生活费贷款、生活补助金、助学金、黄金问候金（golden hello payments）[③] 等。政府对学习研究

[①] 周愚文：《英国现代师资培育研究（1945—2010）》，学富文化事业有限公司2014年版，第279页。

[②] 王有升、陆宗智：《促进教师专业发展的英国经验：体制架构与运作》，《教师发展研究》2017年第9期。

[③] 新合格教师入职期结束之后，政府根据不同学科一次性给予每人2500—5000英镑不等的黄金问候金。

生教育证书课程学生的资助多于学习学士课程的学生；对紧缺学科师范生的资助多于非紧缺学科师范生。例如，2006—2007学年，英国政府给参加学士课程的欲任教中学历史学科师范生的个人资助总额为7670英镑。而2009—2010学年，给参加学士课程的欲任教中学数学、物理、化学师范生的资助总额为11081英镑。[①] 从表5-15可见，诺丁汉大学研究生教育证书课程对非紧缺学科如英语学科师范生的资助为每年每人10560—12060英镑，而对紧缺学科如物理、化学学科师范生的资助达每年每人13560—15060英镑，外加2500英镑的黄金问候金。

表5-15　　2010—2011学年诺丁汉大学给学习研究生
　　　　　　教育证书课程学生的资助　　　　　　（英镑）

学科分类	英国本土/欧盟学费	生活补助金	助学金	是否有学费贷款	是否有黄金问候金
英语	3360	1200—2700	6000	有	没有
地理	3360	1200—2700	6000	有	没有
历史	3360	1200—2700	4000	有	没有
数学	3360	1200—2700	6000	有	5000
现代语言	3360	1200—2700	6000	有	2500
科学	3360	1200—2700	9000（化学和物理）6000（生物）	有	2500
培养小学教师的学校中心课程	3360	2906	4000	—	—

资料来源：李先军《英国教师职前培养资助政策的演变及其启示》，《外国教育研究》2011年第4期。

《教师：面临变革的挑战》绿皮书提出的部分教师职前教育改革建议得以实施，这有助于提升教师职前教育的严格性、拓宽教师招募

[①] 李先军：《英国教师职前培养资助政策的演变及其启示》，《外国教育研究》2011年第4期。

渠道、吸引高素质人才参加教师职前教育，从而使更多师范生达到合格教师资格标准，为他们的后续专业发展打好基础。

第四节　推行合格教师资格标准的外部保障

基于合格教师资格标准的教师职前教育的发展必须有强有力的中央级机构进行管理和督导。新工党政府依据《2005年教育法》（Education Act 2005）和《2006年教育与督导法》（Education and Inspections Act 2006）对教师培训处和教育标准局进行改组，使这两个机构能够充分发挥其对教师职前教育的管理和督导职能，为合格教师资格标准的实施提供了充分的外部保障。

一　教师培训处改组为学校培训与发展处

1994年教师培训处成立之后，职责范围不断扩大，在教师职前教育政策的制定和执行中发挥了关键作用。但1999年，在教育与就业大臣布朗奇推行的每5年一次的教育调查中，许多教师教育机构并不支持教师培训处继续存在，英国媒体也大肆宣扬教师培训处的负面作用。大学教师教育协会（University Council for the Education of Teachers，UCET）强烈建议取消教师培训处，教育与就业部的许多官员也支持这一提议。此时英国恰巧正面临一定程度的中小学教师紧缺问题，英国政府允许教师培训处继续存在，但将其职责范围缩小为教师供给和教师职前教育两个领域。此后至2004年，教师培训处将主要精力投入中小学教师招录工作并卓有成效，赢得了政府的信赖。[①]

新工党上台执政后，为了提升教育标准，一直致力于教育现代化改革，包括通过颁布和实施1997年《学校的卓越》、1998年《教师：

---

① Un Yong Jeong, *Teacher Policy in England: An Historical Study of Responses to Changing Ideological and Socio-economic Contexts*, PhD. dissertation, University of Bath, 2009, pp. 106 – 107.

第五章　教师职前教育合格教师资格标准的制定与实施（1997—2010）　＊　263

面临变革的挑战》等政策文件改善中小学教师的工作条件，减轻他们的工作负担，使他们有更多时间用于教学。其中一项措施就是改革中小学教学人员配置。英格兰与威尔士中小学教学辅助人员占中小学总体工作人员的比例从1997年的25%增加到2008年的42.5%。① 由于教学辅助人员的增加，政府也需要给他们制定从业标准。教师培训处只负责制定合格教师资格标准，因此政府决定通过改组扩展其职能，使其负责制定中小学所有工作人员从业标准。

（一）《2005年教育法》规定成立学校培训与发展处

《2005年教育法》规定将教师培训处改组为学校培训与发展处。学校培训与发展处是一种受教育与技能部（Department for Education and Skills，DfES）② 控制的半官方机构。教育与技能大臣（Secretary of State for Education and Skill）③ 负责任命学校培训与发展处的主席和其他工作人员。成立学校培训与发展处的目的是：提升教学标准以及中小学工作人员（school workforce）④ 的其他工作标准；促进中小学工作人员的职业生涯发展；提升中小学工作人员的工作质量和效率；确保中小学参与所有教师职前教育课程计划、实施与评价工作。为了有效行使其职能，该处需确保经过培训的中小学工作人员能够促进学生的心灵、道德、行为、体质等发展，帮助他们准备好迎接未来的挑战。⑤

教育与技能大臣和议会将根据情况给学校培训与发展处划拨经费。为提升教师专业水平和促进教师教育发展，学校培训与发展处可以通过发放补助金、贷款或者其他方式将这些经费发放给中小学，中

---

① Un Yong Jeong, *Teacher Policy in England: An Historical Study of Responses to Changing Ideological and Socio-economic Contexts*, PhD. dissertation, University of Bath, 2009, p. 248.
② 2001年教育与就业部（DfEE）被改组为教育与技能部（DfES）。1944年以后英国中央教育管理机构名称更替详情见附表3。
③ 随着英国中央教育管理部门名称的改变，其领导者的头衔也发生相应改变。详情见附表4。
④ 学校工作人员指在中小学工作的教师或者教学辅助人员。
⑤ Parliament, *Education Act* 2005, London: The Stationery Office, 2005, pp. 43–44.

小学工作人员，教师培训提供者（training provider），以及师范生。只要有助于提升教师专业水平和促进教师教育发展，除了提供资金支持以外，学校培训与发展处还可以开展其他工作，例如向有关机构和个人，甚至是英格兰与威尔士以外的机构和个人提供信息咨询、建议或其他服务。[1] 在威尔士，由威尔士高等教育基金委员会负责承担类似学校培训与发展处的职责。

（二）学校培训与发展处的成立与运行

2005 年 9 月，教师培训处正式改组为学校培训与发展处，学校培训与发展处接管了教师培训处所有职责，还承担着整个中小学包括助理教师在内的所有工作人员的培训和个人发展事务。[2] 由于中小学教学辅助人员增加，2003 年，英国政府制定了与合格教师资格标准类似的高等助理教师（Higher Level Teaching Assistant）专业标准。2007 年 6 月，学校培训与发展处对此标准进行了修订。政府意欲将中小学工作人员改革与学生的日常工作结合起来，制定出一套所有从事学生工作的人员都必须达到的国家职业标准。2005 年学校培训与发展处接管了这项工作并于 2007 年制定了新的中小学教学工作人员国家职业标准。[3]

此外，2006 年，学校培训与发展处对 2002 年教师培训处所制定的《合格任教》进行了修订，发布了更为清晰、简洁的《合格教师资格专业标准与教师职前培训要求》。2007 年，学校培训与发展处根据国家职业标准在合格教师资格专业标准的基础上，又增加了其他四个等级的教师专业标准，形成了涵盖教师整个职业生涯发展各个阶段的专业标准体系。

---

[1] Parliament, *Education Act* 2005, London: The Stationery Office, 2005, pp. 44, 47.

[2] Un Yong Jeong, *Teacher Policy in England: An Historical Study of Responses to Changing Ideological and Socio-economic Contexts*, PhD. dissertation, University of Bath, 2009, p. 340.

[3] Un Yong Jeong, *Teacher Policy in England: An Historical Study of Responses to Changing Ideological and Socio-economic Contexts*, PhD. dissertation, University of Bath, 2009, pp. 248 – 249.

第五章　教师职前教育合格教师资格标准的制定与实施（1997—2010）　＊　265

当时，政府要求中小学提供更广泛的服务，例如，学生照管、成人教育、父母教育支持、以社区为基础的健康与社会关爱服务、多部门运行支持、课外活动等。① 新工党政府将教师培训处改组为学校培训与发展处，也是为了使其能够统一处理中小学发展中出现的各种问题。学校培训与发展处的出现能有效促进中小学承担这些服务职能。

2010 年 5 月，保守党和自由民主党联合政府上台执政后，对教育组织机构进行改革。2012 年 4 月，政府取消了学校培训与发展处，成立教育部（Depatment for Education，DfE）② 下属的教学处（Teaching Agency）取代其主要职责。

二　成立新教育标准局

1992 年教育标准局成立之后，教师职前教育的督导工作属于教育标准局的范畴。从 1997 年开始，政府通过颁布一系列法案逐步扩大教育标准局的督导范围。至 2000 年，教育标准局的督导范围已经扩展至从低龄学生照管到 19 岁继续教育的各个阶段。同时，还成立许多新的督导和外部检查机构。政府需要加强对这些机构的规范和检查。2003 年，内阁办公室（Cabinet Office）下属的公共服务改革室（Office of Public Services Reform）受托承担这项工作。经过审查，它发布了两份文件，建议构建一种有助于改进公共服务，减少管理成本的督导机制。③

（一）《2006 年教育与督导法》规定成立教育标准、儿童服务与技能局

根据上述建议，英国政府决定将公共服务部门的督导机构由 11

---

① Un Yong Jeong, *Teacher Policy in England: An Historical Study of Responses to Changing Ideological and Socio-economic Contexts*, PhD. dissertation, University of Bath, 2009, p. 107.

② 2010 年英国政府将儿童、学校与家庭部（Department for Children, School and Families, DCSF）和创新、大学与技能部（Department for Innovation, University and Skills, DIUS）合并为教育部（DfE）。1944 年后英国中央教育管理部门更替详情见附录 3。

③ Un Yong Jeong, *Teacher Policy in England: An Historical Study of Responses to Changing Ideological and Socio-economic Contexts*, PhD. dissertation, University of Bath, 2009, pp. 108 – 109.

个减少为4个，只委派一个机构负责教育与儿童服务的督导工作。①《2006年教育与督导法》规定将原教育标准局改组为教育标准、儿童服务与技能局（Office for Standards in Education, Children's Services an Skills）。原教育标准局成员可以转入新教育标准局。该局设立一名教育、儿童服务与技能皇家主任督学（Her Majesty's Chief Inspector of Education, Children's Services and Skills）。② 新的教育标准局具有对教师职前教育进行检查和督导的权力。

（二）新教育标准局的成立与运行

2007年4月1日，根据《2006年教育与督导法》的规定，新教育标准局——教育标准、儿童服务与技能局成立。新教育标准局除了承担原教育标准局的工作以外，还负责成人教育督导、儿童服务督导等职责。与新的学校培训与发展处一样，新教育标准局的督导职责范围涵盖所有儿童、青年和成年教育工作。新的教育标准局2008年7月发布了《教师职前教育督导框架2008—2011》（Framework for the Inspection of Initial Teacher Education 2008—2011）。该框架规定了教师职前教育督导的目的、原则、程序、标准等。新教育标准局依照此框架从2008年9月起对所有中小学教师职前教育的提供者进行督导。③

改组后的学校培训与发展处和新教育标准局仍然受中央政府控制，对教师职前教育的管理和督导作用并未减弱。它们是修订合格教师资格标准并确保师范生达到合格教师资格标准的重要力量。经过改组，它们的职能范围都得以扩大，这有利于它们将对教师职前教育的管理和督导融入整体教育现代化改革中。

---

① Un Yong Jeong, *Teacher Policy in England: An Historical Study of Responses to Changing Ideological and Socio-economic Contexts*, PhD. dissertation, University of Bath, 2009, p.19.

② Partliament, *Education and Inspections Act* 2006, London: The Stationery Office, 2006, p.87.

③ 周愚文：《英国现代师资培育研究（1945—2010）》，学富文化事业有限公司2014年版，第291—292页。

本章小结

1997年新工党赢得大选上台执政后，以"第三条道路"为治国思想，将发展教育作为政府"第一核心要务"，将提高教育标准作为实现教育现代化的主要手段。为使教师职前教育发展促进教育整体现代化改革，也由于受到新教师专业主义的影响，新工党着力提高教师职前教育标准。

执政伊始，新工党政府就发布了第10/97号通知和第4/98号通知，制定了合格教师资格标准。此后，新工党政府又于2002年、2006年、2007年分别对合格教师资格标准进行修订，将师范生的专业价值观、态度、品质以及融合教育能力加入合格教师资格标准中，形成了涵盖教师职业生涯发展各个阶段的专业标准体系。

为促使更多师范生达到合格教师资格标准，新工党政府于1998年发布《教师：面临变革的挑战》绿皮书，提升教师职前教育的严格性并吸引更多优秀人才参加教师职前教育。新工党政府还根据《2005年教育法》和《2006年教育与督导法》，对教师培训处和教育标准局进行改组，使这两个机构充分发挥它们对教师职前教育的管理与督导职能，为合格教师资格标准的实施提供了保障。

无论在意识形态层面还是在具体政策层面，"撒切尔主义"即"新右派"意识形态都对"第三条道路"产生了深远的影响。新工党在其执政的13年期间，在总体上继承保守党制定的教师职前教育政策的同时又尽力将公平要素注入教师职前教育。如果说保守党基于教育市场化导向而选择了质量、效率，牺牲了公平，那么，新工党则试图寻求质量、效率、公平之间的平衡点。[①]

但2010年保守党和自由民主党在联合执政后进行的调查发现，

[①] 王长纯：《教师教育思想史研究》（上），东北师范大学出版社2016年版，第221页。

中小学教师素质仍然偏低，师范生生源质量不佳，数学、科学学科教师缺乏，师范生对教师职前教育满意度不高。为解决上述问题，保守党和自由民主党联合政府于2010年11月颁布《教学的重要性》白皮书，2011年6月颁布《培养下一代卓越教师》。这两个文件提出的教师职前教育改革建议与新工党执政时期的政策一脉相承，主要包括提升教师职前教育的标准，加强师范生的中小学实践，拓宽教师职前教育途径，加强大学与中小学的合作伙伴关系等。

第六章 结论与启示

1944年至2010年,在政治意识形态、经济状况、人口出生率、教师专业主义以及整体教育事业发展的综合作用下,英国中小学教师职前教育政策不断发展变革,呈现出从关注教师职前教育规模到关注教师职前教育质量;从注重理论课程教学到注重实践;从注重发挥高等教育机构在教师职前教育中的作用到中小学更多地参与教师职前教育等转变。英国教师职前教育政策方案拟定以专业调查研究为基础,注重教育政策制定主体的多元化,注重对政策实施的督导与评价,对我国制定与实施教师职前教育政策具有重要的启示与借鉴意义。

第一节 英国中小学教师职前教育政策制定的环境因素

教育政策的制定产生于一定的政策环境,政策环境制约着政策制定主体的构成和行为。教育政策环境不同必然导致政策内容呈现出巨大差异。影响英国中小学教师职前教育政策制定的环境因素包括政治意识形态的转变、经济发展的兴衰、中小学人数的增减、教育事业的发展、教师专业主义的变化。这些环境因素致使英国中小学教师职前教育政策在各历史阶段呈现出不同的特色。

一 政治意识形态的转变

不同历史时期的政治意识形态会引导教师职前教育政策朝不同的

方向前进。二战后至20世纪60年代，英国轮流执政的工党和保守党达成"社会民主主义共识"。两党都主张建设福利型国家，发展混合经济模式，重视发挥行业协会的作用。"社会民主主义共识"推动英格兰与威尔士的教师职前教育实现规模扩张，也使得中央政府、地方教育当局和教师协会在教师职前教育政策制定中共同发挥作用。地方教育当局在教师职前教育政策的实施中扮演了非常活跃的角色，教师和教师协会也享有很大的专业自主权。

1979年，保守党政府开启了长达18年的连续执政历程，以"撒切尔主义"为治国基础。"撒切尔主义"由新保守主义和新自由主义构成。受新保守主义思想影响，保守党政府加强对教师职前教育的中央控制，1984年发布《教师职前教育：课程的认证》，规定教师职前教育课程认证标准，成立教师教育认证委员会。保守党政府后又发布第24/89号通知、第9/92号通知和第14/93号通知，多次对教师职前教育课程认证标准进行修订。受新自由主义思想影响，保守党政府将市场化和竞争引入教师职前教育领域，通过颁布《1989年教育（教师）条例》开辟了合同雇佣教师计划、特许教师计划等学校本位教师培养渠道。

1997年新工党上台执政后，以"第三条道路"为指导，对国家进行现代化改革。"第三条道路"深受"撒切尔主义"的影响，是一种介于自由放任资本主义和福利国家之间的中间道路。新工党政府总体上延续了保守党政府制定的教师职前教育政策，并特别注意通过设立教师标准提升教师培养质量。新工党政府发布第10/97号通知和第4/98号通知，将教师职前教育课程认证标准改为合格教师资格标准，并经过不断修订形成了涵盖教师职业生涯发展各个阶段的标准体系，还颁布《教师：面临变革的挑战》增加教师培养的灵活性，开辟多种教师培养渠道。

二 经济发展的兴衰

英国经济发展状况直接影响政府对教师职前教育事业的投入，从而影响教师职前教育政策的制定与实施。二战结束后至20世纪70年代初期，英国轮流执政的保守党和工党都实施凯恩斯主义经济政策，加强国家对经济活动的干预和规划，使英国经济得以恢复发展。政府加大对教师职前教育的投资力度，满足这一时期教师职前教育规模扩张的需求。受1973年世界石油危机的影响，英国经济严重下滑，失业率攀升。英国政府实施紧缩型货币政策，缩减公共开支。政府颁发的多项教师职前教育政策均提出削减教师职前教育经费预算。20世纪70年代末、80年代末和2008—2009年，英国经济又出现三次短暂衰退，其余时间则呈现出稳定增长的局面。受经济发展状况影响，英国政府对教师职前教育的投资政策依然遵循上述规律。

此外，当经济繁荣、就业率上升时期，工作稳定不是毕业生择业的首要考虑因素，加之教师收入普遍偏低，毕业生往往不倾向于选择教师行业，导致教师职前教育招生出现困难。二战后至20世纪70年代初即属于这种情况。当时扩大教师培养规模成为教师职前教育政策的主要关注点。但在20世纪70年代初期以后，经济萧条，失业率上升，教师职业的吸引力反而增大，致使教师职前教育生源充足。教师职前教育政策转而注重教师培养质量的提升。

三 中小学生人数的增减

教育是一种培养人的社会活动。中小学生人数的增减直接影响师范生招生人数，教师培养机构数量、规模等教师职前教育政策内容。

二战后，英国分别在20世纪40年代和60年代出现两次"婴儿潮"，致使中小学入学人数激增，教师严重短缺。为此，教师职前教育规模扩张成为二战后至20世纪70年代初英格兰与威尔士教师职前教育政策的主要内容。1944年教育委员会发布教师紧急招募与培训，提出教师紧急培训方案，1944年的《麦克奈尔报告》与1963年的《罗宾斯报告》等提出了教师职前教育规模的长期扩张建议。

20世纪70年代初，英国人口出生率大幅下滑，导致中小学入学人数锐减，教师需求量下降。1972年《詹姆斯报告》和《教育：扩张的架构》，1973年《高等教育在非大学部门的发展》，1983年《教学的品质》白皮书，1984年《教师职前培训：课程的认证》均以缩减教师培养规模，促进教师教育机构转型，提高教师培养质量为重点。

进入20世纪90年代以后，英国人口出生率比较平稳，中小学教师没有出现大规模短缺或过剩现象。政府曾在20世纪90年代推出合同雇佣教师计划和特许教师计划，缓解小规模教师短缺局面。教师职前教育政策的重点不再涉及培养规模的调整。

四　教育事业的发展

教师职前教育属于整体教育事业的一部分。教育事业的发展状况必然影响到教师职前教育政策的走向。1947年英国政府将中学生离校年龄由14岁提高到15岁。这成为引发中学生人数激增的重要因素，从而间接推动政府制定教师职前教育规模扩张政策。1963年《罗宾斯报告》发布后，高等教育规模扩张，亦有助于教师职前教育规模扩张以及四年制教育学士学位课程的开设。

1973年石油危机之后，英国中小学教育发展的重点开始从规模扩张转向质量提升。教师对提高中小学教育质量起着举足轻重的作用。因此，政府在《教育：扩张的架构》《高等教育在非大学部门的发展》《教学的品质》《教师职前培训：课程的认证》等政策文件中，提出缩减教师职前教育规模，重组教师职前教育机构，提高师范生的入学标准，加强对教师职前教育课程认证等措施，以提高教师职前教育质量，满足中小学对高素质教师的需求。

1988年，英格兰与威尔士开始实施普通中等教育证书考试，取代普通教育证书普通等级考试和中等教育证书考试，保留普通教育证书高等级考试。1989年，英格兰与威尔士的公立中小学开始全面实施国家统一课程。在此背景下，教育与科学部通过发布第18/89号通知、第24/89号通知、第9/92号通知、第14/93号通知，规定了师范生入学需达到的普通中等教育证书考试成绩，普通教育证书高等级考试成绩，将师范生对中小学国家课程内容、教学法的研究学习作为教师职前教育课程认证的主要指标。

1997 年开始执政的新工党将教育作为政府第一核心要务，致力于为每位学生提供世界一流的教育服务。为此，新工党增加教育投资，提升中小学的教育标准，为薄弱学校提供支持，调动多方力量共同参与教育事业。在此背景下，教育与就业部发布第 10/97 号通知、第 4/98 号通知，详细规定合格教师资格标准和教师职前教育要求，甚至一度确立了七门教师职前教育国家课程，以确保教师职前教育质量。1998 年政府发布《教师：面临变革的挑战》，提出为保证教师培养质量而开展全国统一的教师职业技能测试，并推动开展"教学优先"计划以帮助薄弱学校。

五 教师专业主义的变化

教师专业主义观念的变化对英格兰与威尔士教师职前教育政策产生了重要影响。20 世纪 70 年代以前，英国社会普遍流行传统专业主义观念，即认为专业人士经过长期培训，具有排他性的知识体系，拥有对自己专业事务的自主权，服从专业团体自主建立的规范和信条。[1] 当时的教师职前教育政策较少涉及教师职前教育内容问题。教师能较为自主地选择课程内容、教学方法、学生评价方式。教师培养机构也可以较为自主地控制师范生的选拔、培训、评价等事务。

20 世纪 70 年代后期，英国教师专业主义观念开始发生变化。1976 年英国首相卡拉汉在牛津大学拉斯金学院的演讲及随后展开的教育大辩论显示出政府为提高各级各类教育标准，意欲加强对教育事业的控制力。1979 年保守党执政后，教师职前教育成为保守党重塑

---

[1] Caroline Norrie and Ivor Goodson, "'We've Come Full Circle': Restructuring Primary Teachers' Work-lives and Knowledge in England," in Ivor F. Goodson and Sverker Lindblad, eds., *Professional Knowledge and Educational Restructuring in Europe*, Rotterdam: Sense, 2011, p. 19.

教师专业主义的重要工具。① 保守党政府通过发布第 3/84 号通知、第 24/89 号通知、第 9/92 号通知、第 14/93 号通知加强对教师职前教育课程的专业认证，又通过发布第 18/89 号通知开辟多种学校本位教师培养渠道。这些政策使国家加强对教师职前教育的中央控制，削弱地方教育当局和高校的教师职前教育自主权。

如果说保守党对教师专业主义的重塑属于间接性质，那么，新工党则直接通过发布《教师：面临变革的挑战》绿皮书提出新教师专业主义观，即一种被管理的专业主义（managed professionalism）。② 在新教师专业主义下，教师需服从外部规范，通过终身学习实现持续性专业发展。新工党通过发布第 10/97 号通知和第 4/98 号通知设置合格教师资格标准和教师职前教育国家课程，此后又在此基础上构建出涵盖教师职业生涯五个发展阶段的教师专业标准体系，以此作为师范生获得合格教师资格和在职教师晋升的评判依据。

对于这种"新专业主义"是提升了教师的专业地位，还是降低了教师的专业地位，历来存在争议。反对者认为，以往的教师专业标准、专业实践和专业发展，都由教师或者教育从业人员自己决定，这才是教师专业地位的真正体现。而支持者认为，由国家建立明确的专业标准，进行统一的专业评价，才能使教师工作真正成为一种专业活动。新的教师专业主义是促进教师再专业化（re-professionalization）还是降低了教师的专业化程度（de-professionalized）一直存在争议，尚未有定论。

第二节　英国中小学教师职前教育政策的主要转变

纵观 1944 年至 2010 年英国中小学教师职前教育政策 60 多年的

---

① John Furlong, "New Labour and Teacher Education: The End of An Era," *Oxford Review of Education*, Vo. 31, No. 1, January 2005, p. 118.

② John Furlong, "New Labour and Teacher Education: The End of An Era," *Oxford Review of Education*, Vo. 31, No. 1, January 2005, p. 128.

发展历程，可以发现如下一些主要转变。

一　从关注教师职前教育规模转向关注教师职前教育质量

二战后人口出生数量大幅提升以及中学生离校年龄推迟使英国中小学生人数激增，教师出现严重短缺。因此，当时教师职前教育政策的焦点是扩大教师职前教育规模。1944 年的《教师紧急招募与培训》与《麦克奈尔报告》，1963 年的《罗宾斯报告》都将教师职前教育规模扩张作为主要内容。20 世纪 70 年代英国人口出生数量骤降，中小学生人数锐减，教师需求量下降。为此，1972 年《教育：扩张的架构》与 1973 年《高等教育在非大学部门的发展》提出教师职前教育规模紧缩，教师教育机构重组的建议。与此同时，英国政府将教师职前教育政策的重点转入教师职前教育质量的提升。英国政府此后发布了《教学的品质》白皮书、第 3/84 号通知、第 24/89 号通知、第 9/92 号通知、第 14/93 号通知、第 10/97 号通知、第 4/98 号通知等一系列文件，规定了师范生选拔标准、教师职前教育课程内容、课程认证标准、课程认证程序、合格教师资格授予标准等，促进了教师职前教育质量的提升。

二　教师职前教育课程由注重理论转向注重实践

1963 年《罗宾斯报告》提出开设四年制教育学士课程，促使教师职前教育课程理论性增强。教育哲学、教育社会学、心理学、教育史成为教师职前教育的四门主流学科。增强教师职前教育课程的理论性有助于提升教师职前教育的学术层次，但教育学院的师生对此比较排斥。因为教育学院缺乏开设此类课程的传统，而且这些课程与中小学教学实际关系较远。

1972 年《詹姆斯报告》将教师教育分为个人教育、职前与入职培训、在职培训三个环节。职前与入职培训的第一年师范生在高等教育机构学习教育理论课程，第二年则到中小学参加教育实践。虽然此建议未获官方支持，但20世纪70年代，许多教师教育机构开始自发开展课程改革实验，减少师范生的教育理论学习时间，增加他们用于开展中小学课程研究、学习学科教学法和参加教育实习的时间。

1979年保守党执政后，注重提高教师职前教育质量，通过颁布第3/84号通知、第24/89号通知、第9/92号通知、第14/93号通知规定了能力本位的教师职前教育课程认证标准。这些标准包括增加学科教学法课程和教育实习时间；将教师专业技能培训整合到各门课程学习中；将课程学习与实习紧密结合起来；将如何组织课外活动、如何处理与家长的关系等内容加入教师职前教育课程。这些课程认证标准促使教师教育机构课程的实践性明显增强。1997年新工党执政后虽然将教师职前教育课程认证标准转化为合格教师资格标准，但这些标准仍然非常强调师范生的教育实践能力。

三 从注重发挥高等教育机构在教师职前教育中的作用到中小学更多参与教师职前教育

二战后至20世纪70年代，英国注重发挥高等教育机构在教师职前教育中的作用。根据1944年《麦克奈尔报告》建立的以大学为主导的地区培训组织加强了大学对教师培训学院课程和考试事务的管理。1963年的《罗宾斯报告》试图将教师培训学院的管理权完全移交给大学，却并未实现。与此同时，越来越多的教育学院开始开设教育学士课程，使自身的办学水平逐渐接近大学层次。进入70年代，经济危机与人口出生量下滑引发的教师职前教育规模紧缩，使教育学院有机会通过重组真正融入高等教育体制。

20世纪70年代末以前，中小学只是作为师范生实习的场所参与教师职前教育，并未发挥主动作用。70年代，各教师教育机构自发开展了增强教师职前教育实践性的实验，努力调动中小学以各种方式参与教师职前教育。1979年保守党执政后，促进中小学与教师教育机构建立合作伙伴关系共同培养教师或由中小学独立承担教师职前教育任务。这一发展趋势一直延续到 1997 年新工党执政以后。

英国政府对高等教育机构与中小学构建合作伙伴关系的要求逐渐提高。1983 年《教学的品质》提出加强教师教育机构与中小学的合作。第 3/84 号通知首次提出教师教育机构应与中小学建立合作伙伴关系。第 24/89 号通知具体规定了中小学在伙伴合作关系中应发挥的作用。第 9/92 号通知和第 14/93 号通知进一步详细阐述了中学和小学以及高等教育机构在合作伙伴关系中的职能，并强调中小学应该在合作伙伴关系中获得公平对待，将部分教师职前教育经费从高校转移给中小学。第 10/97 号通知和第 4/98 号通知规定高等教育机构在开展教师职前教育工作时，必须与中小学建立合作伙伴关系。

英国政府持续拓展各种非传统教师职前教育途径。1989 年第 18/89 号通知推出合同雇佣教师计划和特许教师计划。1993 年《政府对教师职前培训的改革计划》推出学校中心教师职前培训方案，提出由中小学组建学校联盟，脱离高等教育机构，自主开设研究生教育证书课程，直接从政府获得拨款。此后，英国政府陆续推出大学毕业生教师计划、注册教师计划、"教学优先"计划等非传统教师职前教育途径，使中小学承担了越来越多的教师职前教育任务，提升了中小学在教师职前教育中的地位和作用。

四 政府对教师职前教育的控制日益增强

传统上，英国的教师教育机构对课程设置享有较大自主权。但 1979 年保守党执政后，开始加强对教师职前教育的中央控制。1984 年教育与科学部发布第 3/84 号通知，首次从政策层面规定了教师职前教育课程的认证标准和认证程序，还规定成立教师教育认证委员会，负责教师职前教育课程认证工作。皇家督学团对各教师教育机构所开设课程的调查报告成为课程认证的主要依据。所有开设教师职前教育课程的机构包括大学都必须接受皇家督学团的调查。

第 24/89 号通知、第 9/92 号通知、第 14/93 号通知相继对教师职前教育课程认证标准和认证程序进行修订，使政府对教师职前教育课程的控制更加严格。1993年《政府对教师职前培训的改革计划》提出成立教师培训处，取代教师教育认证委员会。教师培训处不仅负责课程认证，还负责根据课程认证情况分配教师职前教育经费，提供信息咨询，参与师范生选拔等工作。

1997年第10/97号通知和1998年第4/98号通知制定了多达849条授予合格教师资格的标准，还制定了培养中小学教师的英语、数学、科学以及信息通信技术应用"国家课程"。国家对教师职前教育的控制达到了前所未有的高度。虽然2002年《合格任教》取消了教师职前教育"国家课程"，对合格教师资格标准进行了简化，但中央政府对教师职前教育的控制并未减弱。英国政府通过颁布《2005年教育法》与《2006年教育与督导法》，成立新的学校培训与发展处和教育标准局，继续加强对教师职前教育的管理与督导。

五　教师职前教育逐渐成为教师专业发展的起点

20世纪70年代以前，英格兰与威尔士的教师教育政策主要与教师职前教育相关，对在职培训关注不多。1972年《詹姆斯报告》提出将教师教育分为三个环节：个人教育、职前和入职培训、在职培训。此报告首次提出"入职期"这一概念，并首次将教师职前教育和在职培训联系起来。要实施《詹姆斯报告》中提出的教师教育"三环节"改革建议，就需要对教师教育体制进行整体改革。这种改革由于与教师教育传统存在巨大冲突而未能实现。

此后，随着终身学习观念的普及，教师在职培训日益受到重视。特别是20世纪90年代，新教师专业主义的出现，其核心思想之一就是教师应通过终身学习来实现持续性专业发展。《1998年教学与高等教育法》规定，获得合格教师资格的新教师要经历不少于三个学期的入职期，试用合格后才能被公立学校正式聘为教师。2007年，学校培训与发展处发布《英格兰教师专业标准》，将教师分为五个等级：

合格教师、普通教师、资深教师、卓越教师、高级技能教师,并制定了达到每个等级的详细标准,将教师职前教育纳入整个教师职业生涯发展过程。通过参加教师职前教育获得合格教师资格成为教师专业发展的起点。

第三节 英国中小学教师职前教育政策的制定与实施对我国的启示

新中国成立以来,我国教师职前教育的发展从注重增加师范生数量转向注重提升师范生培养质量;教师职前教育体系从封闭转向开放;教师职前教育管理体制从计划包办转向以标准为导向。当前,我国教师职前教育还存在很多问题,这需要科学合理地制定相关政策予以解决。英国在制定教师职前教育政策时注重以专业调查研究为基础,充分发挥非官方教育政策制定主体的作用,注重对政策实施的督导与评价,为我国制定与实施教师职前教育政策提供了重要借鉴。

一 教师职前教育政策方案拟定以专业调查研究为基础

科学的教育政策制定程序包括确认教育政策问题;教育政策问题进入政府议程;确定教育政策目标;拟定教育政策方案;论证教育政策方案;进行教育政策决策;教育政策合法化。教育政策方案是实施教育政策的蓝图,是实现教育政策目标的关键因素。为此,教育政策制定主体在拟定教育政策方案时必须开展广泛、深入的调查研究,全面了解信息并充分占有相关资料,深刻理解教育政策问题的历史、现状,树立创新意识,运用科学的分析和思维方法。

在拟定教师职前教育政策方案之前,英国政府一般先组建研究委员会对相关问题进行调查研究。委员会在充分掌握事实材料的基础上拟定政策报告,再由政府裁定报告中的政策建议如何实施。《麦克奈尔报告》《罗宾斯报告》《詹姆斯报告》的出台都体现了这一点。在拟定这三个报告之前，英国政府分别组建了研究委员会对要解决的教育政策问题进行调查研究。1942年3月，英国教育委员会主席巴特勒组织成立以利物浦大学副校长麦克奈尔为主席的10人委员会，对教师培训学院和大学教师培训系进行了广泛的走访调查。1961年2月8日，英国财政部成立以罗宾斯勋爵为主席的高等教育委员会对90个组织机构和31名有关人员进行了正式访谈，召开了111次会议，研究了400份书面报告。1970年12月，英国教育与科学大臣撒切尔夫人任命以约克大学副校长詹姆斯勋爵为主席的委员会，研究了约500份有关人员或组织呈交的材料，用23天时间进行访谈，走访了50所教师培养机构。正是在充分调查研究的基础上，各委员会拟定了对英格兰与威尔士教师职前教育发展产生重大影响的三份报告。这保证了政策的制定以事实为依据，使政策具有较高的客观性和科学性，为我国教师职前教育政策的制定提供了非常有益的借鉴。

  我国政府部门在拟定教师职前教育政策方案之前开展调查研究的力度不够。领导人意志、官僚主义、行政力量等因素对我国教师职前教育政策方案拟定的干涉过多。为改变这种状况，我国应大力发展官方、半官方和民间教育政策研究机构。党的十八届三中全会提出"加强中国特色新型智库①建设，建立健全决策咨询制度"，掀起了我国的智库建设高潮。在教育领域比较有代表性的智库有中国民主促进会中央委员会与北京师范大学共同组建的中国教育政策研究院，华东师范大学与上海市教育科学研究院联合组建的国家教育宏观政策研究院等。这些智库聚集了大量专门从事教育政策研究的专家和学者，他们的研究工作能够有效提高教育政策的科学性。此外，我国还应大力促进民间教育政策研究机构的发展。民间教育政策研究机构具有较强的独立性和中立性，能够更好地倾听群众的呼声，增强教育政策制定的民主性。要使教育政策研究机构在教师职前教育政策方案的拟定中切

---

① 智库指以政策研究为中心，以影响政府公共决策为目的，由学科专家组成的为决策者处理各方面问题出谋划策，提供最佳方案的非营利、独立的研究机构。

实发挥作用，还必须保障教育科研人员拥有学术研究自由，使他们的研究成果全面、客观地反映教师教育现状。

二 重视非官方教育政策制定主体的作用

教育政策制定主体的构成是影响教师职前教育政策制定的重要因素。教育政策制定主体是指感知、处理政策信息，拟定、选择教育政策方案的组织或个人。① 安德森（James E. Anderson）将西方国家教育政策制定主体分为官方政策制定主体与非官方政策制定主体。官方政策制定主体为立法机构、行政机关、行政管理机构、法院。② 非官方政策制定主体包括利益集团、政治党派、公民个人、大众传媒、思想库等。③ 非官方政策制定主体在英国教师职前教育政策制定中发挥了很大作用。

英国政府在制定教师职前教育政策之前，往往先发布一份有关政策内容的咨询文件，征询公众意见。这种咨询文件被称为绿皮书。公众可以对绿皮书的内容进行自由讨论，甚至展开辩论。政府还会将绿皮书寄送给相关单位或专家，重点征询他们的意见，使不同利益群体充分发表自己的观点，确保咨询意见的全面性。大众传媒在政策咨询中起着非常重要的信息沟通作用。例如《泰晤士报教育副刊》经常刊登讨论教育问题的文章。政府会公布一个意见征询截止日期，公众可以通过发表文章、提交报告、发送邮件、拨打热线电话等方式提出反馈意见。政府根据收集到的反馈意见对绿皮书进行修改后形成正式政策文本，通常称之为白皮书。白皮书也可以被作为议案提交给下议院进行讨论修改，经议员投票通过后提交上议院再做细微调整，最后提交英国国王批准，形成正式法律条文。

---

① 褚宏启：《教育政策学》，北京师范大学出版社 2011 年版，第 90 页。
② ［美］詹姆斯·E. 安德森：《公共决策》，唐亮译，华夏出版社 1990 年版，第 56 页。
③ 孙绵涛：《教育政策学》，中国人民大学出版社 2009 年版，第 135 页。

英国的教师职前教育政策出台前往往都进行过广泛的意见征询。第9/92号通知发布前，教育与科学部根据克拉克在北英格兰教育会议上的讲话精神，发布《教师职前教育改革：咨询文件》，列出了高等教育机构与中学建立合作伙伴关系，中学教师职前教育课程认证标准和认证程序的草案，征求各界意见。5个月后正式发布第9/92号通知《教师职前教育（中学阶段）》。第14/93号通知发布前，政府于1992年发布《小学课程组织与课堂实践：讨论文件》，引起了人们对小学课程问题的激烈争论。此后，教育标准局和国家课程委员会于1993年分别发布《小学课程组织与课堂实践：后续报告》和《第一、二关键阶段的国家课程》，对小学阶段"国家课程"的管理、组织和教学方法提出建议。政府将这两份报告发放给所有参与教师职前教育的高等教育机构和小学，将争论进一步推向高潮。经过广泛的争论，教育部在综合各方意见的基础上，于1993年11月发布第14/93号通知《小学教师职前培训：课程新标准》。1988年5月，教育与科学部发布《合格教师资格：咨询文件》，提出合格教师资格授予机制的改进方案，将该文件发放给各地方教育当局、教师协会以及私立学校征询意见。1988年10月14日之前，教育与科学部收集到各方反馈意见，1989年8月发布《1989年教育（教师）条例》，提出开辟多种学校本位教师职前教育途径。在这个过程中，非官方教育政策制定主体能充分发表自己的意见，消除单一教育政策制定主体决策的局限性，使教育政策具有更高的科学性和公正性。而官方政策制定主体主导有利于平衡各方利益，提高政策制定效率，保证政策的顺利执行。

我国教育政策制定的官方主体包括中央与地方党委、全国与地方人民代表大会、各级人民政府，非官方政策制定主体主要包括教育政策的研究专家、大众传媒、普通公民。我国官方教育政策制定主体往往成为教育政策制定的单一主体。尽管他们对相关教育政策问题了解比较详细，具有把握全局的能力，但是如果完全由他们来制定教育政策容易降低政策的公平性、民主性和科学性。因此，我国应特别注意教育政策制定主体的多元化，发挥非官方教育政策制定主体的作用。

我国非官方政策制定人员参加教师职前教育政策制定的渠道非常有限，而且参与者绝大多数是高校或研究机构相关领域的专家学者，普通教师特别是中小学教师，农村落后地区教师极少获得参与机会。究其原因，主要是缺乏允许公众参与教师职前教育政策制定的机制，久而久之公众也失去了参与的热情。

我国民主政治发展的目标是不断扩大公民的政治参与度。如果在教师职前教育政策制定中，政府没有给予公众特别是教师表达意见的渠道，所形成的政策往往会出现偏差，教师的利益也很容易受到侵害。教师作为知识分子，在精神层面有较高的追求。在教师职前教育政策制定中，教师只有享有更大的参与决策权，才会有更强的自我价值感和使命感，才会更积极主动地开展工作。

当今世界各国教育政策的制定正向集权制与分权制融合的方向发展。我国实行民主制度时间较短，民主法治建设和公民参与意识都有待提高。英国非官方政策制定主体参与教师职前教育政策制定的机制给我国提供了非常有益的借鉴。但由于各国体制和国情不同，我们不能全盘照抄或套用英国的做法，而应在借鉴的基础上探索出适合我国的，能够充分吸纳公众意见的教师职前教育政策制定机制。教师职前教育政策的制定过程应该秉持公开、透明的原则，让社会公众尤其是教师享有知情权、参与权。政府部门必须弱化自己的权力意识，将公众纳入政策制定机制中，重视与他们的协商、对话，使他们有充分表达意见的合法渠道和参与政策制定的平台。公众参与教师职前教育政策制定的形式应该多样化。在政策意见征询阶段，可以通过网络、电视、报纸等媒介告知公众特别是相关教师群体，广泛征求教育专家、中小学校长、教师、家长、社区代表等的意见，作为政策制定依据。公众也应提高参与意识，积极主动地表达自己的想法。此外，政府应该把握好公众参与政策制定的尺度，实现政府主导下的公众充分参与。

三 注重对教师职前教育政策实施的督导与评价

英国政府历来都非常重视教育督导工作。皇家督学团及其后继者教育标准局是对教师职前教育政策实施进行督导与评价的主要机构。教师职前教育政策发布后,皇家督学团或教育标准局很快会对政策的实施情况进行调查,总结政策实施效果,提出改进建议。

《1989年教育(教师)条例》推出合同雇佣教师计划和特许教师计划两种非传统教师职前教育途径。皇家督学团对九个合作联盟实施的合同雇佣教师计划进行了调查,并于1993年发布《合同雇佣教师计划1990.9—1992.7》,指出该方案的实施效果与传统一年制研究生教育证书课程差异不大,但所用经费是传统课程的两倍,促使教育部于1994年终止实施该方案。皇家督学团还对20个地方教育当局的特许教师计划实施情况进行调查,并在1993年发布《特许教师计划1990.9—1992.7》,对特许教师计划实施效果持肯定性评价,同时提出了实施中存在的一些问题,成为该方案后续改进的重要参考。

1992年皇家督学团被改组为教育标准局,继续负责教师职前教育政策实施的督导、评价工作。1993年教育部发布《政府对教师职前培训的改革计划》,提出开展学校中心教师职前培训。教育标准局对第一批实施学校中心教师职前培训的中学联盟进行了调查,并于1995年发布《学校中心教师教育1993—1994》报告。该报告指出,学校中心教师职前培训项目培养师范生的质量普遍低于传统研究生教育证书课程。此后,尽管保守党政府和新工党政府继续实施学校中心教师职前培训,但高等教育机构依然是开展教师职前教育的主要力量。

我国各级教育行政主管部门均设有教育政策督导组织,但这些组织处于政府的附属地位,开展工作时常受制于上级部门,无法确保督导、评价的独立性和客观性。由专业人士组建的独立的教育政策督导机构在我国尚未完全建立起来。[1] 英格兰与威尔士教师职前教育政策的督导者是独立于政府部门之外的皇家督学团或教育标准局。它不受政府控制，能从客观的立场出发对政策实施过程和效果进行评价，为我国改进教师职前教育政策实施的督导与评价提供了重要借鉴。一方面，我们必须改变政策制定者、评价者合一的情况，应将教师职前教育政策的制定、评价交由不同的机构来履行，建立政策决策权和监督、评估权相互制衡的机制。另一方面，我国应大力发展独立于政府以外的，对教师职前教育政策实施进行督导与评价的外部独立组织，并逐渐使之成为对教师职前教育政策实施进行督导与评价的主要力量。外部独立组织能够在督导与评价中保持价值中立，不受行政力量干扰，能确保督导、评价的客观公正。

英国教育标准局之所以能够对教师职前教育政策发展产生重要影响，除了其能够做出客观中立的评价报告以外，还因为其具有权威性。这种权威性一方面来自于法律赋予的权利，另一方面来自于学术权威力量。英国政府多次通过立法规定教育标准局的权力和职责，使它对教师职前教育的督导与评价工作具有法律保障。我国也应加强教育督导机构的立法工作，使教育督导机构的督导权力在法律层面获得认可。英国教育标准局的督导报告因为具有很高的学术权威性，所以才能成为上至中央政府，下至各个教师教育机构制定和执行教师职前教育政策的最重要依据。这种权威性源于教育标准局的督学具有过硬的专业素质。英国督学必须经过公开、严格的笔试、面试等选拔程序才能入选。教育标准局的督学分为皇家督学、注册督学和督学三级。皇家督学必须是教育专家，并具有卓越的管理、分析、写作能力，年龄在40—50周岁；注册督学必须具备督学资格并至少具有五次参与督导活动的经验；督学必须具有四年以上教学和学校管理经验。皇家

---

[1] 褚宏启：《教育政策学》，北京师范大学出版社2011年版，第240页。

督学的入选率仅为1%。[①] 入选之后，各级督学还要经历严格细致的培训，并且定期接受考核。我国的教育督导人员多由政府任命，他们一般是政府部门管理人员、教育科研人员、中小学校长等，更有甚者将督学作为一种照顾性岗位分配给完全不具备专业素质的人员。这导致我国教育督导机构人员专业素质参差不齐，教育督导报告的学术权威性自然比较低。因此，我们非常有必要借鉴英国经验，组建具有专业素质的教育督导队伍。

[①] 方芳：《比较视野下我国教育督导机构的相对独立性探讨——基于中英教育督导体制的对比》，《教育测量与评价》2012年第6期。

参考文献

（一）中文著作

陈永明：《国际师范教育改革比较研究》，人民教育出版社 1999 年版。

陈永明：《教师教育学》，北京师范大学出版社 2012 年版。

谌启标：《教师教育大学化的国际比较研究》，福建教育出版社 2008 年版。

谌启标：《教师教育改革政策的国际比较研究》，法律出版社 2014 年版。

褚宏启：《教育政策学》，北京师范大学出版社 2011 年版。

单中惠：《教师专业发展的国际比较》，教育科学出版社 2010 年版。

范国睿：《教育政策的理论与实践》，上海教育出版社 2011 年版。

高国伟：《不可不知的 1000 个财经常识》，中国法制出版社 2010 年版。

顾明远：《中国教育大百科全书》，上海教育出版社 2012 年版。

何伟强：《英国教育战略研究》，浙江教育出版社 2014 年版。

贺祖斌：《教师教育：从自为走向自觉》，广西师范大学出版社 2007 年版。

黄忠敬：《教育政策导论》，北京大学出版社 2011 年版。

瞿葆奎：《教育学文集·英国教育改革》，人民教育出版社 1993

年版。

李家永:《当今英国教育概览》,河南教育出版社1994年版。

李其龙、陈永明:《教师教育课程的国际比较》,教育科学出版社2002年版。

梁忠义:《教师专业化视野下的美英日韩四国教师教育的改革与发展》,东北师范大学出版社2003年版。

刘复兴:《国外教育政策研究基本文献解读》,北京师范大学出版社2013年版。

吕达、周满生:《当代外国教育改革著名文献》(英国卷·第一册),人民教育出版社2004年版。

马晓燕:《教师教育论》,济南出版社2005年版。

马云鹏:《教育科学研究方法》,东北师范大学出版社2001年版。

毛锐:《撒切尔政府经济与社会政策研究》,山东人民出版社2014年版。

裴娣娜:《教育研究方法导论》,安徽教育出版社1994年版。

钱乘旦、高岱:《英国史新探》,北京师范大学出版社2011年版。

钱乘旦、许洁明:《英国通史》,上海社会科学院出版社2012年版。

孙洁:《英国的政党政治与福利制度》,商务印书馆2008年版。

孙绵涛:《教育政策学》,中国人民大学出版社2010年版。

王长纯:《教师教育思想史研究》(上),东北师范大学出版社2016年版。

王承绪、徐辉:《战后英国教育研究》,江西教育出版社1992年版。

王承绪、徐辉:《世界教育大系·英国教育》,吉林教育出版社2000年版。

王璐:《英国教育督导与评价》,高等教育出版社2010年版。

王皖强:《国家与市场:撒切尔主义研究》,湖南教育出版社1999年版。

吴遵民:《教育政策国际比较》,上海教育出版社2009年版。

徐辉、郑继伟：《英国教育史》，吉林人民出版社 1993 年版。

许明：《教师教育伙伴合作模式国际比较》，人民教育出版社 2012 年版。

阎照祥：《英国政治制度史》，人民教育出版社 2012 年版。

杨雪冬、薛晓源：《"第三条道路"与新的理论》，社会科学文献出版社 2000 年版。

叶澜：《教育概论》，人民教育出版社 1991 年版。

易红郡：《英国教育的文化阐释》，华东师范大学出版社 2009 年版。

张迎红：《试述布莱尔的"第三条道路"》，王振华、陈志瑞：《挑战与选择：中外学者论"第三条道路"》，中国社会科学出版社 2001 年版。

赵长林：《国际比较视野中的教师教育》，广东教育出版社 2012 年版。

中国大百科全书总编委会：《中国大百科全书》，中国大百科全书出版社 2009 年版。

中国社会科学院语言研究所词典编辑室：《现代汉语词典》，商务印书馆 2017 年版。

钟启泉、张华：《世界课程改革趋势研究（中）：课程改革国别研究》，北京师范大学出版社 2001 年版。

周愚文：《英国现代师资培育研究（1945—2010）》，学富文化事业有限公司 2014 年版。

朱镜人：《英国教育思想之演进》，人民教育出版社 2014 年版。

朱旭东：《教师教育思想流派研究》，北京师范大学出版社 2017 年版。

（二）中文译著

[美] 杜威：《杜威全集：中期著作》（第三卷），徐陶译，华东师范

大学出版社 2012 年版。

［美］弗朗西斯·C. 福勒：《教育政策学导论》（第二版），许庆豫译，江苏教育出版社 2007 年版。

［美］詹姆斯·E. 安德森：《公共决策》，唐亮译，华夏出版社 1990 年版。

［英］罗博·麦克布莱德：《教师教育政策：来自研究和实践的反思》，洪成文译，北京师范大学出版社 2009 年版。

［英］斯蒂芬·鲍尔：《政治与教育政策制定》，王玉秋、孙益译，华东师范大学出版社 2011 年版。

（三）中文期刊论文

D·劳顿、石伟平：《1988 年以来的英国"国家课程"》，《华东师范大学学报》（教育科学版）1996 年第 4 期。

陈朝高：《生机勃勃的英国经济》，《世界知识》1997 年第 18 期。

谌启标：《英国学校效能研究与教师教育政策》，《湖南师范大学教育科学学报》2005 年第 2 期。

储轩：《试论"撒切尔主义"》，《欧洲研究》1990 年第 3 期。

单中惠：《当代英国基础教育政策及其影响浅析》，《外国教育研究》2007 年第 2 期。

丁笑炯：《对英国以学校为基地的教师职前培养模式的反思》，《教师教育研究》1998 年第 2 期。

段晓明：《英国教师教育政策变革走向——基于〈教学的重要性〉报告分析》，《比较教育研究》2012 年第 12 期。

方芳：《比较视野下我国教育督导机构的相对独立性探讨——基于中英教育督导体制的对比》，《教育测量与评价》2012 年第 6 期。

洪明：《英国教师教育的变革趋势》，《比较教育研究》2003 年第 4 期。

胡昌宇：《兼顾效率与公平：英国新工党政府经济与社会改革的有益尝试》，《世界经济与政治论坛》2006年第4期。

黄海根：《二战后英国职前教师教育政策研究》，《外国教育研究》2008年第11期。

金含芬、石伟平：《英国师范教育》，《教师教育研究》1989年第5期。

金惠堂：《当前英国师范教育改革的发展趋势》，《外国教育研究》1993年第4期。

瞿凯乐：《英国师范教育课程的沿革、现状及特点》，《南京晓庄学院学报》1998年第3期。

李先军：《英国教师职前培养资助政策的演变及其启示》，《外国教育研究》2011年第4期。

刘赛力：《保守党连续执政十七年来的英国经济》，《世界经济与政治》1997年第1期。

鲁桐：《撒切尔主义的内容及影响》，《世界经济与政治》1990年第10期。

吕杰昕：《"新专业主义"背景下的英国教师专业发展》，《全球教育展望》2016年第8期。

马忠虎：《撒切尔主义对当代英国教育改革的影响》，《比较教育研究》2001年第10期。

毛锐：《英国新右派思潮述评》，《探索与争鸣》2008年第5期。

苗学杰：《英国教师教育政策的实践转向与因素分析》，《河北师范大学学报》（教育科学版）2012年第2期。

倪娜、洪明：《英国职前教师教育的变革与创新——"教学优先方案"的历程、模式和功过探析》，《外国教育研究》2009年第11期。

区冰梅：《当前欧美"第三条道路"刍议》，《现代国际关系》1998年第12期。

石伟平:《西方新自由主义和新保守主义对英国当前教育改革的影响》,《教育研究》1996年第7期。

石伟平:《英国地方公立师范院校与英国师范教育》(上),《全球教育展望》1988年第2期。

孙茹:《新工党的新首相——托尼·布莱尔》,《21世纪》1997年第5期。

唐春明、廖运章、谢文亮:《英国教师数学素养职业技能测试述评》,《高等职业教育探索》2015年第3期。

田德文:《对"撒切尔主义"的政治学分析》,《国外社会科学》1992年第1期。

王较过、朱贺:《英国教师职前培养的教育实习及其启示》,《教师教育研究》2007年第4期。

王璐:《变化中的英国教育改革思维与教育政策》,《比较教育研究》2007年第8期。

王璐:《提升职业吸引力、提高职前教育质量——英国教师教育改革最新趋势》,《比较教育研究》2012年第8期。

王晓宇、刘亮:《基于多元模式与课程的英国教师专业化发展探析》,《河北师范大学学报》(教育科学版)2011年第8期。

王岩:《吸引优秀毕业生进入教师职业——英国职前教师培训助学金政策述评》,《外国教育研究》2014年第1期。

王艳玲、苟顺明:《试析英国教师职前教育课程与教学的特征》,《教育科学》2007年第1期。

王燕:《政党竞争模式与英国共识政治》,《当代世界与社会主义》2005年第3期。

王有升、陆宗智:《促进教师专业发展的英国经验:体制架构与运作》,《教师发展研究》2017年第3期。

温忠麟、李玉辉:《英国师范教育课程的职业有效性审定》,《比较教育研究》1998年第1期。

吴钢：《英国教育社会学研究主题之演变》，《比较教育研究》1992年第2期。

吴鸿：《英国大学与师范教育》，《教师教育研究》2002年第3期。

夏惠贤、严加平、杨超：《论英国合格教师专业标准与教师职前培训要求》，《外国教育研究》2006年第3期。

许立新：《1976年以来英国职前教师教育政策的变革与发展：一种教育政治学的考察》，《河北师范大学学报》（教育科学版）2010年第3期。

许明：《英国教师教育专业新标准述评》，《比较教育研究》2007年第9期。

易红郡：《"第三条道路"与当前英国教育改革》，《外国教育研究》2003年第4期。

易红郡：《英国教师职前培养、入职培训和在职进修的一体化及其特征》，《教师教育研究》2003年第4期。

曾鸣、许明：《英国职前教师教育新政策探析——聚焦〈教学的重要性〉和〈培训下一代卓越教师〉》，《外国教育研究》2012年第8期。

张蕊、周小虎：《英国教师组织及其影响教育政策制定的策略》，《外国教育研究》2011年第3期。

张润森：《评英国经济的复兴》，《世界经济文汇》1989年第4期。

张文军、王艳玲等：《职前教师教育中的"学校体验"：英国的经验与启发》，《全球教育展望》2006年第2期。

张旸：《中国百年教师教育政策的演变及特点》，《河北师范大学学报》（教育科学版）2011年第4期。

赵静、武学超：《英国教师教育政策的演变及评析》，《教育发展研究》2006年第4期。

赵中建：《以中小学为基地的师资培训——英国的师范教育改革》，《教师教育研究》1994年第2期。

邹根宝：《英国经济 1988 年回顾和 1989 年展望》，《经济研究参考资料》1989 年第 47 期。

（四）中文学位论文

杜静：《英国教师在职教育发展研究》，博士学位论文，西南大学，2007 年。

贺晔：《英国职前教师教育课程研究——以剑桥大学 BED 课程和 PGCE 课程为例》，硕士学位论文，华东师范大学，2010 年。

李先军：《英国近现代教师教育发展研究》，硕士学位论文，华中师范大学，2006 年。

田京：《当代英国卓越教师政策发展研究》，硕士学位论文，河南大学，2014 年。

王晓宇：《英国师范教育机构的转型——历史视野与个案研究》，博士学位论文，华东师范大学，2008 年。

王艺霖：《21 世纪初期英国教师教育发展研究——基于学校变革的视角》，硕士学位论文，河南大学，2013 年。

姚文峰：《英国教师教育大学化的政策研究》，硕士学位论文，福建师范大学，2007 年。

（五）英文政策与报告

Board of Education. *Teachers and Youth Leaders* (*The McNair Report*), *1944*. London：HMSO，1944.

Committee on Higher Education. *Higher Education* (*The Robbins Report*), *1963*, London：HMSO，1963.

Department of Education and Science. *Children and Their Primary Schools* (*The Plowden Report*) . London：HMSO，1967.

DES. *Development of Higher Education in the Non-university Sector*, *1973*. London: HMSO, 1973.

DES. *Education*: *A Framework for Expansion*, *1972*. London: HMSO, 1972.

DES. *Initial Teacher Training（Secondary Phase）*, *1992*. London: HMSO, 1992.

DES. *Initial Teacher Training*: *Approval of Courses*, *1989*. London: HMSO, 1984.

DES. *Qualified Teacher Status*: *Consultation Document*. London: HMSO, 1988.

DES. *Quality in Schools*: *The Initial Training of Teachers*, *1987*. London: HMSO, 1987.

DES. *Reform of Initial Teacher Training. A Consultation Document*, *1992*. London: DES, 1992.

DES. *Teaching Quality*, *1983*. London: HMSO, 1983.

DES. *The Education（Teachers）Regulations 1989*. London: HMSO, 1989.

DES. *The Initial Training of Primary School Teacher*: *New Criteria for Courses*, *1993*. London: HMSO, 1993.

DES. *Teacher Education and Training（The James Report）*, *1972*. London: HMSO, 1972.

DFE. *The Education（Teachers）（Amendment）Regulations 1995*, London: HMSO, 1995.

DFE. *The Government's Proposals for the Reform of Initial Teacher Training*, *1993*. London: HMSO, 1993.

DfEE. *Excellence in Schools*. London: HMSO, 1997.

DfEE. *Teachers*: *Meeting the Challenge of Change*, *1998*. London: HMSO, 1998.

DfEE. *Teaching*: *High Status*, *High Standards*, *Requirements for Course of*

Initial Teacher Training, *1997*. London: HMSO, 1997.

DfEE. *Teaching: High Status, High Standards, Requirements for Course of Initial Teacher Training*, *1998*, London: HMSO, 1998.

HMI. *School Based Initial Teacher Training in England and Wales: A Report by H. M. Inspectorate*, *1991*, London: HMSO, 1991.

Ministry of Education. *Pamphlet No.17, Challenge and Response: An Account of the Emergency Scheme for the Training of Teachers*, *1950*, London: HMSO, 1950.

Ministry of Education. *The Demand and Supply of Teachers 1960 – 1980*, *1962*, London: HMSO, 1962.

Ministry of Education. *The Future Pattern of the Education and Training of Teachers*, *1962*. London: HMSO, 1962.

Ministry of Education. *The Training of Teachers. Suggestions for a Three-year Training College Course.* London: HMSO, 1957.

NACTST. *Three Year Training for Teachers*, *1956*, London: HMSO, 1956.

OECD. *Teachers Matter: Attracting, Developing and Retaining Effective Teachers*, *2005*, Paris: OECD, 2005.

Ofsted. *The Graduate Teacher Programme*, *2002*, London: Ofsted, 2002.

Ofsted. *The Licensed Teacher Scheme September 1990 – July 1992*, *1993*. London: HMSO, 1993.

Ofsted. *An Employment-based Route into Teaching 2003 – 2006*, *2007*. London: Ofsted, 2007.

Ofsted. *School-Centred Initial Teacher Training 1993 – 1994*, *1995*. London: Ofsted, 1995.

Parliament. *Education Act 2005.* London: The Stationery Office, 2005.

Parliament. *Teaching and Higher Education Act*, *1998*, London: HMSO, 1998.

Partliament. *Education and Inspections Act 2006*, London: The Stationery Office, 2006.

TDA. *Professional Standards for Qualified Teacher Status and Requirements for Initial Teacher Training*, *2006*, London: TDA, 2006.

TDA. *Professional Standards for Teachers in England.* London: TDA, 2007.

The Royal Society. *The Teaching Profession Ref: 4/99*, *1999*, London: The Royal Society, 1999.

TTA. *Qualifying to Teach: Professional Standards for Qualified Teacher Status and Requirements for Initial Teacher Training*, *2003*, London: TTA, 2003.

TTA. *The Annual Report of Teacher Training Agency 1995/96*, *1996*, London: HMSO, 1996.

University of London Institute of Education. *An Enquiry into the Education and Training of Teachers in the Area of the Institute 1970/1*, *1971*, London: University of London Institute of Education, 1971.

（六）英文著作

Alec Ross. "The Universities and the BEd Degree." in John B. Thomas, ed. *British Universities and Teacher Education: A Century of Change.* London: The Falmer Press, 1990.

Andrew Waterson. "The Challenge of Inclusion in Developing Initial Teacher Training and Education Programmes." in Neil Simco and Tatiana Wilson, eds. *Primary Initial Teacher Training and Education: Revised Standards, Bright Future?* . Exeter: Learning Matters, 2002.

Anne Williams. "Setting the Scene." in Anne Williams, ed. *Perspectives on Partnership-Secondary Initial Teacher Training.* London: The Falmer Press, 1994.

Anthony O'Hear. *Who Teaches the Teachers.* London: Social Affairs Unit, 1988.

Blake Lord and John Patten. *The Conservative Opportunity*. London: Macmillan, 1976.

Brian Jackson. *Streaming: An Education System in Miniature*. London: Routledge & Kegan Paul, 1964.

Caroline Norrie and Ivor Goodson. "'We've Come Full Circle': Restructuring Primary Teachers' Work-lives and Knowledge in England." in Ivor F. Goodson and Sverker Lindblad, eds. *Professional Knowledge and Educational Restructuring in Europe*. Rotterdam: Sense, 2011.

Charles Hannam. "Involving Teachers and Schools Opportunities and Limitations." in Robin Alexander and Jean Whittaker, eds. *Development in PGCE Courses*. Surrey: Teacher Education Study Group, 1980.

Colin Richards. *A Key Stage 6 Core Curriculum? A Critique of the National Curriculum for Initial Teacher Training*. London: ATL, 1998.

C. Annesley and A. Gamble. "Economic and Welfare Policy." in Steve Ludlam and Martin J. Smith, eds. *Governing as New Labour: Policy and Politics under Blair*. Hampshire: Palgrave Macmillan, 2004.

C. A. Richardson. *The Education of Teachers in England, France, and U.S.A.*, Paris: UNESCO, 1953.

David Boardman, Tony Fitagerald, et al. "Innovation and Evaluation in Methods Courses." in Robin Alexander and Jean Whittaker, eds. *Development in PGCE Courses*. Surrey: Teacher Education Study Group, 1980.

David Edward. *Local Government and Education*. London: George Allen & Unwin Ltd., 1977.

David Willetts. *Modern Conservatism*. London: Penguin Books, 1992.

David Hencke. *Colleges in Crisis: The Reorganization of Teacher Training 1971 - 7*, Middlesex: Penguin Books Ltd., 1978.

David Hencke. "The Re-organization of the Colleges of Education: A Critical Overview." in Michael Raggett and Malcolm Clarkson, eds. *Change*

Patterns of Teacher Education. London: The Falmer Press, 1976.

David Vodden and Robert Shaylor. "A Practically Oriented Course." in Robin Alexander and Jean Whittaker, eds. *Development in PGCE Courses.* Surrey: Teacher Education Study Group, 1980.

Dennis Kavanagh and Peter Morris. *Consensus Politics from Attlee to Major.* Oxford: Blackwell, 1994.

Dent Harold Collett. *The Training of Teachers in England and Wales 1800 – 1975.* London: Hodder and Stoughton, 1975.

D'Reen Struthers. "An Alternative Route to Qualified Teacher Status-Collaborative Partnerships with the Licensed Teacher Scheme (a personal view)." in Andy Hudson and David Lambert, eds. *Exploring Futures in Initial Teacher Education.* London: Institute of Education University of London, 1997.

Edward Brunsdon, Hartley Dean, Roberta Woods. *Social Policy Review 10.* London: Social Policy Association, 1998.

Edwin Kerr. "Principles and Practice of Validation." in Michael Raggett and Malcolm Clarkson, eds. *Changing Patterns of Teacher Education.* London: The Falmer Press in conjunction with Ward Lock Education, 1976.

Emma Westcott. "Toward Professional Standards: A Small Step or A Giant Leap?." in Neil Simco and Tatiana Wilson, eds. *Primary Initial Teacher Training and Education: Revised Standards, Bright Future?.* Exeter: Learning Matters, 2002.

Frederick Thomas Willey and R. E. Maddison. *An Enquiry into Teacher Training.* London: University of London Press Ltd., 1971.

Geoff Whitty. "The Use of Competences in Teacher Education." in Anne Williams, ed. *Perspectives on Partnership—Secondary Initial Teacher Training.* London: The Falmer Press, 1994.

Geoffrey Partington. *Teacher Education in England and Wales.* London: IEA

Education and Training Unit, 1999.

Gerald Fowler. "Policy Formulation and Administration: A Critique." in Robin J. Alexander, Maurice Craft, James Lynch, eds. *Change in Teacher Education: Context and Provision since Robbins*. London: Holt, Rinehart and Winston, 1984.

Gordon Macintyre. *Accreditation of Teacher Education: The Story of CATE*. London: The Falmer Press, 1991.

Harold D. Lasswell. *Power and Society. A Framework for Polical Inquiry*. New Haven: Yale University Press, 1950.

Howard Bradley. "Change in the University Sector." in Robin J. Alexander, Maurice Craft, James Lynch, eds. *Change in Teacher Education: Context and Provision since Robbins*. London: Holt, Rinehart and Winston, 1984.

Ian Abbott, Michael Rathbone, Phil Whitehead. *Education Policy*. London: Sage Publications Ltd., 2012.

Ian Budge, DavidMckay, Kenneth Newton, et al. *The New British Politics*. Edinburgh: Pearson Education, 2004.

James Lynch. *The Reform of Teacher Education in the United Kingdom*. Surrey: The Society for Research into Higher Education, 1979.

James Lynch. "Bradford: A College-College Merger." in Robin J. Alexander, Maurice Craft, James Lynch, eds. *Change in Teacher Education: Context and Provision since Robbins*. London: Holt, Rinehart and Winston, 1984.

Janet Newman. *Modernizing Governance: New Labour. Policy and Society*. London: Sage, 2001.

Jenny Harrison and Cathy Gaunt. "The PGCE and the Training of Secondary Teachers." in Myra McCulloch and Brian Fidler, eds. *Improving Initial Teacher Training? New Roles for Teachers, Schools and Higher Edu-*

cation. Essex: Longman Information and Reference, 1994.

Joan Whitehead, Tor Foster, et al. "The PGCE and the Training of Primary Teachers." in Myra McCulloch and Brian Fidler, eds. *Improving Initial Teacher Training? New Roles for Teachers, Schools and Higher Education*. Essex: Longman Information and Reference, 1994.

John B. Thomas, ed. *British Universities and Teacher Education: A Century of Change*. London: The Falmer Press, 1990.

John Dunford. *Her Majesty's Inspectorate of Schools since 1944*. London: Woburn Press, 1998.

John Furlong, Len Barton, Sheila Miles, et al. *Teacher Education in Transition. Re-formingProfessionalism?*. Buckingham: Open University Press, 2000.

John Trushell. "New Professionalism—New Accountability?." in Jim Graham, ed. *Teacher Professionalism and the Challenge of Change*. Staffordshire: Trentham Books, 1999.

J. D. Turner. "The Area Training Organization." in Donald E. Lonax, ed. *The Education of Teachers in Britain*. London: John Wiley & Sons, 1973.

Kate Jacques. "The Teacher Training Agency, Higher Education and the Professionalism of Initial Teacher Educators." in Colin Richards, Neil-Simco, Sam Twiselton, eds. *Primary Teacher Education: High Status? High Standards?*. London: Falmer Press, 1998.

Loveday Martin. *Into the Breach—The Emergency Training Scheme*. London: Turnstile Press, 1949.

Maeve Landman and Jenny Ozga. "Teacher Education Policy in England." in Mark B. Ginsburg and Beverly Lindsay, eds. *The Political Dimension in Teacher Education: Comparative Perspectives on Policy Formation, Socialization and Society*. London: The Falmer Press, 1995.

Margaret Wilkin. *Initial Teacher Training: The Dialogue of Ideology and*

Culture. London: The Falmer Press, 1996.

Meg Maguire and Stephen J. Ball. "Teacher Education and Education Policy in England." in Nobuo K. Shimahara and Ivan Z. Holowinsky, eds. *Teacher Education in Industrialized Nations*. London: Garland Publishing Inc. , 1995.

Myra McCulloch. "Improving Initial Teacher Training? Policy in Action 1984 – 1994." in Myra McCulloch and Brian Fidler, eds. *Improving Initial Teacher Training? New Roles for Teachers, Schools and Higher Education*. Essex: Longman Information and Reference, 1994.

N. F. R. Crafts and N. W. C. Woodward. *The British Economy since 1945*. Oxford: Clarendon Press, 1991.

Paul Tower. *Education Policy*. , London: Routledge, 2003.

Peter Gilroy. "The Threat to University-Based Teacher Education." in Jim Graham, ed. *Teacher Professionalism and The Challenge of Change*. Staffordshire: Trentham Books, 1999.

Peter Gordon, Peter Gordon, Richard Aldrich, et al. *Education and Policy in England in the Twentieth Century*. London: The Woburn Press, 1991.

Peter Gosden. "The James Report and Recent History." in John B. Thomas, ed. *British Universities and Teacher Education: A Century of Change*. London: The Falmer Press, 1990.

P. H. J. H. Gosden. "The Role of Central Government and Its Agencies, 1963 – 82." in Robin J. Alexander, Maurice Craft, James Lynch, eds. *Change in Teacher Education: Context and Provision since Robbins*. London: Holt, Rinehart and Winston, 1984.

Richard Aplin. "Partnership: The Leicester Secondary Experience." in Anne Williams, ed. *Perspectives on Partnership-Secondary Initial Teacher Training*. London: The Falmer Press, 1994.

Robin J. Alexander and Jean Whittaker, eds. *Development in PGCE*

Courses. Surrey: Teacher Education Study Group, 1980.

Robin J. Alexander. "Innovation and Continuity in the Initial Teacher Education Curriculum." in Robin J. Alexander, Maurice Craft, James Lynch, eds. *Change in Teacher Education: Context and Provision since Robbins*. London: Holt, Rinehart and Winston, 1984.

R. Aldrich. "The Evolution of Teacher Education." in Norman John Graves, ed. *Initial Teacher Education Policies and Progress*. London: Kogan Page Ltd., 1990.

The Hill Group. *Learning to Teach*. London: The Claridge Press, 1989.

William Taylor, "The National Context, 1972 – 82." in Robin J. Alexander, Maurice Craft, James Lynch, eds. *Change in Teacher Education: Context and Provision since Robbins*. London: Holt, Rinehart and Winston, 1984.

W. Taylor. "The Control of Teacher Education: The Council for the Accreditation of Teacher Education." in Norman John Graves, ed. *Initial Teacher Education Policies and Progress*. London: Kogan Page Ltd., 1990.

（七）英文论文

C. A. Galvin. "Promotion of Teacher Professionality: Higher Education and Initial Teacher Education in England and Wales." *Studies in Higher Education*, Vol. 21, No. 2, 1996.

C. J. Schott. "Escape from Growth: Teacher Education Policies in England and Wales." *European Journal of Education*, Vol. 14, No. 3, 1979.

David Blake, et al. "The Role of the Higher Education Tutor in School-based Initial Teacher Education in England and Wales." *Teachers & Teaching Theory & Practice*, Vol. 3, No. 2, 1997.

D. Blake. "Progress in the Reform of Initial Teacher Education in England and Wales." *Journal of Further & Higher Education*, Vol. 17, No. 3, 1993.

D. Hicks. "The National Advisory Council on the Training and Supply of Teachers 1949 – 1965." *British Journal of Educational Studies*, Vol. 22, No3, 1974.

Geoff Whitty, Elizabeth Barrett, Len Barton, et al. "Initial Teacher Education in England and Wales: A Survey of Current Practices and Concerns." *Cambridge Journal of Education*, Vol. 22, No. 3, 1992.

Graham F. Welch. "When Will They Ever Learn? Trends and Issues in Initial Teacher Educationin the United Kingdom." *Teacher Educator*, Vol. 27, No. 4, 1992.

G. L. S. Hilton. "Changing Policies Changing Times: Initiatives in Teacher Education in England." *Bulgarian Comparative Education Society*, No. 11, 2012.

H. Emery. "A National Curriculum for the Education and Training of Teachers: An English Perspective." *Journal of In-Service Education*, Vol. 24, No. 2, 1998.

Ian, Menter, Ian, Smith, Estelle, Brisard. "Convergence or Divergence? Initial Teacher Education Policy and Practice in England and Scotland." *Journal of Education for Teaching*, Vol. 29, No. 3, 2003.

John Furlong. "New Labour and Teacher Education: The End of An Era." *Oxford Review of Education*, Vo. 31, No. 1, January 2005.

Jon Young, Christine Hall, Tony Clarke. "Challenges to University Autonomy in Initial Teacher Education Programmes: The Cases of England, Manitoba and British Columbia." *Teaching & Teacher Education*, Vol. 23, No. 1, 2007.

J. Furlong, O. McNamara, et al. "Partnership, Policy and Politics: Initial Teacher Education in England under NewLabour." *Teachers & Teaching*, Vol. 14, No. 4, 2008.

L. Barton, G. Whitty, S. Miles. "Teacher Education and Teacher Professionalism in England: Some Emerging Issues." *British Journal of Sociology of Education*, Vol. 15, No. 4, 1994

L. Bell. "Chronicles of Wasted Time? Initial Teacher Education in England: 1960 - 1999." *Australian Journal of Education*, Vol. 43, No. 2, 1999.

L. Evans. "The Practicalities Involved in the Introduction of School-administered Initial Teacher Education in the United Kingdom: Some Policy Issues and Implications." *Research Papers in Education*, Vol. 12, No. 3, 1997.

M. Powell. "New Labour and The Third Way in the British Welfare State: A New and Distinctive Approach?" *Critical Social Policy*, Vol. 20, No. 1 January 2000.

M. Temple. "New Labour's Third Way: Pragmatism and Governance." *British Journal of Politics & International Relations*, Vol. 2, No. 3, 2010.

N. Burton and J. Machin. "Predicting the Impact of the Implementation of the DfEE Circular 4/98 for Primary Science Initial Teacher Education in England and Wales." *Journal of Further & Higher Education*, Vol. 23, No. 2, 1999.

P. Gilroy. "Back to the Future: The De-professionalisation of Initial Teacher Education in England and Wales." *Australian Journal of Teacher Education*, Vol. 433, No. 45, 1993.

P. Johnson. "Education Policy in England." *Oxford Review of Economic Policy*, Vol. 20, No. 2, 2004.

S. Miles, E. Barrett, L. Barton, et al. "Initial Teacher Education in England and Wales a Topography." *Research Papers in Education*, Vol. 8, No. 3, 1993.

Trevor Mutton and John Butcher. "More than Managing? The Role of the Initial Teacher Training Coordinator in Schools in England." *Teacher Development*, Vol. 11, No. 3, 2007.

T. Haydn. "Evidence versus Ideology in Education Policy: The Recent History of Initial Teacher Educacion in England and Wales and the Implications for Educational Researchers as Agents of Change." *Educar*, No. 34, 2004.

Un Yong Jeong. "Teacher Policy in England: An Historical Study of Responses to Changing Ideological and Socio-economic Contexts." PhD. dissertation, University of Bath, 2009.

(八) 电子资源

Office for National Statistics, Birth Summary Tables-England and Wales, 2020. 3. 1, https://www.ons.gov.uk/peoplepopulationandcommunity/birthsdeathsandmarriages/livebirths/datasets/birthsummarytables.

Office for National Statistics, Gross Domestic Product (GDP), 2020. 3. 1, https://www.ons.gov.uk/economy/grossdomesticproduct-gdp.

Office for National Statistics, Inflation and Price Indices, 2020. 3. 1, https://www.ons.gov.uk/economy/inflationandpriceindices.

Office for National Statistics, Local Area Migration Indicators, UK, 2020. 3. 1, https://www.ons.gov.uk/peoplepopulationandcommunity/populationandmigration/migrationwithintheuk/datasets/localareamigrationindicatorsunitedkingdom.

Office for National Statistics, People not in Work, 2020, 3. 1, https://www.ons.gov.uk/employmentandlabourmarket/peoplenotinwork.

Office for National Statistics, Population of the UK by Country of Birth and

Nationality, 2020.4.1, https://www.ons.gov.uk/peoplepopulationandcommunity/populationandmigration/internationalmigration/datasets/populationoftheunitedkingdombycountryofbirthandnationality.

University of Exeter, Teacher Training, 2020.2.20, https://www.exeter.ac.uk/teachertraining/.

University of Sunderland, Mathematics Education (11 – 16 years) with QTS BSc (Hons), 2020.3.1, http://www.opportunitiesonline.sunderland.ac.uk/modcatnoflash/detail.jsp? myMOD_CODE = EDP363.

University of Sunderland, Teacher Training and Education, 2020.4.3, https://www.sunderland.ac.uk/study/education/.

附　　录

附表 1　　1944 年至 2010 年英格兰与威尔士主要教师职前教育政策汇总

颁发时间（年）	颁发机构	政策名称
1943	教育委员会	《教师招募与培训紧急方案》
		第 1652 号通知《教师紧急招募与培训》
1944	教育委员会	《教师与青年领袖》（《麦克奈尔报告》）
	国会	《1944 年教育法》
1962	教师培训与供给国家咨询委员会	《教师的需求与供给 1960—1980》
		《教师教育和培训的未来方式》
1963	高等教育委员会	《高等教育》（《罗宾斯报告》）
	英格兰中央教育咨询委员会	《我们半数人的未来》（《纽瑟姆报告》）
1965	教师培训与供给国家咨询委员会	《教师的需求与供给 1963—1986》
1967	英格兰中央教育咨询委员会	《儿童与他们的小学》（《普劳登报告》）
1972	教育与科学部	《教师教育和培训》（《詹姆斯报告》）
		《教育：扩张的架构》
1973	教育与科学部	第 7/73 号通知《高等教育在非大学部门的发展》
1982	教育与科学部	《1982 年教育（教师）条例》
1983	教育与科学部	《教学品质》
1984	教育与科学部	第 3/84 号通知《教师职前培训：课程的认证》
1988	国会	《1988 年教育改革法》

续表

颁发时间（年）	颁发机构	政策名称
1989	教育与科学部	《1989年教育（教师）条例》
		第24/89号通知
1992	教育部	第9/92号通知《教师职前培训（中学阶段）》
1993	教育部	第14/93号通知《小学教师职前培训：课程新标准》 《政府对教师职前培训的改革计划》
1994	国会	《1994年教育法》
1997	教育与就业部	《学校的卓越》
		第10/97号通知《教学：高地位、高标准——教师职前培训课程要求》
1998	教育与就业部 国会	第4/98号通知《教学：高地位、高标准——教师职前培训课程要求》 《教师：面临变革的挑战》 《1998年教学与高等教育法》
2002	教师培训处	《合格任教：合格教师资格专业标准与教师职前培训要求》
2005	国会	《2005年教育法》
2006	学校培训与发展处	《合格教师资格专业标准与教师职前培训要求》
2006	国会	《2006年教育与督导法》
2007	学校培训与发展处	《英格兰教师专业标准》

附表2　　　1944年至2010年负责英格兰与威尔士
教师职前教育工作的机构汇总

机构名称	成立时间（年）	撤销时间（年）
地区培训组织（ATOs）	1947	1975
教师培训与供给国家咨询委员会（NACTST）	1949	1965
国家学位授予委员会（CNAA）	1965	1993
教师教育认证委员会（CATE）	1984	1994
教师培训处（TTA）	1994	2005
教学总会（GTC）	2000	2012
学校培训与发展处（TDA）	2005	2012

附表3　　　1944年至今英国中央教育管理机构名称更替

存在时间（年）	名称
1899—1944	教育委员会（Board of Education，BoE）
1944—1964	教育部（Ministry of Education）
1964—1992	教育与科学部（Department of Education and Science，DES）
1992—1995	教育部（Department for Education，DFE）
1995—2001	教育与就业部（Department for Education and Employment，DfEE）
2001—2007	教育与技能部（Department for Education and Skills，DfES）
2007—2010	儿童、学校与家庭部（Department for Children, School and Families, DCSF）
2007—2009	创新、大学与技能部（Department for Innovation, University and Skills, DIUS）
2010年至今	教育部（Department for Education，DfE）

附表4　　　1944年至今英国中央教育管理部门执掌者更替情况

在任时间（年、月）	姓名	党派	职务
1944.8—1945.5	理查德·奥斯汀·巴特勒（Richard Austen Butler）	保守党	教育部长（Minister of Education）
1945.5—1945.7	理查德·劳（Richard Law）	保守党	教育部长

续表

在任时间（年、月）	姓名	党派	职务
1945.8—1947.2	埃伦·威尔金森（Ellen Wilkinson）	工党	教育部长
1947.2—1951.11	乔治·汤姆林森（George Tomlinson）	工党	教育部长
1951.11—1954.10	弗洛伦斯·赫斯布罗格（Florence Horsbrugh）	保守党	教育部长
1954.10—1957.1	大卫·艾柯勒斯（David Eccles）	保守党	教育部长
1957.1—1957.9	怀康特·黑尔什姆（Viscount Hailsham）	保守党	教育部长
1957.9—1959.10	杰弗里·劳埃德（Geoffrey Lloyd）	保守党	教育部长
1959.10—1962.7	大卫·艾柯勒斯（David Eccles）	保守党	教育部长
1962.7—1964.3	爱德华·波义耳（Edward Boyle）	保守党	教育部长
1964.4—1964.10	昆廷·霍格（Quintin Hogg）	保守党	教育与科学大臣（Secretary of State for Education and Science）
1964.10—1965.1	迈克尔·斯图尔特（Michael Stewart）	工党	教育与科学大臣
1965.1—1967.8	安东尼·克洛斯兰（Anthony Crosland）	工党	教育与科学大臣
1967.8—1968.4	帕特里克·戈登·沃克（Patrick Gordon Walker）	工党	教育与科学大臣
1968.4—1970.6	爱德华·肖特（Edward Short）	工党	教育与科学大臣
1970.6—1974.3	玛格丽特·撒切尔（Margaret Thatcher）	保守党	教育与科学大臣
1974.3—1975.6	雷金纳德·普伦蒂斯（Reginald Prentice）	工党	教育与科学大臣

续表

在任时间	姓名	党派	职务
1975.6—1976.9	佛瑞德·莫利(Fred Mulley)	工党	教育与科学大臣
1976.9—1979.5	雪莉·威廉姆斯(Shirley Williams)	工党	教育与科学大臣
1979.5—1981.9	马克·卡莱尔(Mark Carlisle)	保守党	教育与科学大臣
1981.9—1986.5	基斯·约瑟夫(Keith Joseph)	保守党	教育与科学大臣
1986.5—1989.7	肯尼斯·贝克(Kenneth Baker)	保守党	教育与科学大臣
1989.7—1990.11	约翰·麦克格雷格(John MacGregor)	保守党	教育与科学大臣
1990.11—1992.4	肯尼斯·克拉克(Kenneth Clarke)	保守党	教育与科学大臣
1992.4—1994.7	约翰·帕藤(John Patten)	保守党	教育大臣(Secretary of State for Education)
1994.7—1997.5	吉利安·谢帕德(Gillian Shephard)	保守党	教育大臣 教育与就业大臣(Secretary of State for Education and Employment)
1997.5—2001.6	大卫·布朗奇(David Blunkett)	工党	教育与就业大臣
2001.6—2002.10	埃斯特尔·莫里斯(Estelle Morris)	工党	教育与技能大臣(Secretary of State for Education and Skill)
2002.10—2004.12	克拉里斯·克拉克(Clarles Clarke)	工党	教育与技能大臣
2004.12—2006.5	露丝·凯利(Ruth Kelly)	工党	教育与技能大臣
2006.5—2007.6	埃伦·约翰逊(Alan Johnson)	工党	教育与技能大臣
2007.6—2010.5	艾德·鲍尔斯(Ed Balls)	工党	儿童、学校与家庭大臣(Secretary of State for Children, Schools and Families)
2007.6—2009.6	约翰·德纳姆(John Denham)	工党	创新、大学与技能大臣(Secretary of State for Innovation, University and Skills)

续表

在任时间	姓名	党派	职务
2010.5—2014.7	迈克尔·戈夫（Michael Gove）	保守党	教育大臣
2014.7—2016.7	尼基·摩根（Nicky Morgan）	保守党	教育大臣
2016.7—2018.1	贾斯汀·格里宁（Justine Greening）	保守党	教育大臣
2018年1月至今	戴米恩·海因兹（Damian Hinds）	保守党	教育大臣

附表5　　　　二战后英国执政党及首相更替情况

选举年	执政党	首相名称
1945	工党	克莱门特·艾德礼（Clement Attlee）
1950		
1951	保守党	温斯顿·丘吉尔（Winston Chruchill） 安东尼·艾登（Anthony Eden）
1955		安东尼·艾登 哈罗德·麦克米伦（Harold Macmillan）
1959		哈罗德·麦克米伦 亚历克·道格拉斯-休姆（Alec Douglas-Home）
1964	工党	哈罗德·威尔逊（Harold Wilson）
1966		
1970	保守党	爱德华·希思（Edward Heath）
1974（2月）	工党 （少数派政府）	哈罗德·威尔逊
1974（10月）		哈罗德·威尔逊 詹姆斯·卡拉汉（James Callaghan）
1979	保守党	玛格丽特·撒切尔（Margaret Thatcher）
1983	保守党	玛格丽特·撒切尔
1987	保守党	玛格丽特·撒切尔 约翰·梅杰（John Major）
1992	保守党	约翰·梅杰
1997	工党	托尼·布莱尔（Tony Blair）

续表

选举年	执政党	首相名称
2001	工党	托尼·布莱尔
2005	工党	托尼·布莱尔 戈登·布朗（Gordon Brown）
2010	保守党和自由民主党	大卫·卡梅伦（David Cameron）
2015	保守党	大卫·卡梅伦 特蕾莎·梅（Theresa May）
2017	保守党和民主统一党	特蕾莎·梅

索 引

D

大学教师培训系 47,54,57,60—62,64,280

大学教育学系 24,62—65,75,76,106,132,141,176

地方教育当局 2,18,27,34,35,39,41,42,48,52,57,61—63,65,69,75,82—84,94,97,100,104,107—111,115,117—121,124,126,130,132,146,153,158—161,178,183—187,189,191,192,214,216,270,274,282,284

地区培训组织 3,23,24,32,56—59,62—65,67,69,74,77,79,81,83,84,96—98,101,104,108,109,124,131,276

第三条道路 204—209,213—217,266,267,270

G

高等教育文凭课程 99,102,103,108,118,122—124

雇佣本位 253,255,257,258

国家课程 20,21,25,95,135,149—154,161,163,164,169,171,175—177,181,190,194,216—221,223,224,226—231,241,249,273,274,278,282

H

合格教师资格标准 21,22,28,203,204,217,218,220—234,236—238,247—249,251,255,262—264,266,267,270,273,274,276,278

合同雇佣教师计划 3,182,184,185,187,189—191,193,194,202,270,272,277,284

皇家督学团 4,27,60,63,67,110,125,126,128,132—135,140,141,154,188,190—192,277,283—285

伙伴合作关系 12,20—22,24,130,157—159,163—166,170,177,178,225,235,277

J

教师教育机构重组 85,90,106,108,

114,115,117,119,122—124,275

教师教育认证委员会　18,125,128,131—136,141,158,159,164,165,167,168,172,188,197,199,200,270,277,278

教师紧急招募与培训　21,24,46—52,61,84,271,275

教师紧缺危机　32,46,47,49,76,78,83,84

教师培训处　20,24,193—197,199—202,204,220—222,226—231,233,238,252,253,255,258,262—265,267,278

教师培训学院　2,32,47,48,51—54,57—69,71—76,84,276,280

教师证书课程　58,59,65—68,78,79,81,82,84,94,112

教师职前教育政策　1,2,4—8,10—13,16,18—21,26,28—30,32,35,37,46,76,84,85,91,94,95,101,140—142,155,163,173,182,202—204,238,262,267,269—275,279—285

教师专业主义　13,25,26,152,182,219,220,233,251,267,269,273,274,278

教学优先　14,234,257—260,273,277

教育标准局　4,7,21,24,27,153,154,167—169,174,197,198,200,204,218,221,228,229,231,233,238,252,259,260,262,265—267,278,282,284,285

教育行动区　214,216,253

教育学士　3,13—15,18,20,23,24,32,74—82,84,101,111,112,114,118,122,123,125—127,129,134,135,160,162,165,167,172,174,175,184,196,224,252,254,272,275,276

教育学士学位

教育学院　14,18,23,32,53,56—58,62,75—84,96—108,110—112,115—125,132,134,136,137,150,176,177,275,276

紧急培训学院　48—52,84

K

凯恩斯主义　35,36,84,86,87,143—145,271

科学主义教师教育思想　45,46,70,71,84

L

老左派　24,206—208

N

能力本位　142,155,157,158,163—165,173,174,183,193,202,220,232,276

P

普通教育证书　9,42,49,61,76,99,

112,117,120,122,128,129,152,240—243,251,272,273

S

撒切尔主义 85,87—89,94,141—143,267,270

SH

社会民主主义共识 32—36,45,84—86,144—146,270

T

特许教师 3,100,103,109,182,184—189,191—194,202,270,272,277,284
特许教师计划

X

新保守主义 3,88,130,142—146,149—151,153,163,174,270
新右派 24,87,88,131,142,143,145,146,149,164,188,189,200,202,205—208,216,219,267
新专业主义 218—220,274
新自由主义 3,88,142—146,149—151,153,174,183,193,201,270
新左派 24
学校本位 3,14,18,22,25,26,135,142,155,182,184,185,187—189,191,194,202,203,219,252,253,270,274,282
学校联盟 20,195,197,250,251,277
学校中心 170,173,193—195,197—200,202,239,241,244,250,251,261,277,284

Y

研究生教育证书 13—15,18,20,26,111—114,125—129,135,136,138,160,163,165,167,172,174—181,184,185,187,189,190,195,197,198,224,225,239—241,243,244,248—253,255,257,261,277,284

ZH

终身教育 5,9,207,215,216

后　　记

本书是河南省第九批重点学科建设教育学原理学科建设（高教[2018]119号）的研究成果之一，是在我博士学位论文的基础上修改完善而成的。

我从2008年开始从事教师教育工作，通过对教师教育问题的不断思考和研究，加之师长蒋丽珠教授的引导，我的研究兴趣逐渐集中于英国教师教育领域。在读博期间，我查阅了大量英国教师教育领域的文献资料，在导师王保星教授多次指导下，将二战后英国教师职前教育政策发展作为研究选题。

二战后英国出台的教师职前教育政策非常多。我反复研读政策文本，并结合二战后英国社会政治、经济、人口、教育发展状况，力图清晰地梳理这一时期英国教师职前教育政策的发展历程。几经揣摩调整之后，我根据政策主题的变迁将这一时期英国教师职前教育政策发展分为四个阶段，但这一划分仍有不妥之处。本书最后所提出的结论与启示有些单薄。在此恳请诸位读者能不吝赐教，提出宝贵意见。

能够完成本书，首先应感谢我的导师王保星教授的悉心栽培。博士在读期间，王老师对我研究的选题、写作、修改、答辩倾注了大量心血。不论白天黑夜、工作日还是假日，王老师总是第一时间反馈指导意见。每当看到王老师在论文草稿上所做密密麻麻的批注，总让我感动不已。在我对研究出现畏难情绪时，王老师给予我最大的关怀和鼓励，使我能够坚持完成写作。此刻顿觉言语贫乏，唯有道一声：感谢恩师！

感谢刘济良教授对本书出版给予的大力支持。感谢师长蒋丽珠教授积极促成我赴英国访学。感谢英国桑德兰大学史蒂芬妮·阿特金森（Stephanie Atkinson）教授对研究提出的很多宝贵建议，使我获得了很多从文本资料中无法获得的信息。感谢杜成宪教授、王伦信教授、贺国庆教授、杨捷教授、朱益明教授在博士论文预答辩和答辩中提出的宝贵意见。感谢陈冬花教授的指点和关怀，使我能够放下工作全身心投入研究中。

感谢师姐李娟、梁云、钱露和师兄朱治军对本书提出宝贵的修改意见。感谢师弟罗福益和师妹齐雅瑞、蔡心心、刘信阳为我校对书稿，并提出宝贵的修改意见。他们还给予我很多精神上的鼓励、支持。感谢他们真诚的付出！

感谢我的先生、父母、公婆，他们代我处理了所有家务琐事。感谢我的儿子，他一直非常懂事。我的家人是我坚强的后盾，他们的理解和支持使我能够无后顾之忧，专注于研究。

搁笔之际，我不由感叹做学问实属不易之事。如今我才刚刚站在通往学术殿堂的门口。愿未来我能努力使自己拥有健康的身体，兼顾好家庭和工作，在学术研究的道路上不断探索、有所进益。

赵　敏
2020 年 6 月